**가지고 다니면서 외워야 할
리셋 지침 100가지**

01 모든 고난은 헛되지 않다
· 당신에게 큰일을 맡기기 위해 하늘이 당신을 시험하는 것이다.

02 자신을 추천하라
· 남들에게 자신의 존재와 능력을 적극적으로 알려라.

03 잘못된 길이면 가지 말라
· 인정 때문이든 미운 정 때문이든 직업을 바꾸는 것은 쉬운 일이 아니다.

04 섣불리 직업을 바꾸지 말라
· 전업에는 커다란 리스크가 도사리고 있다.
  굳은 결심이나 대단한 용기가 없다면 경솔하게 행동하지 말라.

05 포부를 가져라
· 현재의 직업에서 어떤 사람이 되고 싶은지에 대해 생각해야 한다.

06 영광을 독차지 하지 말라
· 영광을 독차지 하면 언젠가는 홀로 쓴 사과를 먹게 될 것이다.

07 찬밥 신세라도 참을성 있게 견뎌라
· 찬밥신세도 겪어 보았는데 더 이상 무엇이 두려우랴.

08 상사에게 여지를 남겨줘라
· 상사에게 안정감을 주라!

09 제 꾀에 제가 넘어갈 수 있다
· 잔꾀로 얻은 이익은 곧 빚이다.

10 능력을 남들이 몰라준다고 생각하지 말라
· 인정받지 못한 것도 자신의 탓이다.

11 남의 돈 벌기가 쉬운 것이 아니다
· 적은 돈부터 벌기 시작하라

12 호랑이 같은 상사를 만났을 때
· 훈련이라고 생각하자!

13 남들 앞에서 상사를 헐뜯지 말라
· 그것이 커다란 화근이 될 수 있다.

14 다른 업계의 사람들에게서 새로운 지식을 얻어라
· 가르침을 구하는 태도를 보여라.

15 잘못을 했다면 솔직하게 인정하라
· 궤변이나 책임전가는 자신에게 해가 될 뿐이다.

16 손해 보는 것이 득이 되는 것이다
· 경험을 쌓고 업무처리 능력을 기르며 인간관계를 넓힐 수 있는 방법이다.

17 실패한 사람에게서 배워라
· 직접 실패한 후 교훈을 얻기보다는 남들의 실패에서 교훈을 주워라.

18 실의에 빠진 사람 앞에서 자랑하지 말라
· 당신의 인간관계에 적신호가 올 수 있다.

19 시간을 엄수하라
· 시간을 지키는 것은 타인에 대한 존중이다.

20 진심으로 대하면 바위도 깰 수 있다
· 진심은 상대를 감동시키며 연민과 동정심까지 불러일으킬 수 있다.

내 인생 여기서 리셋하자

동양문고

저자 리허(李赫)

타이완 자이(嘉義)현 출생. 푸 대학 도서관학과 졸업.
단편소설 〈다이베이(台北)의 하룻밤〉를 비롯 〈어머니의 비상금〉, 〈대학의 꿈〉,
〈타이완 속담 속에 담긴 지혜〉, 〈사회도 하나의 대학이다〉,
〈늙은 여우의 격언〉 등 20여 권의 저서가 있음.

역자 허유영

한국외국어대학교 중국어과 졸업
한국외국어대학교 통번역대학원 한중과 졸업
번역서 〈중국황제 어떻게 살았나〉
학습서 〈쉽게 쓰는 나의 중국어 일기장〉
현재 출강 및 전문 통번역사로 활동 중

社會行走100訣
by Li Ho(李赫)

Copyright 2001 by Planter Press Co., Ltd
All rights reserved.
Korean Translation Copyright 2004 by Oriental Books, Seoul

This Korean edition is published by arrangement with
Planter Press Co., Ltd, Taipei through Carrot Korea Agency, Seoul.

내 인생 여기서 리셋하자

초판 인쇄 2004년 7월 26일 | 초판 발행 2004년 8월 2일
저자 리허 | 역자 허유영 | 발행인 김태웅 | 발행처 동양문고
편집 강석기, 신기봉 | 디자인 이상엽 | 영업 이길구, 김성렬, 문승훈 | 제작 이시우
등록일자 1993년 4월 3일 | 등록번호 제 10-806호
주소 (121-839) 서울시 마포구 서교동 375-5호 | 전화 (02)337-1737 | 팩스 (02)334-6624
http://www.dongyangbooks.co.kr | ISBN 89-8300-391-X 03320

본 책은 저작권법에 의해 보호를 받는 저작물이므로 무단 전재와 복제를 금합니다.

머리말

한국은 대만의 이웃나라이지만 나는 의사소통의 불편으로 줄곧 한국방문을 망설였다. 그러다가 근래 들어 기회가 닿아 결국 한국의 땅을 밟게 되었다. 5년 전 나는 친구를 만나기 위해 처음으로 서울을 방문한 적이 있으며 올 여름에는 단체 여행으로 서울을 찾았었다.

한국의 전자제품, 문화상품 등은 대만의 대중들 사이에서 인기가 높다. 이 "한류(韓流)" 열풍 속에서 나 자신도 한국 영상물의 팬이 되었으며, 한국 사람들의 드라마나 영화에 대한 열정에 깊은 인상을 받았다. 더욱이 한국의 출판물은 출판 기획의 방향을 결정하는 중요한 참고자료가 되고 있다.

이번 여행은 주마간산으로 한국의 모습을 살펴볼 수 밖에 없었지만 한국인이 환경보호를 위해 애쓰는 모습을 볼 수 있었다. 이쑤시개 만해도 물에 녹는 쌀로 만들었다니 말이다. 솔직히 타이완도 환경을 중시하지만 한국을 따라가자면 아직 멀었다는 느낌이다.

"社會行走一百訣(사회로 나아가는 100가지 비결)"의 한국어판이 출간되어 크나큰 영광으로 생각한다. 나는 한국인이 거둔 여러 분야의 놀랄만한 성과에 대해 경의를 표하며, 책 속에 담긴 내용이 부디 한국 독자의 관심과 사랑을 얻기 바란다. 왜냐하면 한국인들이 열정을 모두 바쳐 일하는 것처럼 나도 그렇게 이 책을 집필했기 때문이다.

2004년 7월 15일
저자 리허(李赫)

목 차

00	머리말	03
01	모든 고난은 헛되지 않다	10
02	자신을 추천하라	12
03	잘못된 길이면 가지 말라	15
04	섣불리 직업을 바꾸지 말라	18
05	포부를 가져라	21
06	영광을 독차지 하지 말라	24
07	찬밥 신세라도 참을성 있게 견뎌라	27
08	상사에게 여지를 남겨줘라	30
09	제 꾀에 제가 넘어갈 수 있다	33
10	능력을 남들이 몰라준다고 생각하지 말라	36
11	남의 돈 벌기가 쉬운 것이 아니다	39
12	호랑이 같은 상사를 만났을 때	42
13	남들 앞에서 상사를 헐뜯지 말라	45
14	다른 업계의 사람들에게서 새로운 지식을 얻어라	48
15	잘못을 했다면 솔직하게 인정하라	51
16	손해 보는 것이 득이 되는 것이다	54
17	실패한 사람에게서 배워라	58
18	실의에 빠진 사람 앞에서 자랑하지 말라	61
19	시간을 엄수하라	64
20	진심으로 대하면 바위도 깰 수 있다	67
21	친구에게도 등급이 있다	69
22	시간을 통해 사람을 판단하라	72

23	남들의 평판으로 사람을 판단하라	75
24	미끼를 던져 사람을 판단하라	78
25	친구 리스트를 만들어라	80
26	교분을 넓혀라	83
27	교우관계에서 융통성을 발휘하라	85
28	자신의 잘못을 고쳐주는 친구를 사귀어라	87
29	좋은 친구라도 적당한 거리를 유지하라	90
30	갑자기 친한 척하는 친구를 경계하라	93
31	근면함으로 부족한 능력을 보완하라	95
32	하루를 48시간처럼 살라	98
33	자신을 위해 훈장을 준비하라	101
34	어려움 앞에서 쉽게 물러나지 말라	104
35	2인자가 되라	106
36	일할 때 남들에게 무시당하지 말라	109
37	돈이 사람을 쫓고, 사람은 건강을 쫓는다	112
38	후진양성을 게을리 하지 말라	115
39	규정을 잘 지켜야 존중 받는다	118
40	적당히 몸값을 올려라	120
41	물질로 인정을 사라	123
42	자기 직업을 사랑하라	125
43	기댈 언덕을 찾아라	127
44	누적법으로 자산을 증식시켜라	129
45	경쟁자를 찾아라	132

contents

46	일에서 직면하는 여러 가지 시험에 최선을 다하라	135
47	순간의 인내가 평생을 좌우한다	138
48	타인의 성공비결을 응용하라	142
49	자기가 사장이라고 생각하라	145
50	눈앞의 작은 성과에 만족하지 말라	148
51	서둘러 자기 분야에서 전문가가 되라	150
52	너 죽고 나 살자보다는 너 살고 나 살자가 낫다	153
53	씨앗을 심는 마음으로 인간관계를 확립하라	155
54	씨앗을 심는 마음으로 일하라	157
55	넘어지면 반드시 다시 일어나라	159
56	실패했을 때 핑계를 찾지 말라	161
57	환경을 바꾸거나 자신을 바꿔라	164
58	상황이 불리하면 장기전으로 승부하라	167
59	자신 없는 싸움은 하지 말라	169
60	매일 반성하라	171
61	슬럼프에 빠지면 스스로 격려하라	173
62	남의 지혜를 이용해 일하라	176
63	위기의식을 가져라	178
64	주연이든 조연이든 모두 능통하라	181
65	본성에 치우쳐 일하지 말라	183
66	번거로운 일일수록 인내심을 갖고 행하라	186
67	감정을 잘 조절하라	188
68	토끼보다는 거북이가 되어라	191
69	작은 일부터 시작하고 적은 돈부터 벌어라	193

70	과거의 실패에 연연해 일에 소극적이어서는 안 된다	195
71	바퀴벌레처럼 살아라	197
72	차근차근 공격과 방어를 병행하라	199
73	무리 짓지 말고 실력에 의존하라	202
74	남이 갈고 닦아 주기를 바라지 말고 직접 빛을 내라	205
75	산을 만나면 길을 놓고, 물을 만나면 다리를 놓아라	208
76	모든 면에서 부하직원보다 앞서라	210
77	부임 초기의 열정도 때로는 필요하다	213
78	매력을 절묘하게 이용하라	216
79	자신의 단점을 정확히 판단하고 남의 함정에 빠지지 말라	219
80	5원 한 번에 만족하기 보다 1원이라도 여러 번이 낫다	222
81	몸을 낮추면 일이 쉬워진다	225
82	모든 여지를 배제하고 말하지 말라	227
83	동양인들의 처세성향을 이해하라	230
84	직접 대면하면 냉정하게 대하지 못하는 심리를 이용하라	232
85	타인을 자주 칭찬하라	235
86	타인의 영역을 존중하라	238
87	자신의 실패를 함부로 털어놓지 말라	240
88	인간관계에서는 먼저 베풀어야 득이 된다	242
89	체면을 무시하지 말라	245
90	세상에는 조심해야 할 몇 가지 유형의 사람이 있다	247

91	세상에는 멀리해야 할 몇 가지 유형의 사람이 있다	249
92	소인배와의 관계를 잘 처리하라	251
93	타인이 돈 버는 길을 막지 말라	254
94	저자세로 타인의 질투에서 벗어날 수 있다	257
95	모든 일에서 완벽할 필요는 없다	259
96	이기심을 잘 이해하고 이용하라	261
97	결을 따라 쓰다듬으면 순종할 것이다	264
98	동이 트기 전 새벽이 가장 어둡다	267
99	최고기에 있을 때 쇠퇴기를 경계하라	269
100	때가 오면 꽃은 핀다	271

내 인생 여기서 리셋하자

모든 고난은 헛되지 않다   01
· 당신에게 큰일을 맡기기 위해 하늘이 당신을 시험하는 것이다.

『맹자孟子』의 고자告子 하下편에 이런 글이 있다. "순舜임금 같은 성군도 밭농사에서부터 출발했고 부열傅說같은 은殷나라의 명재상도 성벽을 쌓는 인부에서 등용되었으며, 교격膠鬲같은 어진 신하도 생선장수의 신분으로 문왕文王에게 발탁되었다. 제환공齊桓公을 도와 천하를 평정한 관중管仲도 옥중에 갇혀 있던 몸으로 등용되었으며, 초창왕楚昌王을 도와 천하를 평정한 손숙오孫叔敖도 바닷가에 숨어 사는 가난한 선비로 천거를 받았고, 진목공秦穆公을 도와 천하를 평정한 백리해百里奚는 저자에서 장사를 하던 이다.

하늘이 장차 큰 소임을 사람에게 내리려 하면 반드시 먼저 그 마음과 뜻을 괴롭히며, 그 힘줄과 뼈를 고달프게 하며, 그 육체를 굶주리게 하고, 그 생활을 곤궁하게 하여, 행하는 일마다 의지와 엇갈리게 한다. 이것은 바로 마음을 분발케 하고 인내심을 강하게 하여 지금까지 그가 능히 하지 못했던 일을 잘 할 수 있게 하기 위함이다.

사람은 항상 잘못을 범한 뒤에라야 고칠 수 있고, 번민과 고뇌를 겪은 뒤에라야 분발할 수 있으며, 타인의 낯빛과 목소리를 잘 살핀 후에야 그 진위를 파악할 수 있다.

안으로는 법도를 지키는 신하와 보필할 인재가 없고, 밖으로는 적국敵國이 없고 외환外患도 없다면 그 나라는 반드시 망한다. 망한 후에 우환憂患 속에서는 살아남을 수 있으나 안락安樂 속에서는 죽는다는 것을 알게 된다."

이 글은 고등학교 시절 교과서에 나왔던 말이다. 안타깝게도 당시에는 세상 물정을 모르던 때였기 때문에 이 글을 쓴 맹자의 속내를 짐작도 할 수 없었다. 하지만 고등학생이었던 그때에는 이 말의 진정한 가치를 이해하지 못한다 해도 크게 문제될 것은 없었다. 사회에 나와 세상에 직접 부대끼며 그때 다시 읽어보고 이해해도 늦지 않기 때문이다.

이 글에는 항상 마음에 새기고 살아야 할 몇 가지 교훈을 담고 있다.

왕후장상의 씨가 따로 없으니 출신이 보잘 것 없다고 해서 두려워할 필요는 없다. 세계적으로 큰 업적을 이루거나 이름을 날린 사람들 중에는 가난하거나 미천한 출신이 많았다. 동서고금을 막론하고 부귀한 집안에서 태어나야만 성공할 수 있는 것이 아님을 보여주는 예는 셀 수 없이 많다. 특히 오늘날처럼 정보의 습득이 용이하고 배움의 자유가 보장된 사회에서는 노력만한다면 언젠가는 반드시 뜻을 이룰 수 있다.

모든 고난은 자신의 의지와 능력을 연마하기 위한 과정일 뿐이다. 이것은 반드시 하늘의 뜻이기 때문만은 아니다. 어려운 환경에서도 굴하지 않고 더욱 분발하고 노력하며 굳건한 인내심을 기르고, 끊임없이 자신을 채찍질하고 능력을 계발하는 것은 성공의 필수조건이자 자본이다.

안락함이 오히려 사람을 죽음으로 이끌 수 있다는 말에서 죽음은 퇴보와 타락, 그리고 도태됨을 의미한다. 물론 편안한 삶을 영위하는 것이 나쁜 것은 아니다. 하지만 위기의식이 부족하면 퇴보하고 시대의 흐름을 따라가지 못해 환경의 변화를 감당해내기 힘들다. 회사의 파산, 국가의 멸망과 개인의 몰락이 모두 이런 이유 때문이다.

사회적으로 성공하려면 나름대로의 노하우가 필요하지만 아무리 대단한 노하우라고 해도 고난 속에 발전이 있다는 진리를 능가할 수는 없다. 이것이 바로 이 장을 책의 제일 처음에 놓은 이유이며, 또 이 책의 결론이기도 하다. 이 한 가지만은 반드시 명심해주길 바란다.

힘든 고난을 겪고 있다는 것은 하늘이 당신에게 장차 중요한 일을 맡기기 위함이다!

자신을 추천하라

· 남들에게 자신의 존재와 능력을 적극적으로 알려라

02

"자신을 추천하라"는 말은 얼핏 아주 흔하고 진부한 말로 들릴지도 모르겠지만 직접 실행에 옮겨보면 이 간단한 말 한 마디가 당신에게 예상외로 큰 이득을 가져다준다는 것을 알게 될 것이다.

내가 처음으로 이 말의 진가를 확인했던 것은 한 출판사에 근무할 때의 일이다. 그곳은 나의 첫 직장이기도 했다.

하루는 편집부에 한 여성이 찾아와 사장님과의 면담을 요청했다. 나중에 알고 보니 그녀는 바로 자신을 추천하기 위해 온 것이었고, 그녀는 얼마 지나지 않아 바로 출판사 편집자로 채용되었다. 그녀는 영어를 아주 잘했는데, 당시 영문서적을 출판할 계획이 없었던 사장님은 그녀를 다른 출판사에 추천했고 그녀는 곧 그 출판사에 취직할 수 있었던 것이다.

나중에 사장님은 그 여성의 일을 이야기하며, 그 여성의 영어 실력이 그녀가 말했던 것만큼 뛰어나지는 않았지만 낯선 사람에게 용감하게 자신의 능력을 내세울 수 있는 자신감과 도전정신을 높이 샀기 때문에 다른 출판사에 추천한 것이며, 고용주들은 바로 그런 사람을 좋아한다고 말했다.

나도 그의 말에 깊이 동의한다. 고용주가 사람을 고용하는 것은 돈을 벌기 위함이지 상전으로 떠받들기 위한 것은 아니다. 자발적이고 적극적이며 도전적인 사람을 좋아하는 것은 당연하다. 고용주들에게 그런 사람은 마치 가뭄 속에서 저 하늘 끝에 보이는 먹구름과도 같은 존재가 아닐까.

이 일이 있은 후 지금까지 14년 간 나는 적극적으로 자신을 표현하는 사람이 성공하고, 남의 눈에 띌세라 수줍어하며 묵묵히 일하는 사람들은 진보 없이 제자리걸음만 하는 경우를 수없이 봐왔다. 사실 나 자신도 스스로 홍보함으로써 인생의 또 다른 길을 찾은 경험을 가지고 있다.

약 10년 전, 나는 인생에서 심한 슬럼프를 맞게 되었다. 매일 집안에만 틀어박혀 고민 속에 파묻혀 우울한 나날을 보냈다. 그러던 중 갑자기 몇 년 전 출판사에 근무할 때 사장님이 했던 말이 뇌리를 스쳤다. 나는 곧장 출판기획안을 써서 한 출판사로 찾아갔다. 당시 그 출판사의 편집자와 유쾌한 대화를 나누었고 내 기획안은 채택되지 못했지만 그 일로 인해 나는 새로운 직업을 찾을 수 있게 되었다. 나는 지금까지도 그 일을 업으로 삼고 있다.

오늘날 사회는 경쟁이 너무 치열하다. 남들이 알아주기를 기대하며 묵묵히 일하거나 누군가 와서 삼고초려해주기를 바라는 시대는 이미 지나갔다. 적극적으로 자신을 드러내지 않으면 당신의 능력은 고사하고 존재를 알아차리는 사람도 없을 것이다. 멀뚱히 앉아있다간 아무 것도 할 수 없다.

일자리를 찾으려 한다면 어서 일어나 온 세상에 자신의 존재를 알리고 또 자신의 능력을 자랑하라.

이미 일자리를 찾았다 하더라도 현실에 안주하지 말고 자신이 어떤 일을 할 수 있는지 적극적으로 알려야 한다. 하지만 인기 있는 직종일수록 많은 사람들이 경쟁하기 때문에 자기 PR의 효과가 상대적으로 적다(그래도 가만히 앉아있는 것보다는 훨씬 낫다). 자신을 추천하는 것이 가장 큰 효과를 발휘하는 경우는 바로 그 일이 어려운 분야일 때이다.

능력이 있다고 생각한다면 다른 사람들은 모두 꺼리며 엄두도 내지 않는 일에 자신을 과감히 추천하라. 그러면 더욱 돋보이게 될 것이다. 당신이 훌륭하게 그 일을 수행해낸다면 당신은 일약 영웅의 자리에 오르게 될 것이고, 실패하더라도 소중한 경험을 얻게 되고, 또 남들도 당신을 탓하지는 않을 것이다. 어차피 아무도 하려고 하지 않는 일이었으니까 말이다. 게다가 당신의 자발적인 지원은 상사의 골칫거리를 해결해 주었을 것이고, 그렇다면 상사가 당신에게 얼마나 고마워할지는 말할 필요도 없는 것이 아닌가. 이런 경험들은 모두 훗날 당신이 더 어려운 난제에 부딪혔을 때 좌절하지 않고 용감히 맞설 수 있는 기초를 마련해줄 것이다.

스스로 추천했을 때 자신의 요구가 받아들여지지 않았다고 해서 좌절하거나 의기소침해져서는 안 된다. 적어도 당신의 용기는 남들에게 강한 인상을 남겼을 것이고, 한 번 실패는 다음 번에 성공할 수 있는 밑거름이 되기 때문이다. 자신을 추천할 때 주의해야 할 점이 몇 가지 있다.

> 자신의 능력을 부풀리지 말고, 있는 그대로 솔직하게 말해 상대의 반감을 사지 않도록 조심한다.
>
> 자신의 능력을 강조할 때에는 이를 입증할 수 있는 구체적인 자료를 제시하는 것이 좋다. 구체적인 자료 하나가 백 마디 말보다 더욱 효과적이다.
>
> 자신의 능력을 증명할 수 있는 자료가 없다면 최대한 진지하고 성실한 모습을 보여주면 된다.

서둘러 행동하라.

잘못된 길이면 가지 말라 　03
· 인정 때문이든 미운 정 때문이든 직업을 바꾸는 것은 쉬운 일이 아니다

"남자는 직업을 잘 선택해야 하고, 여자는 남편을 잘 선택해야 한다."는 말이 있다. 정말 그럴까?

과거에는 "여자 팔자는 뒤웅박 팔자"라 하여 직업을 고르는 것보다 결혼하는 것을 더욱 중요시했던 것이 사실이다. 당시에는 한 번 결혼한 여자는 재가할 수 없었고, 직업을 바꾸는 것은 특별한 도덕상의 금기사항이 아니었기 때문인 듯하다. 하지만 오늘날은 상황이 다르다. 결혼에서 한 번 실패한 후 새로운 상대를 만나 결혼해 행복한 삶을 사는 여성들도 많다. 반면 직업을 잘못 선택하면 전업이 가능하기는 하지만 과연 말처럼 쉬운 일일까?

우선 두 가지 실례를 소개하겠다.

한 대학졸업생이 있었다. 그가 첫 번째로 선택한 직업은 뜻밖에도 청과물 회사에서 과일과 채소를 나르는 일이었다. 그는 대학을 졸업하고 군대에 갔다가 제대한 후 직장을 구하기 전까지 아르바이트로 용돈이나 벌 요량으로 청과물 회사의 임시직으로 들어간 것이었다. 그렇게 한 달 간 일하다보니 일과 근무환경에 슬슬 적응되기 시작했고, 점차 정규직 직장을 구하려는 의지가 약해졌다. 그렇게 일한 것이 10년이 넘어 나이가 마흔 줄에 가까워지자 그는 이제 직업을 바꿀 생각조차 모두 사라지게 되었다. 그는 체념한 듯 이렇게 말했다. "전업이라고요? 이제 어디서 날 받아주겠어요?" 그는 앞으로도 계속 그 일을 할 생각이라고 한다.

몇 년 전 우연히 매춘업에 종사하고 있는 사람을 알게 되었는데, 그는 매춘업소를 차려 돈을 벌다가 한 차례 구속된 전과도 있었지만, 내가 그를 알

게 되었을 때, 그는 또 다시 매춘업소를 차려놓고 2백 명 가량의 매춘여성을 고용하고 있었다. 당시 그는 내가 작가라는 사실을 매우 부러워하며 이렇게 말했다. "당신 직업은 사회적인 명예를 얻을 수 있고 남들한테 존경받는 일이군요." 내가 그에게 왜 매춘업을 접고 다른 일을 하려하지 않는지 물었더니, 그는 한숨과 함께 한 마디 내뱉듯이 말했다.

"생각은 해봤지만 배운 게 도둑질이니, 다른 일을 한다는 게 어디 그렇게 쉽답니까?"

마치 백화점에서 점포 드나들 듯 직업을 바꾸는 사람들은 아마 극소수에 불과할 것이다. 직업을 바꾼다는 것이 말처럼 그리 쉬운 일은 아니다. 한 가지 일을 오래 하다보면 그 일에 적응하게 되고, 그러다가 나이가 들면 가정에 대한 책임 때문에 새로운 일에 도전할 용기가 점점 사라지게 된다. 새로운 직업에 뛰어들면 모든 것을 처음부터 다시 시작해야 하기 때문에 안정된 생활이 흔들릴까 두려워서다. 이밖에도 어떤 이들은 나이가 들면서 열정이 사라져 그저 하루하루 그럭저럭 살 수 있으면 그만이라고 생각하기도 하고, 또 어떤 이들은 인정이나 은원관계 등 여러 가지 복잡한 문제들 때문에 마음대로 직업을 바꾸지 못한다.

사실 어떤 직종에서든 성공할 수 있고 또 직업에 귀천이 없다고 했거늘 내가 직업을 잘 선택해야 한다고 누차 강조하는 이유는 무엇일까?

내가 말하고 싶은 것은 직업을 선택할 때에는 반드시 이성적인 판단을 통해 자신이 좋아하고, 또 발전가능성이 있는 직업을 골라야 한다는 점이다. 절대로 일시적으로 직업을 찾지 못했다고 해서 남들이 자신을 비웃을까 두려워 억지로 적성에 맞지 않는 직업을 선택해서는 안 된다. 사람이란 타성에 젖기 마련이어서 마음에 들지 않는 일이라도 한 달, 두 달 하다가 습관이 되어 타성에 젖어버리면 다른 일을 찾으려는 생각이 없어지고, 그렇게 하루 이틀을 보내다 보면 3년이 가고 5년이 지나가며, 그 때에 다시 직업을 바꾼다는 것은 더욱 어려운 일이다.

또 한 가지는 불법적인 직업에 종사하지 말라는 것이다. 그런 일은 당신에게 많은 돈을 벌어다 줄 수 있을지는 몰라도 칼날 위를 위태롭게 걸어가는 것과 같다. 불법적인 직업을 갖게 되면 경찰의 추적, 법적 처벌, 동료의 모함, 구속의 위험 등이 항상 당신의 옆에서 위협하고 있을 것이고 또 남들의 멸시를 감수해야 한다. 게다가 그런 직업에 한번 발을 들여놓게 되면 대부분 평생 동안 헤어나지 못한다.

처음부터 직업을 잘 선택해야 하겠지만, 당신이 이미 직업이 있고, 또 그 직업을 선택한 것이 정말 잘못된 일이라고 생각한다면 독한 마음을 먹고 다른 직업을 찾는 것이 현명하다. 그렇지 않으면 세월이 당신을 가만히 내버려 두지 않을 것이다.

선불리 직업을 바꾸지 말라   04

· 전업에는 커다란 리스크가 도사리고 있다.
  굳은 결심이나 대단한 용기가 없다면 경솔하게 행동하지 말라.

    대부분의 사람들이 첫 번째 직업을 선택할 때에는 조급한 마음을 가지고 있다. 먹고 살기 위해 심사숙고하지 않고 그저 자신을 뽑아주기만 하면 덥석 가서 일하게 된다. 하지만 하루 이틀, 일 년 이 년, 일을 하면서 경력도 쌓이고 자신에게 어느 정도 노하우가 붙었다고 생각되면 어떤 이들은 안정을 누리며 더 높은 대우를 받고 승진하기 위해 열심히 일하지만, 어떤 이들은 자신의 경험을 토대로 창업을 하고 싶어 하고, 또 어떤 이들은 다른 직업으로 바꿔 다른 분야의 일을 해보고 싶어 한다.

    아마 직장인들 중 90% 이상이 한번쯤은 전업을 생각해봤을 것이다. 생각만으로 그친다면 아무런 문제될 것이 없지만, 생각을 실행으로 옮기려도 한다면 진지하게 심사숙고할 것을 충고한다.

    직업을 바꾸면 모두 실패한다는 극단적인 얘기를 하려는 것은 아니다. 하지만 전업을 한 후에 예전에 비해 더욱 성공하는 사람들은 매우 적은 것이 사실이다. 다시 말해 전업을 한 후에 얻은 성과가 처음의 직업에서 얻었던 성과에 비해 작은 경우가 많다. 결과가 이렇게 나타나면 어떤 이들은 내일은 더 나아질 것이라는 희망을 안고 계속 일하지만 또 어떤 이들은 예전의 직업으로 다시 돌아간다. 당신이 "난 전업을 해서 실패한 사람은 보지 못한 걸요!"라고 반박한다면 나는 당신에게 이렇게 반문할 것이다. "사람들은 모두 체면을 차리고 싶어 합니다. 전업을 했다가 실패했다고 그걸 당신에게 굳이 알리겠습니까?"라고 말이다.

앞에서 전업을 하기 전에 먼저 심사숙고하라는 이야기를 했다. 그렇다면 도대체 무엇을 심사숙고 해야 할까? 다음의 몇 가지가 당신에게 참고가 될 수 있을 것이다.

> 현재의 직업이 장래성이 있는가? 동종업계 사람들의 견해는 어떠한가? 전문가들의 생각은 어떠한가? 정말 장래성이 없다면 또 다른 해결방법은 없는가? 현재 업종에서 매우 훌륭한 성과를 내고 있는 사람이 있다면 장래성이 없다는 평가가 잘못된 것은 아닌가?
>
> 현재의 직업을 좋아하는가? 현재의 직업으로는 자신의 능력을 제대로 발휘할 수 없는가? 다시 말해, 일을 할수록 재미없고 힘들기만 한가?
>
> 새로 선택하려는 직업의 성격이나 전망 등에 대해 충분히 알고 있는가? 새로운 분야에서 자신의 능력이 훨씬 더 진가를 발휘할 수 있겠는가? 새로운 직업에 대한 판단이 현재의 직업에서 벗어나고 싶은 조급함이 아니라 객관적인 사실과 이성적인 판단에 의해 이루어졌는가?
>
> 전업 후에 일정 기간 수입이 불안정하고 심지어는 생계에 위협을 느낄 수도 있다는 것에 대해 심리적인 준비가 되어 있는가?

위의 모든 질문에 자신 있게 "네."라고 대답할 수 있다면 전업해도 좋다.

하지만 세상 일이 모두 예상했던 대로 진행되는 것은 아니기 때문에 사전에 치밀하게 평가하고 판단했다고 해도 실제 진행과정에서 예기치 않은 암초에 부딪칠 수 있다. 정말로 절박한 상황이 아니라면 되도록 전업을 선택하지 않는 것이 좋다. 내가 이렇게 주장하는 데는 몇 가지 이유가 있다.

> 모든 일은 경험에 의해 처리하는 것이고, 경험은 속성으로는 얻어지지 않는 것이며 시간이 가면서 차츰 쌓이는 것이다. 현재의 직업과 전혀 관계가 없는 직업으로 옮기려고 한다면 지금까지 쌓은 경험은 모두 전혀 소용없는 것이 되어버리는 것이다. 정말 아까운 일이 아닌가? 게다가 새로운 분야에서 경험을 쌓기 위해서는 또 오랜 시간을 들여 처음부터 다시 배워야 한다. 이 과정에서 많은 시간과 정력을 낭비하게 되며, 또 제대로 잘 배울 수 있을지 보장할 수도 없다.

무슨 일에서든 성공하려면 패기가 있어야 한다. 하지만 사람들은 어느 정도 나이가 되면 자연히 패기가 줄어들기 마련이다. 성과를 거둬야 할 시기에 전업을 하게 되면 패기가 있다한 들, 훨씬 수그러들 것이 분명하고, 위축되고 소극적인 마음가짐이 오히려 당신을 새로운 분야에서 진퇴양난의 어려운 상황에 처하도록 만든다. 이렇게 하다보면 눈 깜짝 할 사이에 나이는 마흔, 쉰이 되고 이제는 후회해도 소용이 없게 되어 버린다.

섣불리 전업을 하지 말라고 해서 한번 택한 직업은 절대 바꾸지 말고 고인 물처럼 그대로 머물러 있으라는 것은 아니다. 하지만 전업에는 커다란 리스크가 도사리고 있다. 굳은 결심이나 대단한 용기가 없다면 경솔하게 행동하지 말라. 특히 어떤 직업이 좋다는 남들의 말만 듣고 멀쩡한 자신의 직업을 팽개치고 전업을 한다는 것은 매우 어리석은 일이다. 경솔한 전업은 당신으로 하여 한 평생 직업을 전전하며 불안정하게 살도록 만들 것이다.

전업을 하려면 현재 자신의 직업과 관련된 분야에서 새로운 직업을 찾으라고 충고하고 싶다. 이렇게 해야 많은 정력을 낭비하는 것을 막을 수 있다. 또 현재의 분야에서 직업의 형태만 바꾸는 것도 좋다. 예를 들어, 현재 생산직에 근무하고 있다면, 같은 분야에서 도매나 소매업으로 바꿀 수 있을 것이다. 이렇게 하면 현재 분야에서 쌓은 경험이나 노하우가 헛되어지지 않을 것이기 때문이다.

"자주 옮겨 심는 나무는 크게 자라지 못한다."는 속담이 있다. 이 말이 전업을 생각하고 있는 사람들에게 좋은 조언이 될 것이다.

포부를 가져라

· 현재의 직업에서 어떤 사람이 되고 싶은지에 대해 생각해야 한다.

05

　이 장에서는 한 가지 실례를 들어 설명하도록 하겠다.

　내가 항상 가는 미용실이 있다. 내가 사는 곳에서 그리 가깝지 않음에도 불구하고 내가 항상 그곳을 찾는 이유는 그곳의 헤어 디자이너가 머리를 아주 잘 깎기 때문이다. 나날이 줄어드는 나의 머리카락을 잘 정돈해줄 수 있는 사람은 그밖에 없다. 나는 친구의 소개로 그 미용실을 알게 되었고, 그 친구 역시 다른 친구에게서 소개를 받아 알게 되었다고 했다. 내가 갈 때마다 그 미용실에는 항상 사람이 많아 그 헤어 디자이너의 실력이 고객들로부터 인정받고 있다는 것을 짐작할 수 있었다.

　몇 번 그곳에 가서 머리를 자르면서 그와 어느 정도 친분을 쌓게 되었고, 하루는 미용실에 손님이 적어 그와 느긋하게 이야기를 나누며 그의 살아온 이야기를 들을 수 있었다.

　그는 초등학교 졸업 이후 곧바로 미용실에서 허드렛일을 하며 어깨 너머로 미용기술을 배웠고, 미용 일을 크게 좋아하는 것은 아니었지만 다른 일은 할 줄 아는 것이 없었기 때문에 그럭저럭 일하다보니 군대 갈 나이가 되어버렸다. 제대 후 그는 마음에 드는 직업을 찾지 못하자 다시 하던 일로 돌아오게 되었는데, 나이가 스무 살 중반에 들어서니 자신의 미래에 대해 고민하게 되었고, 결국 최고 남자 헤어 디자이너가 되자는 목표를 세웠다. 그리고 그때부터 그의 태도는 완전히 바뀌었다. 미용실에서 일하며 실습하는 것 외에도 스스로 관련 자료들을 수집하고 길 가는 사람들의 머리를 뚫어져라 쳐다볼 정도로 미용기술 배우기에 푹 빠져들게 되었다.

그렇게 노력한 지 1년도 되지 않아, 그는 보조에서 헤어 디자이너로 승격하게 되었고 고객들에게 큰 인기를 끌었다. 미용실을 찾아오는 거의 모든 고객이 그에게 머리를 맡기고 싶어했고, 후에 그는 아는 사람에게 돈을 빌려 이 남자전용 미용실을 차렸다고 했다.

그의 이야기는 그다지 특별할 것이 없었지만 나는 큰 감동을 받았다. 그가 젊은이들에게 본보기가 되기에 충분하다고 생각했기에 이 기회를 빌어 그의 이야기를 소개했다.

그 헤어 디자이너가 세운 목표가 바로 이 장의 주제인 포부이며, 좀더 정확하게 말하자면 자신이 몸담고 있는 분야에서 어떤 인물이 되겠다고 결심하는 것이다.

사람들은 대부분 먹고 살기 위해 일을 한다. 이상을 위해 최선을 다하는 사람도 있겠지만 극소수에 불과하다. 우선 먹고 사는 문제가 해결되어야 이상도 추구할 수 있는 것이므로 생계를 위해 일하는 것이 부끄러운 일은 아니다. 하지만 모든 사람들이 단지 생계 유지라는 단순한 목적을 위해 일한다면 직업 선택을 위해 특별히 고민하지 않아도 될 것이다. 매춘이나 구걸도 모두 먹고 살기 위해 하는 것이 아닌가.

자청해서 매춘이나 구걸을 하겠다면 나도 말리지 않겠다. 개인의 자유니까 말이다. 하지만 일생 동안 무언가를 이루고 싶다면 단지 먹고 사는 것에 만족해서는 안 되며, 가슴에 포부를 품고 목표를 정해 부지런히 노력해야 한다. 포부가 없는 사람의 인생은 보잘 것 없고, 포부가 있는 사람은 반드시 큰 성과를 거둔다고 말할 수는 없다.

한 가지 분명한 것은 포부가 있고 목표를 이루기 위해 매진하는 사람은 어영부영 살아가는 사람보다는 커다란 성과를 거둘 수 있으며, 성공의 기회도 더 많다는 사실이다. 목표달성을 위해 항상 노력하는 사람은 항상 새로운 지식을 익혀 자신의 잠재력을 계발하고 발전하기 때문에 남들보다 더 빨리 성공의 고지에 다다를 수 있다.

내 말은 전혀 과장된 것이 아니며, 살아있는 현실이다. 믿지 못하겠다면 주변의 성공한 사람들을 찾아가 이야기를 나누며, 그들이 어떤 길을 걸어왔는지에 대해 들어보는 것도 좋다. 처한 환경이 달라짐에 따라 포부가 다소 바뀔 수는 있겠지만 그들은 분명 항상 목표를 설정하고 그것을 실현하기 위해 열심히 매진한다.

사람의 운명은 예측할 수 없는 것이다. 20대는 사회에 적응하는 시기이고, 30대는 가장 열심히 일할 시기이며, 40대 이후는 성과를 거두어들일 때다. 머뭇거릴 시간이 없다.

앞에서 말한 헤어 디자이너를 생각해보라. 그는 이제 겨우 32살이다. 당신의 나이는 몇인가?

영광을 독차지 하지 말라   06

· 영광을 독차지 하면 언젠가는 홀로 쓴 사과를 먹게 될 것이다.

나에게는 재주가 매우 뛰어난 친구가 하나 있다. 그 친구는 잡지사 편집장으로 있는데 그 친구가 만들어내는 잡지는 꽤 인기를 끌고 있고 그는 회사로부터 특별공로상을 수상한 적도 있다. 처음에는 그도 이런 자신의 성과에 매우 기뻐했다. 하지만 날이 갈수록 그는 미소를 잃어 갔고, 하루는 나에게 이렇게 털어놓았다. 회사에서 부하직원은 물론 상사까지도 자신에게 적대감을 가지고 있는 것 같다는 말이었다.

나는 그에게 자세한 상황을 물어보고 그가 영광을 독차지하는 실수를 범했음을 알게 되었다. 원인은 바로 그것이었다.

그는 회사로부터 공로상과 함께 적지 않은 상금을 받았으며 회사 동료들 앞에서 공개적으로 높은 평가를 받았다. 하지만 그는 시상식장에서 자신의 상사나 부하직원들의 협조에 감사한다는 말을 일언반구도 하지 않았을 뿐더러, 받은 상금으로 동료들에게 식사대접도 하지 않았던 것이다. 그의 동료들은 그의 앞에서는 별 말을 하지 않았지만 분명 불만스러운 기분이 들었을 것이고 그 때문에 그를 싫어하게 된 것이었다.

솔직히 말해 그가 편집한 잡지가 상을 받을 수 있었던 데에는 그의 공로가 제일 컸지만 그가 상금을 받았을 때, 그의 동료들은 그가 유일한 공신이라고 생각하지 않았을 것이고, 자신들은 힘들게 일만 하고 빛도 못보고 모든 영광은 그 혼자 독차지해버렸다고 생각했을 것이다. 특히 그의 상사들은 그 일로 불안과 위협을 느끼고, 자신의 지위를 지키기 위해 그에게 호의적으로 대했을 리 없다.

그 친구는 나의 분석을 믿지 않았다. 두 달 후, 결국 더 이상 버티지 못하고 사직서를 제출했다.

회사에서 자신의 업무성과가 특별하게 평가되어 높은 인정을 받게 되었을 때, 그 영광을 혼자서 독차지한다면 인간관계에서 위기를 맞이하게 될 것이다.

> 감사하라. 동료들의 협조에 고마움을 표시하고 현재의 성과가 모두 자기 혼자서 이룬 것이라고 생각해서는 안 된다. 또한 특히 자신을 격려해주고 리드해주고 업무를 맡겨준 상사에서 고마움을 표시하라. 실제로 동료와 상사에게 많은 도움을 받았다면 고마워하는 것은 당연한 것이지만, 설령 동료의 도움도 크지 않았고 상사로부터도 별다른 지원을 얻지 못했다 하더라도 고마움을 표시할 필요가 있다. 마음에서 우러나서 진심으로 하는 감사는 아닐지라도 이 간단한 행동으로 당신은 표적이 되는 것을 피할 수 있다. 영화제 시상식을 보아도 수상자들이 수상소감을 말하며 여러 사람들에게 영광을 돌린다고 말하지 않던가. 바로 이런 이치다. 말로만 하는 이런 감사가 듣는 이로 하여금 실질적인 혜택을 얻을 수 있게 하는 것은 아니지만, 듣고 나면 기분이 좋아져 수상자를 질투하거나 시기하지 않는 효과를 낼 수 있다.
>
> 함께 누려라. 말로 하는 감사만으로도 충분할 수 있지만 좀 과장되게 예의를 차리는 것도 나쁠 것은 없다. 자신이 받은 물질적인 혜택이나 대가를 주변 사람들에게 나눠주면 그들은 자신이 존중받고 있다는 느낌을 받을 것이다. 자신의 성과가 정말로 주변 사람들의 도움으로 이루어진 것이라면 더욱더 그들에게 반드시 감사를 표시해야 한다. 실질적으로 영광을 나누는 것에는 여러 가지 방식이 있다. 작게는 차 한 잔에서 크게는 식사 대접까지, 당신이 얻은 혜택을 동료들에게 나누어 준다면 그들은 당신에게 반감을 갖지 않을 것이다.
>
> 겸손하라. 자신의 성과가 인정되면 갑자기 으쓱해지며 거만해지는 사람들이 종종 있다. 이런 심리도 이해할 수 없는 것은 아니지만 주변 사람들에게는 눈에 거슬릴 수밖에 없다. 그들은 당신을 못마땅하게 생각할 것이고 겉

으로 드러내지는 않더라도 일에 있어서 차츰차츰 당신을 견제하게 될 것이다. 그러므로 무언가 성과를 거두어 그것이 인정을 받았다면 더욱 겸손해져야 한다. 잘난 척 하지도 않고, 그렇다고 비굴하지도 않은 태도를 유지하는 것은 쉽지 않다. 차라리 비굴한 것이 잘난 척 하는 것보다는 훨씬 낫다. 너무 과하다 싶을 정도로 비굴해진다 해도 괜찮다. 남들은 당신의 그런 모습을 보고 아주 예의바른 사람이라고 말할 것이며, 당신을 적대시하거나 성가시게 하지도 않을 것이다. 겸손해 보이는 것에도 여러 가지 요령이 있지만 그 중에 두 가지만 소개하도록 하겠다. 첫째, 더욱 예의 바르게 행동하라. 높게 인정받을수록 고개를 숙여라. 둘째, 자신의 성과에 대한 상이나 대가에 대해 더 이상 이야기하지 말라. 이야기할수록 남들에게는 허풍으로 받아들여진다. 이미 모두 아는 사실을 계속 말할 필요는 없다.

영광을 독차지하지 말라는 것은 좀더 정곡을 찔러 말하자면 남들의 생존공간을 위협하지 말라는 것이다. 당신이 쏟아지는 찬사에 도취해있을 때 동료들은 불안감을 느낄 것이며, 당신이 고마움을 표시하고 겸손한 태도로 영광을 나누어 갖는다면 동료들을 안심시킬 수 있다. 사람의 본성이란 원래 이렇게 기묘한 것이며, 다른 말은 필요하지 않다.

영광을 독차지하려고만 한다면 언젠가는 홀로 쓴 사과를 먹게 될 것이다!

찬밥 신세라도 참을성 있게 견뎌라　07

· 찬밥신세도 겪어 보았는데 더 이상 무엇이 두려우랴

　한 무역회사에 다니는 남자 직원이 있다. 그는 처음 입사했을 때에는 사장으로부터 신임을 얻었지만, 아무런 실수도 하지 않았는데 왠지 모르게 점점 따돌려지는 느낌을 받았다. 꼬박 1년 동안이나 사장은 그를 한번도 사장실로 부른 적이 없고, 중요한 일을 맡긴 적도 없었다. 그는 사장의 오른팔에서 갑자기 찬밥신세가 되고 만 것이다. 그는 꾹 참고 버텼고, 어느 날 사장이 그를 부르더니 그를 승진시키고 월급까지 올려주었다. 그를 영원한 찬밥신세로 여기고 있던 동료들은 모두 크게 놀랐다.

　능력이 아무리 뛰어나고 운이 좋은 사람일지라도 평생 순탄한 길만을 걸을 수는 없다. 직장이든 사회에서든 찬밥신세가 되거나 무시될 수 있으며 그 원인은 여러 가지일 수 있다.

> 능력이 부족하다. 중요하지 않은 잡다한 일만 할 수 있지만 꼭 해고시켜야할 정도는 아니다.
>
> 중대한 실수를 한 적이 있다. 사회에 나와 일하다 보면 학생시절과는 엄연히 다른 현실에 부딪치게 된다. 학생이었을 때에는 실수를 해도 별 상관이 없겠지만 사회에서는 한 번 실수로 상사의 신임을 잃을 수 있다. 상사들은 당분간은 일을 맡기는 모험을 하지 않을 것이기 때문에 잠시 당신을 한켠으로 밀어둘 수 있다.
>
> 사장이나 상사가 당신을 시험하기 위해 일부러 그럴 수도 있다. 큰일을 하려는 사람은 도전할 수 있는 용기를 가지고 있어야 하지만 끈질긴 인내심도 역시 중요하다. 때로는 한 사람을 큰 인물로 기르기 위해서는 많은 일을 맡겨 열심히 경험을 쌓도록 하는 것도 좋지만, 할 일이 없게 만드는 것도 한 가지 방법이다. 할 일이 주어지지 않았을 때의 태도를 관찰하고 또

그를 훈련시키는 것이다. 여느 시험과 마찬가지로 이런 시험은 보통 본인에게는 알리지 않고 행해진다.

인사를 둘러싼 쟁탈전에서 실패한 것이다. 사람들이 있는 곳에는 항상 무언가를 얻기 위한 경쟁과 쟁탈전이 벌어지기 마련이고, 작은 회사라 할지라도 어떤 직위나 주도권을 둘러싸고 경쟁이 벌어지면 사장이나 관리자는 그 경쟁의 영향을 받는다. 경쟁이나 투쟁에 서투르다면 아마도 당신은 왠지 모르게 주도권을 빼앗기고 한직으로 물러나게 될 것이다.

자신을 둘러싼 커다란 환경에 변화가 생긴 것이다. 여러 사람들이 두각을 나타내는 것은 환경으로 인한 것이며, 그들의 조건이 당시 상황에 부합했기 때문이다. 하지만 상황이 변화하면 영웅도 순식간에 재능을 발휘할 곳을 잃게 되고 역시 찬밥신세가 되고 만다.

상사의 개인적인 취향 때문일 수도 있다. 특별히 어떤 이유 때문이라고 말할 수는 없지만 상사가 괜히 당신이 싫어진 것이다.

상사나 사장의 심기를 거스른 것이다. 바다 같이 깊은 속을 가진 사람이라면 부하직원의 무뢰한 행동이나 실수를 너그러이 용서해주겠지만 사람은 감정의 동물이라는 점을 잊어서는 안 된다. 말 한 마디나 작은 행동으로 상사의 심기를 불편하게 해도 찬밥신세가 될 수 있다.

상사나 사장이 당신을 위협적인 존재로 생각할 수도 있다. 당신의 능력이 너무도 뛰어나다거나 나서야할 때와 잠자코 있어야 할 때를 구별하지 못한다면 상사는 당신에게서 위협을 느낄 것이고 그렇게 되면 당신은 찬밥신세가 될 가능성이 있다. 사장은 당신이 언젠가는 독립해 자신과 경쟁하게 될 것이라고 생각하고, 상사는 당신이 자신의 위치를 위협할 것을 두려워한다면 당신을 신임하고 중요한 일을 맡기겠는가?

회사에서 따돌림을 받는 원인은 매우 많아서 일일이 다 열거할 수 없다. 사람들은 자신이 따돌림을 받을 때 그 원인은 깊이 생각하지 않고 오로지 동료나 상사들만 원망한다. 하지만 남의 원망만 하고 있기보다는 자신의 행동을 뒤돌아보고 마음가짐을 조절하며 묵묵히 참고 버티는 것이 훨씬 득이 될 것이다.

능력을 길러라. 인정받지 못하고 한직에 있을 때에는 정보를 수집해 발전을 꾀할 수 있는 가장 좋은 시기다. 능력을 기르고 있다가 때가 왔을 때 높이 도약하며 뛰어난 능력을 보여준다면 남들의 눈에 더욱 부각될 것이다. 자신이 한직으로 밀려나 있을 때에도 누군가는 자신을 관찰하고 있다는 점을 기억하라. 자포자기한 모습을 보여준다면 영원히 한직에 머물러 있게 될 것이며 반전의 기회도 찾아오지 않을 것이다.

겸손함으로 인간관계를 원만하게 만들어라. 사람이라면 누구나 조금씩은 물에 빠진 사람에게 돌을 던지는 악한 마음을 가지고 있다. 당신이 찬밥신세일 때 동료들은 당신이 영원히 그 자리에 있기를 간절히 바랄 것이다. 그러므로 항상 겸손한 태도로 원만한 인간관계를 맺어두어야 한다. 예전에 소위 잘나가던 시절을 강조하며 큰소리치는 것은 절대 금물이다. 이렇게 했다가는 스스로 때를 잘못 만난 인재라고 착각해 더욱 깊은 슬럼프에 빠질 수 있기 때문이다.

일을 더욱 소중하게 생각하고 잠시도 소홀해선 안 된다. 사소하고 잡다한 일이 맡겨지더라도 깔끔하게 처리하는 모습을 보여줘라. 많은 사람들이 곁눈질로 당신의 행동에 점수를 매기고 있음을 절대 잊어서는 안 된다.

참고, 참고 또 참아라. 비웃음, 조롱, 외로움, 모멸감, 좌절감, 이 모든 것을 참고 꿋꿋이 버텨라. 새벽이 오기 전의 어둠을 잘 견뎌내라. 참는 모습을 자신에게, 그리고 남들에게도 모두 보여줘라.

위의 것들을 모두 할 수 있다면 당신은 곧 역전의 기회를 얻게 된다. 따돌림을 당하고 한직으로 물러나게 된 이유가 무엇이었든, 이것은 당신의 인내심을 훈련하고 심지를 굳게 만들 수 있는 기회다.

찬밥신세도 겪어 보았는데 더 이상 두려울 것이 무엇이겠는가? 찬밥신세를 벗어나 높이 도약하면 열렬한 갈채와 찬사가 쏟아질 것이다. 한직에서 견뎌내지 못하면 돌아오는 것은 동료들의 무시 뿐이다. 당신이 과감히 회사를 그만두지 않는 한 말이다.

상사에게 여지를 남겨줘라   08

· 상사에게 안정감을 주라!

    군대에서는 하루도 빠짐없이 내무반을 청소해야 한다. 하지만 내가 이상하게 생각했던 것은 아무리 열심히 쓸고 닦아도 소대장 점검시간에 항상 지저분하다고 지적을 받았다는 것이다. 내무반 청소는 그렇다 치더라도 총기를 닦고 기름칠 하는 일에서도 소대장은 항상 부족한 점이나 잘못된 점을 찾아내 지적을 했다.

    내가 제대하기 얼마 전, 소대장으로부터 내 의문의 해답을 들을 수 있었다. 소대장님의 말에 따르면, 상사가 항상 만족스러운 반응을 보이면 사병들이 곧 게으름을 피우게 된다는 것과 트집 잡을 것이 없어도 트집을 잡는 것은 사병들에게 소대장의 권위를 누차 인식시켜 하극상이 일어나지 않도록 하기 위해서라는 점을 말해주었다.

    제대를 앞두고 내무반장이 된 나는 소대장의 사병관리 철학을 그대로 이용했고 그 방법이 아주 효과적이라는 것을 직접 체험하게 되었다.

    하지만 사회는 군대와 다르다. 군대에서는 상명하복의 원칙이 철통같이 지켜져야 하지만 사회는 약육강식이 지배한다. 특별히 부족한 것이 없는데도 상사라는 이유만으로 트집을 잡으려 한다면 상사 자신도 힘들 것이고, 부하직원들은 더욱 견디기 어려울 것이다.

    사회에 나와서 처음부터 관리자가 되는 사람은 거의 없으며, 관리자가 된다 해도 말단이고 자기 위에 적지 않은 상사들이 포진해 있을 것이다.

    상사에게 선물을 선사하거나 아부를 해서 비위를 맞추는 등 모두들 상사를 대하는 방식이 다르겠지만, 일처리를 할 때 상사에게 조금의 여지를 남겨주는 것이 바로 가장 좋은 방법이다.

거의 모든 사람이 생계를 위해 일하며 이 점은 상사이든 부하직원이든 마찬가지다. 한직으로 물러나면 어쩌나, 일자리를 잃으면 어쩌나, 신임을 잃으면 어쩌나, 당신이 지금 하고 있는 걱정을 당신의 상사도 똑같이 하고 있다. 다른 점은 단지 상사는 관리자로서 부하직원들을 통솔해야하기 때문에 부하직원 역시 두려운 존재라는 것이다. 부하직원이 무능하면 상사는 그가 일을 그르쳐 자신이 책임을 져야하지나 않을까 걱정하고, 또 부하직원의 능력이 너무 뛰어나 모든 일을 완벽하게 처리해도 그를 제대로 통솔하지 못하면 어쩌나, 특히 그가 자신의 지위를 위협하지나 않을까 걱정한다. 당신의 능력이 뛰어나다면 상사는 자신의 영역을 지키기 위해 당신을 견제하며 괜한 트집을 잡고, 당신의 제안을 묵살해버리거나 심지어는 다른 동료들과 이간질을 시킬 수도 있다. 게다가 그 상사가 그보다 더 위에 있는 상사로부터 지원을 받고 있다면 상황은 더욱 심각하다. 당신이 정말 그를 쫓아내고 그의 자리에 오르겠다는 야심이 없는데도 그런 의심을 받고 온갖 견제와 공격을 받는다면 억울한 일이 아닌가?

그 상사가 문제가 없는데도 트집을 잡는 것이 정말로 자신의 권위를 지키기 위해서라면 상사에게 안정감을 주면 모든 일이 해결되는 것 아닌가?

그렇기 때문에 상사에게 작은 여지를 남겨주라는 것이다.

구체적인 방법으로는 다음과 같은 것들을 추천할 수 있다.

> 상사에게 자주 물어보라. 당신이 상사보다 능력이 뛰어나고 더 많은 것을 알고 있다 하더라도 상사의 직위를 존중해주고 그와 프로젝트에 대해 의논하며 그에게 지도편달을 받아라. 그런 당신의 모습에 상사는 안도할 것이다. 주의할 것은 지도편달을 받기만 하고 하나도 실제에 반영하지 않는다면 역효과를 낼 수 있다는 점이다. 상사는 당신의 프로젝트에 자신의 의견이 얼마나 반영되었는지에 매우 신경을 쓴다.

일을 너무 완벽하게 하지 말라. 완벽하게 처리해야 상사로부터 신임을 얻을 것이라고 생각한다면 오산이다. 그것이 오히려 화근이 될 수도 있다. 그렇다고 해서 일을 엉터리로 한다면 당신은 머지않아 일자리를 잃게 될 것이다. 가장 좋은 것은 그다지 중요하지 않은 부분에서 사소한 실수를 하거나 아쉬운 부분을 남겨두어 상사에게 지적할 곳을 만들어주는 것이다. 미비점을 발견해 지적해주는 것만으로도 상사는 자신의 능력이 당신보다 낫다고 여기게 될 것이고 그것으로써 안도할 것이다.

상사를 칭찬하라. 칭찬은 아부와는 다르다. 부하직원들도 상사를 칭찬해 줄 필요가 있다. 상사들은 부하직원이 자신을 우러러보아주길 바란다. 특히 그 상사의 상사도 있는 자리에서 상사를 칭찬한다면 그것은 당신이 상사에게 복종한다는 것을 뜻할 뿐 아니라 상사의 인사고과도 올려주는 효과를 볼 수 있기 때문에 두 배의 효과를 낼 것이다.

어떠한 상황에서든 안하무인격의 태도는 절대 금물이다. 특히 당신이 매우 유능할 경우 일에서 상사에게 다소간의 여지를 남겨주는 것은 바로 일종의 생존법칙이다.

제 꾀에 제가 넘어갈 수 있다   09

· 잔꾀로 얻은 이익은 곧 빚이다.

예전에 군대에서 훈련을 받을 때 훈련조교가 우리에게 항상 하던 말이 있다.
"꾀를 부리다간 큰 코 다칠 수 있다!"
남들보다 훈련을 덜 받기 위해 꾀를 부리다가, 시쳇말로 "빼질거리다가" 들키면 더 심한 벌을 받아야 한다는 말이다.
군대에서 잔머리를 굴리는 사병은 사회에 나와 직장에 들어가도 잔꾀를 부리는 경우가 많다. 10여 년 간 사회생활을 하면서 잔꾀를 부리는 동료를 여럿 보아왔다. 그러면 그들은 정말 큰 코를 다쳤는가?
그들 중에 정말 큰 코를 다친 사람도 있다. 한 동료는 야근에서 혼자 빠져 나와 영화를 보고 나오다가 길에서 우연히 상사를 만난 적도 있고, 또 어떤 동료는 다른 동료에 의해 고자질을 당했고, 또 어떤 동료는 꾀를 부리다가 업무를 그르친 적도 있다. 모두 큰 코를 다친 것은 아니지만 개인의 발전과 성공이라는 관점에서 보면 결국 그들은 자기 꾀에 자기가 넘어갔다고 볼 수 있다. 승진 때마다 탈락의 쓴잔을 마셔야했기 때문이다.
직장에서 일할 때에는 잔꾀를 부려서는 안 된다. 이 말을 들은 사람들 중에 "누구는 하루 종일 꾀를 부리지만 제때에 승진을 하던 걸요!"라고 반박하는 사람이 있을 수도 있다. 내 말은 그렇게 절대적인 것은 아니다. 꾀를 부리면서도 제때에 승진하는 사람들은 특수한 조건을 가지고 있는 경우가 대부분이다.

> 특수한 조건이라 함은 공기업이나 공공기관에서 든든한 뒷배경을 가지고 있는 사람들도 포함된다. 그런 사람들은 능력이 없고 열심히 일하지 않더라도 항상 초고속 승진을 한다.

개인적으로 상사에게 물질적인 뇌물이나 편의를 제공했기 때문일 수도 있다.

능력이 너무도 뛰어나 다른 사람은 그를 대신할 수 없을 경우, 그가 꾀를 부린다는 것은 잘 알지만 그의 재능이 반드시 필요한 경우에 어쩔 수 없이 승진시켜주는 것이다.

위의 세 가지 조건이 아니라면 잔꾀를 부리는 사람들은 대부분 승진과는 거리가 멀다. 그런 부하직원을 보는 상사는 다음의 반응을 보인다.

꾀를 부리는 것은 상사를 무시하는 것이라고 생각하고 그 앞에서는 별다른 이야기를 하지 않더라도 마음에 새겨둔다.

자신의 일을 마음에 들지 않아 한다고 생각하기 때문에 그에게 승진의 기회를 주지 않는다.

꾀를 부리면 동료들의 불만을 살 것이기 때문에 상사는 동료들의 불만과 반대를 무릅쓰고 굳이 그를 승진시키려 하지 않을 것이다.

따라서 항상 잔꾀를 부리는 사람은 승진하기가 쉽지 않다. 그렇다면 승진하지 않으면 그만 아니냐고 반문하는 사람이 있을지 몰라 또 한 가지 당부를 해둔다.

이것은 그리 간단한 문제가 아니다. 당신의 상사가 완벽하게 무능한 사람이 아니라면 꾹 참다가 결국 화가 폭발할 테니 말이다. 상사는 당신의 행동이 자신에게 반항하는 것으로 생각할 것이고 자신의 권위를 지키기 위해서, 혹은 다른 부하직원들이 따라하지 못하도록 기선을 제압하는 의미에서라도 분명히 당신에게 어떤 형태로든 불이익을 줄 것이 분명하다. 더군다나 성격이 깐깐하고 엄격한 상사라면 당신은 혼쭐이 날 각오를 해야 할 것이다.

당신이 처음으로 잔꾀를 부렸을 때 상사가 당신을 불러 따끔하게 충고한다면 다행으로 생각해야 한다. 이것은 그가 당신에게 실망하지 않았음을 뜻하고 당신은 꾀를 부리는 버릇을 고칠 수 있을 테니 말이다. 하지만 잔꾀를 부렸는데도 누군가 지적해주지 않는다면 각별히 조심해야 한다. 폭풍전야라는 말도 있지 않은가 빠르면 내일이라도 혼쭐날 일을 만날 수 있다.

어떤 이들은 자신이 똑똑해 잔꾀를 부리는 재주도 교묘하기 때문에 아무도 자신이 꾀를 부리는지 모를 것이라고 자만한다. 사실 동료나 상사들은 모두 알고 있는데 정작 자신만이 모르고 있을 뿐이다. 굳이 누가 나서서 상사에게 귀띔해주지 않아도 상사의 눈에 띄게 마련이다. 무언가를 감추려고 할 때 당신에게 미묘한 변화가 생기며 이런 변화는 자각하지 못하는 경우가 더 많기 때문이다. 또한 사람은 무언가를 감추려할수록 더 드러내기 마련이다. 열심히 일하는 척 할수록 당신의 잔꾀가 더욱 드러나게 되며 주변 사람들이 모두 당신의 잔꾀를 알아차릴 것이다. 상사 또한 말단사원 시절을 거쳤는데 잔꾀 부리는 방법을 모르고 있을 리 없다.

그러므로 잔꾀를 불리다가 큰 코 다칠 가능성이 매우 놓다.

그리고 잔꾀를 부릴 필요도 없다. 부지런히 일하면 업무경험을 쌓을 수 있을 뿐 아니라 주변 사람들 사이에서 좋은 평판을 얻게 될 것이고, 상사에게 성실한 모습을 보여줘서 나쁠 것이 전혀 없다. 초고속 승진을 할 수는 없다고 하더라도 성실함은 당신에게 무형의 자산이 될 것이다. 잔꾀를 부린 당시에는 불이익을 당하지 않았다 하더라도 그것은 분명 사회생활을 하는 데 빚으로 남게 된다. 안타까운 것은 정작 잔꾀를 부리는 사람들은 이 사실을 알지 못하고 꾀를 부리면 남들보다 쉽고 빠르게 성공할 수 있다고 생각한다는 사실이다.

이런 사람들이 가장 불쌍한 사람들이다.

능력을 남들이 몰라준다고 생각하지 말라

· 인정받지 못한 것도 자신의 탓이다.

어디에나 자신은 능력이 뛰어나지만 인정받지 못한다고 생각하는 사람이 있다. 이런 사람들의 공통점은 항상 불평불만에 가득 차서 살며, 남을 헐뜯기 좋아하고 때때로 비통한 표정을 짓는다는 것이다. 이런 사람과 대화를 하다보면 운수 나쁜 날은 책망과 힐난을 받기도 한다.

이런 사람들 가운데 일부는 정말로 유능하지만 인정받지 못해 성공하지 못한 것이다. 객관적인 환경이 전혀 받쳐주지 못하기 때문에 뛰어난 능력을 발휘하지 못하고 주저앉은 경우가 바로 여기에 속한다. 그들은 생계를 위해 어쩔 수 없이 원치 않는 일을 하곤 한다.

능력 있는 사람들이 모두 그런 것은 아니다. 때로는 정말로 천리마가 자신을 알아주는 주인을 만나지 못한 것일 수도 있지만 대부분은 자신이 자초한 일이다. 유능하고 재주 있는 사람들은 항상 자신의 능력을 과대평가하고 능력이나 학벌이 자신보다 못한 사람들을 매우 무시하는 경향이 있다. 하지만 실제로 사회에 나와 일을 하다보면 일들이 매우 복잡하며 능력이 있다고 해서 모두 할 수 있는 것은 아니다. 그런 사람들은 오만한 태도 때문에 주변 사람들에게 반감을 사는 일이 많다. 상사도 능력이 뛰어난 부하직원을 보며 위협을 느낀다. 능력은 있지만 겸손하지 못하고 자신의 능력을 내세우기를 좋아한다면 상사의 견제에 부딪쳐 두각을 나타낼 기회를 얻기 힘들다. 경쟁이란 본래 이런 것이고, 이 때문에 유능한 사람들이 성공의 기회를 얻기 어려운 것이다.

능력은 있지만 인정받지 못한다고 생각하는 사람들 가운데에는 실제로는 능력이 변변치 못함에도 불구하고 자아도취에 빠진 사람들도 있다. 이런 사람들이 인정받지 못한 것은 무능하기 때문이지 남들의 시기나 질투 때문이 아니다. 그들은 이런 사실을 전혀 깨닫지 못하고, 도리어 남들이 자신의 진가를 알아주지 않는다며 항상 불평불만에 휩싸여 산다.

　능력이 있건 없건, 자신이 인정받지 못해 성공하지 못하고 있다고 생각하는 사람들은 인간관계도 원만하지 못하다. 그들은 입만 열면 동료나 상사, 사장을 헐뜯고 원망하고, 자신의 능력을 자랑하기 때문이다. 이런 사람과 자주 만나고 싶어하는 사람이 있을까?

　그렇다면 이런 사람들은 어떤 결과를 얻을까? 자신이 유능한데도 남들이 알아주지 않는다는 생각이 강한 사람일수록 스스로 문을 닫아걸고 타인과 교류하지 않기 때문에 사람들과 원만하게 어울리지 못한다. 주변 사람들은 그들을 괴물 취급하며 멀리하기 때문에, 운 좋게 귀인을 만나 적극적인 지원을 받는 등 특별한 경우가 아니라면 영원히 성공하기 어렵다.

　나는 지금까지 이런 사람들을 수없이 많이 봐왔다. 일부는 회사를 그만두었고, 일부는 한직으로 밀려났으며, 또 어떤 사람은 계속 그 자리에서 매일 남들을 원망하며 일하고 있다.

　당신이 자신의 능력을 어떻게 평가하고 있는지는 모르지만, 유능한 사람이든 그렇지 않은 사람이든 누구나 자신의 진정한 실력을 발휘하지 못할 때가 있다. 이럴 때는 이 점을 반드시 명심해야 한다. 남들이 자신의 유능함을 알아보지 못한다고 생각하더라도 이런 생각을 밖으로 드러내서는 안 된다는 점이다. 이런 생각을 남들에게 이야기할수록 사람들은 당신을 얕볼 것이다. "그렇다면 능력을 인정받지 못한 채 평생 동안 이렇게 썩어야 한다는 말인가?"라고 반문한다면 당신에게 몇 가지 방법을 귀띔해주겠다.

우선 자신의 능력을 객관적으로 평가하라. 자신이 스스로 평가한다면 객관성이 떨어지므로 친구나 친한 동료에게 자신의 능력을 객관적으로 평가해달라고 부탁하라. 그렇게 해서 얻은 평가가 낮다면 당신은 자신의 능력이 그리 뛰어나지 않다는 점을 겸허히 받아들여야 한다.

자신의 능력에 대한 평가가 끝났다면 그 다음으로 자신의 능력을 왜 마음껏 펼칠 수 없는지 곰곰이 생각해보아라. 적당한 기회가 없었는가? 주변 환경의 제약 때문인가? 아니면 주변 사람들의 견제 때문인가? 기회를 얻지 못한 것이라면 계속 기다릴 수밖에 없는 것이고, 환경적인 문제라면 현재의 직장을 그만두는 수밖에 없다. 주변 사람들의 견제 때문이라면 자신의 행동에 잘못된 점은 없는지 생각해보고, 무슨 잘못이 있었다면 잘못을 수정하고 주변 사람들과 원만한 관계를 맺을 수 있도록 노력하라.

자신에게 다른 장점은 없는지 생각해보라. 재주는 있지만 인정받지 못하는 것은 때로는 자신의 장점을 적절한 곳에 사용하지 못했기 때문이다. 자신에게 현재 하고 있는 일 외에 또 다른 특기가 있다면 상사에게 자신의 다른 특기를 살릴 수 있는 업무를 하게 해달라고 부탁하는 것도 한 가지 해결방법이 될 수 있다. 어쩌면 그것이 인생역전의 계기가 될 수도 있다.

인간관계를 원만하게 하기 위해 더욱 노력하라. 남들에게 기피의 대상이 되어서는 안 되며, 자신의 장점을 살려 동료들을 도와주어야 한다. 하지만 무언가 보답이나 대가를 바라고 동료들을 도와서는 안 된다. 또한 항상 겸손하고 예의 바르게 행동하고 인간관계를 넓히는 것이 좋다. 이런 것들이 당신에게 뜻밖의 행운을 가져다 줄 수 있다.

자신의 능력을 끊임없이 계발해 기회가 찾아왔을 때, 만인 앞에서 자신의 뛰어난 능력을 보여주라.

언제 어디서건 남들이 자신의 유능함을 알아주지 않는다는 생각을 갖지 않는 것이 좋다. 그런 심리는 당신이 현재의 일에 만족하며 매진하는데 커다란 걸림돌이 될 것이다. 뛰어난 능력을 하찮은 일에 사용하더라도 자신에게 주어진 일을 열심히 하는 것은 역시 큰 행복이다.

남의 돈 벌기가 쉬운 것이 아니다   11

· 적은 돈부터 벌기 시작하라

    내 여동생은 대학 졸업 후 한 무역회사에 비서로 취직했다. 첫 출근 날, 설레고 기쁜 마음으로 출근을 했던 여동생은 저녁에 집으로 돌아오자마자 울상을 지으며 이렇게 푸념했다. "남의 돈 벌기가 이렇게 어렵다니, 그래도 공부할 때가 가장 좋았어."

    돈이란 정말 벌기 어려운 것이다. 직장인들은 오전 9시부터 저녁 6시까지 꼬박 일하고 야근을 밥 먹듯이 하기 때문에 사생활이란 것은 거의 할 수 없다. 직장에 나가기 위해 어린 자식을 집에 혼자 두었다가 불미스러운 일이 생기기도 한다. 이것으로 끝이 아니다. 상사의 눈치도 봐야하고, 동료들과의 관계도 원만하게 유지해야 한다. 게다가 업무실적이 좋지 않으면 퇴직 압력을 받을 수도 있다. 돈 버는 일은 정말 만만치 않은 일이다.

    스스로 창업을 하면 어떨까? 사장이 되면 돈 버는 일이 좀 수월하지 않을까? 사장이 된다면 잘되면 큰 돈을 벌수 있겠지만 자칫하다가는 본전도 못 건지고 파산할 수 있다는 위험부담을 안고 있다. 이 점만 보더라도 사장에게도 돈 버는 일이 쉬운 일은 아니라는 것을 짐작할 수 있다. 사장은 회사의 경영을 위해 한시도 쉬지 않고 고민하고 머리를 짜내고, 때로는 거래처 확보를 위해 손해 보는 장사도 해야 하며, 동종 업계의 다른 회사들과 우호적인 관계를 유지해야 하며, 직원 관리에도 소홀해서는 안 된다. 가끔씩 신문에 어느 회사 사장의 갑작스런 과로사가 보도되곤 한다. 이것이 모두 돈을 벌기 위해 애쓰다가 빚어진 일이 아닌가.

    직원이든 사장이든 돈 버는 것은 결코 쉬운 일이 아니다.

얼핏 보면 카지노, 마약판매 등 불법적인 일들은 얼마 되지 않는 자본으로 수익을 몇 십 배, 몇 백 배나 내기 때문에 쉽게 돈을 버는 것 같지만, 이것 역시 쉬운 일은 아니다. 그들은 항상 자신들의 행위가 발각되지 않을까 두려움에 떨며, 또 내부 세력 간의 암투가 끊이지 않기 때문이다.

매춘업은 어떨까? 자본금 한 푼 필요 없는 일이지만 변태적 습관을 가진 손님이라도 억지로 응해야 하고, 포주의 착취와 억압, 경찰의 단속 때문에 무척 힘들다고 한다.

유일하게 쉽게 돈을 버는 것이 바로 복권당첨이지만 이런 운은 아무에게나 따라주는 것이 아니다.

그렇기 때문에 세상에 쉽게 돈 버는 사람은 없다고들 하는 것이다.

내가 이런 말을 하는 것은 사람들이 돈 버는 일이 어렵다는 것을 알고, 직장에서 어렵고 힘든 일이 닥쳤을 때 남을 원망하지 말고, 요행을 바라지 않고 성실하게 일하기를 바라기 때문이다. 돈에 너무 큰 기대를 하면 원하는 만큼 돈을 벌지 못했을 때 그만큼 좌절감도 크다. 그리고 돈 버는 일이 힘든 만큼 항상 근검절약을 생활화해야 한다.

그렇다면 돈 버는 일을 조금이라도 수월하게 할 수는 없을까?

우선 **남의 돈 벌기가 어렵다**는 점을 인식해야한다. 그래야 직장생활을 하든 스스로 창업을 하든 진지하고 성실한 태도로 일할 수 있다. 태도가 진지하면 일도 경솔하게 처리하지 않을 것이고, 성공도 그만큼 빨라진다.

둘째, 사업능력을 기르자. 아는 만큼 성공할 수 있다. 큰 돈을 벌고 싶다면 풍부한 사업적 지식을 길러라. 어설픈 지식으로는 고객들의 주머니를 열게 할 수 없다.

장기적인 계획을 세우고 시작부터 큰 돈을 벌 수 있을 것이라는 기대는 버려라. 30세 전에 1억을 벌겠다는 등의 계획은 일반적으로 볼 때 터무니없는 생각이다. 한꺼번에 대박을 터뜨려 돈을 벌려고 해서는 안 된다. 장기적인 계획을 가지고 돈을 벌어야 하는 이유는 우선 기초를 다져야 하기 때문이다. 기초가 탄탄히 쌓이면 자연히 발전하게 될 것이고 부수적으로 돈도 따라 올 것이다. 기초를 닦을 때에도 서두르지 말고 3년이나 5년 정도의 계획을 세워야하며, 심지어는 10년이 걸릴 수도 있다. 계획한 기간이 길수록 서둘러 돈을 벌어야 한다는 부담이 적기 때문에 돈 버는 일이 상대적으로 쉽게 느껴질 것이다. 돈을 많이 번다는 사람들은 대부분 40세 이후일 것이다. 이 점만 자세히 관찰해도 곧 진실을 깨닫게 될 것이다.

적은 돈부터 벌기 시작해라. 큰 돈을 버는 것은 쉬운 일이 아니지만, 적은 돈을 버는 것은 어렵지 않다. 액수가 적다고 해서 무시하지 말자. 적은 돈이라도 벌기 위해서는 인내심이 필요하며, 이것이 바로 큰 돈을 벌기 위한 기본기를 익히는 훈련의 과정이다. 큰 돈을 벌려면 적은 돈부터 벌기 시작해야하고, 큰일을 하려면 작은 일부터 시작해야 한다. 적은 돈부터 벌기 시작하면 또 다른 장점도 있다. 바로 티끌 모아 태산이라는 속담을 그대로 실천하게 된다는 점이다. 적은 돈이라도 모으다보면 큰 돈이 된다.

누구나 한번쯤은 백만장자를 꿈꾸었을 것이다. 하지만 거액의 유산을 상속받지 않는 이상, 아무리 부자라도 모두 한 푼 두 푼 저축해서 큰 돈을 모은 것이다. 거액의 유산 상속자가 아니라면 하루 아침에 백만장자가 되려는 망상은 서둘러 버리는 것이 좋다.

호랑이 같은 상사를 만났을 때   12

· 훈련이라고 생각하자!

   사회에 나와 일을 하다보면, 모두에게 똑같은 기회가 주어지지는 않는다는 사실을 알게 될 것이다. 어떤 이들은 호랑이 같은 상사를 만나 군대에서 받던 유격훈련보다도 더욱 고된 직장생활을 하는 반면, 어떤 이들은 부하직원을 아끼고 사랑하며 부하직원들이 여유 있게 일할 수 있도록 배려해주는 아주 좋은 상사를 만나기도 한다.

   당신은 어떤 상사를 만나 일하고 있는가? 어떤 상사와 함께 일하게 될지는 아무도 알 수 없다. 자신이 선택하는 것이 아니기 때문이다. 하지만 호랑이 같은 상사를 만났다 하더라도 도망치지 말고 적극적인 태도와 훈련을 받는다는 태도로 임해야 한다.

   기자로 일하는 한 친구는 나이는 나보다 적지만 언론계에서는 꽤 이름이 알려져 있다. 그 친구가 쓴 기사는 분석기사든 인터뷰든 주제가 뚜렷하고 독자들의 공감을 불러일으킨다. 나도 매일 그가 쓴 기사를 읽고 있다.

   하루는 그 친구와 함께 글쓰기에 대해 이야기를 나누었는데, 그는 10년 전 자신이 한 잡지사에서 혹독하게 훈련받았던 것을 지금도 고맙게 생각한다고 했다. 그가 다녔던 잡지사는 신랄한 비판으로 유명한 지명도가 높은 잡지사였는데, 재능이 출중한 한 여성 편집장이 부하직원의 취재기사를 아주 꼼꼼하고 까다롭게 검토했다고 한다. 당시 그녀의 밑에서 일하던 기자들은 취재기사를 쓸 때마다 그녀의 쏟아지는 혹평과 질타를 받아야 했고, 대학을 갓 졸업해 기자로 취직한 여기자들은 그녀의 엄격한 수련을 견디지 못하고 스스로 사표를 쓰고 나가기 일쑤였고, 나름대로 기사를 잘 쓴다는 남자기자들도 그녀로부터의 수모를 참지 못해 회사를 그만두었다. 결국 남은 것은 다른 데서는 받아줄 곳이 없는 기자들뿐이었다. 나의 그 친구는 당시 그 편집장의 뛰어난 능력에 감탄하며 그녀의 혹독한 훈련을 묵묵히 견뎠다.

　그 잡지는 4년 만에 폐간되었는데, 그 동안 그곳을 거쳐 간 1백 명의 기자들 가운데 단지 그만이 사직하지 않았다. 훗날 편집장이 된 그는 직접 기사를 쓰고 편집도 했는데, 그때는 예전의 여자 편집장이 하던 습관이 이미 자신의 몸에 배어있었다고 한다.

　잡지가 폐간된 후, 그는 소개로 다른 신문사에서 일하게 되었는데, 그의 수려한 문장과 취재능력은 곧 인정받을 수 있었고, 그는 얼마 되지 않아 그 신문사에서 가장 잘 나가는 기자가 될 수 있었다.

　그 친구는 호랑이 같은 상사 때문에 덕을 본 경우다.

　호랑이 같은 상사를 만나고 싶어하는 사람은 없을 것이다. 하지만 그런 상사를 만나는 것이 행운이 될 수 있다. 대부분 이런 상사를 만나면 운이 나쁘다고 생각하고 어떤 이들은 아예 사표를 내버리기도 하고, 또 어떤 이들은 하루하루를 고통 속에서 보낸다. 하지만 꼭 그럴 필요는 없다. 이런 상사를 만난다면 적극적이고 능동적이며, 용감한 태도로 상사의 리드에 따르고 그의 훈련을 받아들이는 것이 좋다. 그 이유는 간단하다.

　첫째, 일에 있어서 엄격한 상사들은 당신의 일처리 능력을 향상시켜주고 당신이 짧은 시간 안에 풍부한 경험을 쌓을 수 있도록 해준다. 이런 훈련을 거치다 보면 당신의 잠재력이 계발되지 않고는 못 배길 것이다. 남들은 이제 겨우 업무를 대충 파악하고 있을 때 당신은 이미 남들보다 훨씬 앞서 있을 것이다. 남들보다 한발 빠르면 그만큼 빨리 성공할 수 있다.

　상사의 엄격함은 당신으로 하여금 일시적으로 자아를 잃어버리게 만들 수 있지만 당신은 머지않아 완전히 새로운 자아를 다시 확립하게 될 것이다. 이러한 과정은 매우 힘들지만 잘 참고 견딘다면 당신의 앞날에 커다란 도움을 줄 것이다. 자아를 상실할 정도의 어려움도 견뎌냈는데 더 이상 두려울 것이 무엇이겠는가? "하늘이 장차 큰 소임을 사람에게 내리려 하면 반드시 먼저 그 마음과 뜻을 괴롭힌다."는 말이 바로 진리다. 하물며 아직 나이도 젊은데 엄격한 상사를 만나 다소 훈련을 받는다고 해서 못 견딜 것도 없지 않은가.

따라서 호랑이 같은 상사를 만나는 것이 당신에게는 득이 될 수 있다. 능력이 뛰어나 배울 점이 많다면 아무리 성격이 불같은 상사의 밑에서 일하더라도 그 정도는 감내할 수 있을 것이다. 그리고 아무리 혹독하게 대해도 당신이 꿋꿋이 버티며 묵묵히 일한다면 상사도 속으로는 당신에게 감탄하며 더 잘 가르치기 위해 노력할 것이다. 당신은 바로 이 시기에 어렵게 배운 것들을 평생토록 사용하게 살게 될 것이다.

사람들은 대부분 일하는 것보다 노는 것을 좋아하고, 그렇기 때문에 부담을 주지 않는 상사를 좋아한다. 이것은 자신에게 전혀 도움이 되지 않는다. 아무 것도 배울 수 없기 때문이다. 월급은 꼬박꼬박 받겠지만 허송세월하는 것이나 다름이 없다. 나이가 마흔이 다 되어갈 때쯤이면 자신이 할 줄 아는 것이 아무 것도 없음을 깨닫고 후회하겠지만 때늦은 후회일 뿐이다.

엄격한 상사를 만나지 못하면 평생 아무런 성과를 거두지 못한다는 말은 아니다. 단지 엄격한 상사를 만났더라도 회피하지 말라는 점을 강조하고 싶은 것이다. 그것은 당신에게 있어 천재일우의 기회일 수 있기 때문이다. 앞에서 말한 친구도 엄격한 상사를 만나서 피하지 않고 묵묵히 일을 배웠기 때문에 능력이 크게 향상되었고, 함께 잡지사에 입사했던 동료들보다 더 빨리, 그리고 더 좋은 성과를 거둘 수 있었던 것이다.

남들 앞에서 상사를 헐뜯지 말라   13

· 그것이 커다란 화근이 될 수 있다.

    다음은 한 대학동창의 이야기다.

    그는 신문사에서 일하고 있는데, 얼마 전 주임으로 승진을 했다. 그는 입사동기들에 비해 학벌이 뒤지고 능력도 그다지 뛰어나지 않아, 회사에서 그의 승진을 놓고 말들이 많았다. 한번은 그가 회의를 소집했는데 한 부하직원이 참을 수 없다는 듯이 일어나 공개적으로 그 친구가 무능하고 리더십이 없으며, 주임이 될 자격이 없다며 호된 비난을 늘어놓았다. 그 친구는 낯빛 하나 변하지 않고 가만히 앉아서 부하직원의 비난을 모두 듣더니 태연하게 일어나 이렇게 말했다.

    "내가 능력이 없는 것은 나도 인정하네. 자네가 유능한 것 같으니 자네에게 주임 자리를 내주겠네."

    그러자 방금 전 열을 올리며 그를 비난했던 그 부하직원은 아무 말도 하지 못하고 서둘러 회의장에서 나갔다.

    결국 어떻게 되었을까?

    그날 한밤중에 그 부하직원이 그에게 전화를 걸어 사과를 했고, 속 넓은 내 친구는 그를 너그러이 용서했다.

    사람들은 대부분 이것으로 그 일은 일단락되고 그 부하직원이 한숨을 돌렸을 것으로 생각하겠지만, 내 생각은 회의적이다.

    그런 일은 이런 사과 정도로 완전히 끝나는 것이 아니다. 세상에는 서운했던 일을 덮어두고 개의치 않을 수 있는 넓은 도량을 가진 군자가 많다하더라도, 사람들 앞에서 공개적으로 비난을 당한 일을 잊지 못하는 평범한 사람들이 훨씬 많다는 사실을 알아야 한다. 이 일의 결과로 다음의 몇 가지 상황을 예상해 볼 수 있다.

> 비 온 뒤에 땅이 굳어지고 싸우고 나면 친구가 된다고 했다. 이 일을 계기로 두 사람이 친한 사이가 될 수 있다.
>
> 두 사람의 사이가 서먹해질 수 있다. 비난했던 부하직원은 자신이 고개를 숙여 사과했다는 점 때문에 자존심이 상했고, 비난을 당한 친구는 사과를 받기는 했지만 여전히 마음이 편하지 않아, 둘은 겉으로는 내색하지 않아도 속으로는 서로에게 안 좋은 감정을 가지게 된다.
>
> 이 일은 앞으로 더 길고 치열한 싸움을 예고하는 전주곡일 수 있다. 겉으로는 평온하고 아무 일도 없는 것 같지만, 사실 이것이 폭풍전야의 적막감인 것이다. 부하직원은 이미 싸움을 시작한 이상 반드시 끝을 봐야겠다는 생각에 다음 번 공격을 준비하고 있을 것이다. 비난을 당한 친구도 그 부하직원을 경계하거나 이번에는 자신이 그를 혼쭐 내줄 생각을 할 것이다.

한 번 깨어졌던 것은 다시 붙여도 흔적이 남기 마련이다. 대부분이 또 다른 형태의 싸움으로 발전하며, 이런 싸움은 부하직원에게 정말로 뛰어난 능력이 있거나 객관적인 조건이 받쳐주지 않는 한 부하직원의 패배로 끝난다. 상사는 부하직원보다도 사용할 수 있는 공격수단이 더 많기 때문이다. 상사는 다음과 같은 방법으로 부하직원을 완패시킬 것이다.

> 부하직원을 따돌린다. 아무런 일거리를 주지 않는 것이다. 아무리 얼굴이 두꺼운 사람이라 할지라도 출근해서 매일 놀고 있으려면 가시방석에 앉은 기분일 것이다.
>
> 괜한 트집을 잡는다. 부하직원이 아무리 일을 완벽하게 처리해도 상사는 절대로 칭찬하지 않고 트집을 잡을 것이다.
>
> 인사고과를 좋지 않게 준다. 인사고과가 나쁘면 연봉이나 승진에서 불리한 것은 모두 다 아는 사실이다.
>
> 동료들과의 사이를 좋지 않게 만들어 부하직원을 외톨이로 만든다.

공개적으로 난처하게 만든다. 회의에서 부하직원의 무능함을 질책하는 것도 한 가지 방법이다.

  이것 말고도 방법은 무궁무진하다. 상사에 따라 이런 방법을 알면서도 쓰지 않을 수 있지만, 이들 중 한 가지 방법이라도 일단 쓰기만 한다면 부하직원으로서는 막아내기 힘들다. 그보다 더 위에 있는 상사에게 말한다 해도 상사의 치명적인 약점을 쥐고 있지 않는 한 별다른 효과가 없을 것이다.

  부하직원이 정당한 능력으로든 절묘한 꾀로든 그 상사를 자리에서 쫓아냈다고 치자. 그렇다 해도 그 부하직원에게는 득 될 것이 하나도 없다. 그가 지금까지 보여줬던 행동들로 인해 다른 사람들은 그를 싸움닭으로 인식하고 있을 것이기 때문이다. 부하직원이 그 싸움에서 얻은 수확을 동료들에게 골고루 나누어주지 않았다면 동료들은 그를 멀리하려 할 것이다. 자신이 다음 번 목표가 되지 않을까 하는 두려움 때문이다. 더욱 심각한 것은 상사가 자리에서 쫓겨난 후에도 그 부하직원이 그 자리에 올라갈 가능성이 없다는 것이다. 그 위 상사들은 자신이 다음 번 목표가 될 것을 두려워 해 그를 되도록 멀리 하려 할 것이기 때문이다. 다른 부서로 옮기기도 어렵다. 남들 앞에서 상사를 비판하는 부하직원을 기꺼이 데려갈 상사는 없기 때문이다.

  따라서 하고 싶은 말이 있다면 예의 바른 태도로 상사에게 직접 이야기해야 하며, 무언가 마음에 들지 않는 일이 있다 하더라도 남들 앞에서 상사를 비난하는 것은 절대 금물이다. 그렇게 해봐야 결국 성숙하지 못하고 이성적이지 못하다는 평판을 얻게 될 뿐이다.

  젊은 패기가 넘쳐 실수로 남들 앞에서 상사를 비난했고, 그 직장에 계속 다니고 싶다면 서둘러 상사에게 사과하는 것이 좋다. 이것이 유일한 방법이다. 효과가 있을지는 의문이지만, 그렇다고 해서 사과도 하지 않았다가는 직장을 잃게 되는 비참한 결과를 낳을 수 있다.

다른 업계의 사람들에게서 새로운 지식을 얻어라

14

· 가르침을 구하는 태도를 보여라

    대학 시절, 같은 과 친구 중에 매우 박식한 친구가 하나 있었다. 대학 졸업 후 십수 년이 지난 후에 그 친구를 만났을 때에도 그는 내가 아는 사람들 중에 가장 박식했다.

    한번은 이야기 도중에 그가 다른 업계의 사람들을 만나 새로운 지식을 얻기를 좋아한다는 말을 했다. 그 한 마디는 나에게 충격과도 같았다. 어쩐지 그 친구를 만난 후로 계속 나의 일에 대해 이야기를 했고, 나는 그가 하는 일에 대해서는 아는 것이 별로 없었다.

    그는 나에게 이런 이야기를 들려주었다. 대학 시절부터 신문이나 잡지를 읽고 전공과목을 열심히 공부하는 것 외에 다른 과 친구들과 이야기를 하면서 새로운 지식들을 익혔다는 것이다. 그래서 그 친구는 배우지 않은 전공에 대한 것들까지 어느 정도 알 수 있었다. 그 뿐만이 아니다. 그는 자신과 고향이 다르고 환경이 다른 친구들과 이야기하는 것을 좋아해 대학 3학년 때 이미 사회생활을 몇 년 정도 한 사람들보다 아는 것이 많았다.

    대학을 졸업하고 취직한 후 그의 이런 습관은 업무의 일부가 되었다. 가능한 같은 부서의 고향이 다르고 환경이나 경력이 다른 동료들과 많은 이야기를 나누었고, 다른 부서 동료들과도 자주 교류했으며, 다른 업계 사람들과 만나는 것을 좋아했다.

    그가 알려준 그만의 방식은 다음과 같다.

    어떤 모임에 참가해 명함을 주고받은 후, 적절한 순간에 시사적인 화제를 꺼내 자신이 점찍은 상대에게 질문을 한다. 사람들은 공개적인 자리에서 주목 받는 것을 좋아하기 때문에 누군가 질문을 하면 기꺼이 긴 시간을 할애해 친절하게 대답해준다. 그렇기 때문에 간단한 질문을 하나 던졌더라도 돌아오는 대답은 매우 자세하기 마련이다. 또한 그 질문 하나로 그는 상대와 친분을 쌓을 수도 있다. 많은 사람들 중에 유독 그만이 질문을 했다는 점이 상대에게 깊은 인상을 남길 수 있기 때문이다. 그리고 그는 이제 두 번째 만남을 준비한다. 하지만 너무 당돌하다는 느낌을 주어 상대가 자신을 경계하지 않도록 해야 한다.

두 번째 만남이 여러 사람이 모인 장소가 아닐 경우 그는 자연스레 상대와 많은 대화를 나눌 수 있다. 거의 모든 사람들이 그의 대답에 아주 흔쾌히 대답해주고 친절하게 설명해주는데, 여기에도 그의 노하우가 깔려있다. 그는 상대에게 무언가를 질문할 때 상대로 하여금 자신이 존경받고 있다는 느낌을 가지도록 하는 것이다.

이것이 바로 그가 같은 또래 친구들보다 박식할 수 있었던 비결이다.

그는 지금 한 외국인회사의 이사로 있는데, 이런 습관이 승진과 어떤 직접적인 연관성이 있었는지는 알 수 없지만 최소한 간접적인 관련은 있지 않을까 싶다. 다른 업종에 대해 아는 것이 자신의 업종에 대한 판단과 사고에도 유리할 것이고, 적어도 친구가 많으면 일할 때 도움을 받기가 쉽다.

그의 이런 습관이 가장 빛나는 이유는 이렇게 해서 그가 알게 된 것이 바로 당사자의 입으로 전하는 경험이라는 것이다. 이것은 신문이나 잡지에서는 결코 얻을 수 없는 귀한 정보가 될 수 있다.

그 친구는 다른 업계의 사람들에게서 새로운 지식을 얻기 위한 몇 가지 노하우까지 알려주었다.

가르침을 구하는 태도를 보여주라는 것이다. 대부분 드러내놓고 자신이 전문가라고 자처하지는 못하지만, 누군가 가르침을 구하는 태도로 다가오면 기분이 좋아진다. 상대가 자신을 인정하고 있음을 의미하기 때문이다. 누군가 무엇을 가르쳐 달라며 겸손한 자세로 다가올 때 매몰차게 뿌리칠 수 있는 사람은 드물다. 한 가지 주의할 점은 절대로 상대방과 언쟁을 벌여서는 안 된다는 것이다. 차라리 몇 가지 더 물어보아 상대에게 설명해달라고 청하는 것이 좋다. 당신의 목적은 다른 업계에 대해 알려는 것이지 자신의 의견이 옳다고 주장하는 것은 아니지 않는가. 언쟁에서 이겼다 할지라도 당신은 좋은 친구가 될 수 있었던 사람을 내쳐버린 결과를 초래한 것이다.

자신이 원하는 것을 물어보기 위해 자연스레 대화를 유도하라. 첫 마디부터 무턱대고 "당신이 일하는 업계가 어떤지 설명해주십시오."라고 말할 수는 없는 일이다. 너무 유치한 문제는 상대의 흥미를 떨어뜨릴 수 있다. 어떻게 하면 대화를 자연스럽게 이끌어 갈 수 있을까? 방법은 바로 신문과 잡지에 있다. 항상 신문과 잡지를 읽으며 사회의 흐름에 대해 광범위하게 이해하라. 예를 들어 변호사를 만났다면 그에게 사형제도 폐지에 대한 견해를 물어볼 수 있다. 갑자기 특별한 화제가 생각나지 않는다면 최근의 경제상황에 대한 이야기를 꺼낸다면 큰 실수는 없을 것이다.

진지하고 겸손한 태도로 이야기해야 한다. 상대에게 그저 지나가는 말로 한 번 물어본다는 느낌을 주어서는 안 된다. 가능하다면 대답을 들으며 간단한 메모를 하자. 당신의 메모하는 모습에 상대는 감동할 것이다.

상대가 하는 일에 대해 알고 싶은 성급한 마음에 상대가 자신에게 다른 의도가 있음을 눈치 채도록 해서는 안 된다. 우선 친구가 된 후에 천천히 물어봐도 늦지 않으며, 한 번에 한 가지씩만 알아도 수확은 적지 않은 셈이다.

요컨대, 자신과 관련 없는 업종의 사람들은 자신의 일과 전혀 관련되지 않는다고 생각해서는 안 된다. 모든 업종은 상호의존적인 관계로 얽혀있다. 마음의 문을 활짝 열고 자신과 환경이 다르고 업종이 다른 사람들과 광범위하게 교류하자.

잘못을 했다면 솔직하게 인정하라   15

· 궤변이나 책임전가는 자신에게 해가 될 뿐이다.

아무리 똑똑한 사람이라도 예기치 못한 상황이 발생할 경우가 있다. 때로는 정서적인, 혹은 생리적인 상태의 영향으로 인해 계산이나 판단 착오, 혹은 잘못된 결정을 내릴 수 있다.

사람들은 잘못을 저질렀을 때 다음과 같은 두 가지 반응을 보인다. 하나는 절대로 잘못을 인정하지 않고 자신의 결백을 주장하는 것이다. 사람은 모두 생존의 욕구를 가지고 있기 때문에 일자리를 잃을 것에 대한 두려움으로 이런 반응을 보이는 것도 이해할 수 없는 것은 아니다. 또 다른 태도는 솔직하게 잘못을 인정하는 것이다.

이 두 가지 반응은 모두 일장일단이 있다.

전자의 경우, 실수로 인해 빚어진 사태에 대해 책임을 지지 않아도 된다는 장점이 있다. 책임을 지게 되더라도 다른 사람에게 떠넘기거나 책임을 분산시킬 수 있다. 이것이 바로 사람들이 확실한 증거를 눈앞에 내보여도 자신의 잘못이 아니라 발뺌하는 이유다. 이밖에도 자신의 잘못이 아니라고 항변하면 자신에 대한 사람들의 안 좋은 평판이나 자기 능력에 대한 회의적인 평가를 피할 수 있다는 장점이 있다. 하지만 실수를 하고도 자신의 잘못을 인정하지 않는 것이 올바른 대응책은 아니다. 이럴 경우 득보다 실이 많기 때문이다.

당신이 큰 잘못을 저질렀다면 주변 사람들은 모두 당신의 실수 때문이라는 점을 알 것이고, 당신이 아무리 궤변을 내세우며 항변해봐야 전혀 설득력을 가질 수 없으며, 도리어 남들의 반감만 살 뿐이다. 당신의 잘못이라는 증거가 확실하다면 그 어떤 변명과 궤변으로도 책임을 벗어날 수 없기 때문에 역효과를 낼 것이다. 그리고 작은 실수를 저질렀을 경우 잘못을 인정하고 수정하면 별일 없이 지나갈 수 있을 것을 괜한 궤변을 늘어놓았다가 주변 사람들에게 빈축을 살 수 있다.

잘못에 대한 책임소재는 차치하고서라도 잘못을 인정하지 않고 궤변을 늘어놓는 행동은 당신의 이미지를 크게 해칠 뿐이다. 아무리 말재주가 좋고 잔꾀에 능하다 하더라도 당신의 그런 행동이 주변 사람들의 눈에 좋게 비칠 리 없기 때문이다. 게다가 상사가 당신을 미덥지 않게 생각하고 다른 부서 상사들까지도 당신을 신임하지 않을 것이다. 동료들은 어떤가. 당신이 또 잘못을 저지르고 책임을 남에게 떠밀어 버릴까봐 당신과 함께 일하는 것을 꺼릴 것이다. 그리고 가장 중요한 것은 잘못을 솔직하게 인정하지 않는 행동이 습관처럼 몸에 배어버려 당신은 잘못을 인정하고 문제를 해결하는 과정에서 문제 해결 능력을 기를 기회를 스스로 거절하는 셈이 된다. 이것만 보아도 잘못을 인정하지 않는 행동은 득보다 실이 많다.

그렇다면 솔직하게 잘못을 인정하면 어떤 결과를 낳게 될까?

솔직하게 자신의 잘못을 인정하면 혼자서 모든 책임을 지고 불이익을 당하지 않을까 걱정하는 사람들이 있다. 인정 없고 책임감 없는 상사를 만날 경우 그럴 수도 있다. 하지만 대부분의 상사들은 잘못을 인정하는 부하직원은 용서해주기 마련이다. 자신의 잘못이라고 하는 데 더 이상 뭘 어떻게 할 수 있을까. 게다가 상사는 당신이 잘못을 인정하는 것을 자신에 대한 존경과 복종의 의미로 이해할 것이기 때문에 당신의 책임을 일부 부담해줄 것이다. 당신이 잘못을 저지른 데에는 관리를 제대로 하지 못한 그의 책임도 있기 때문이다.

현실적으로 볼 때, 잘못을 인정함으로써 닥칠 손해가 생각만큼 심각한 것은 아니며 다음과 같은 간접적인 효과를 거둘 수도 있다.

> 남들에게 책임감 있는 사람이라는 인상을 주게 되면 상사든 동료든 당신을 인정하고 신임할 것이며, 이는 눈에 보이지 않는 재산이다.
>
> 이것을 계기로 잘못을 인정하는 용기와 문제를 해결하는 능력을 기르자. 일찍부터 이런 능력을 길러두면 앞으로 사회생활을 하는데 큰 도움이 될 것이다.
>
> 잘못을 인정해 상사의 호된 질책을 받게 된다면 주변 사람들은 당신을 약자로 인식할 것이고, 그렇게 되면 동정과 함께 동료들의 도움을 받을 수 있고 이로써 얻는 것이 적지 않을 것이다. 그리고 상사도 당신을 질책하고 난 후 마음이 편치 않고 당신에게 다소 미안한 마음이 들 것이다.

이렇게 볼 때, 이해득실을 따진다 해도 잘못을 솔직히 인정하는 편이 훨씬 낫다는 것을 알 수 있다.

잘못을 인정한 후에도 몇 가지 해야 할 일이 있다.

> 일이 확대되지 않도록 서둘러 해결책을 마련하라.
>
> 일이 마무리 된 후, 실수를 하게 된 원인을 분석하고 잘못된 점을 수정해 다시 똑같은 잘못을 저지르지 않도록 하자.
>
> 자신의 잘못으로 인해 다른 동료들이 피해를 입었다면 동료들에게 사과하고, 그들이 당신의 문제 해결을 도왔다면 감사 표시도 잊어서는 안 된다.

사람은 신이 아닐진대 어찌 실수가 없을까? 본의 아니게 잘못을 저지르게 되었다면 솔직하게 잘못을 인정하는 것이 가장 좋다.

손해 보는 것이 득이 되는 것이다   16

· 경험을 쌓고 업무처리 능력을 기르며 인간관계를 넓힐 수 있는 방법이다.

나는 대학 졸업 후 한 출판사의 편집자로서 사회에 첫 발을 내딛었다. 당시 정치학과를 졸업한 입사동기가 있었는데 우리는 그를 샤오양(小楊)이라 불렀다.

샤오양은 글재주가 좋기도 했지만 근무태도로 인해 회사에서 크게 신임을 받았다. 당시 회사에서는 큰 프로젝트를 추진하고 있었다. 모든 직원이 바빴지만 사장님은 인력보강을 하지 않고 편집부 직원들에게 발행부와 영업부의 업무를 도와주도록 했다. 하지만 편집부에서 사장님의 지시에 따른 사람은 샤오양 뿐이었고 다른 직원들은 한두 번 일을 도와주다가 사장님께 항의를 하곤 했다.

이 때 샤오양이 묵묵히 일하며 하던 말이 있다.

"손해 보는 것이 득이 되는 거야."

사실 그를 보면 특별히 득이 될 것이 없어 보였다. 하루 종일 편집부 업무 외에도 산더미 같이 쌓인 책을 포장하고 배송해야 했기 때문이다.

샤오양은 위에서 시키는 일이라면 모두 마다하지 않고 묵묵히 일했다. 그 후에는 또 영업부로 파견을 나가 책을 직접 판매해야 했고, 원고를 받으러 다니는 일, 인쇄소에 가야하는 일, 심지어는 우체국에 가서 책을 부치는 일까지 시키기만 하면 모두 흔쾌히 나서서 일했다.

그럴 때마다 그는 "손해 보는 게 득이 되는 거야."라고 말했다.

2년 후, 나는 그 출판사를 그만 두었고, 샤오양도 독립해서 직접 출판사를 차렸는데, 실적도 꽤 괜찮은 편이었다.

샤오양은 그 출판사에서 닥치는 대로 일하면서 편집과 발행, 영업 등 출판과 관련된 모든 일을 자세하게 배울 수 있었고, 그 경험을 바탕으로 직접 출판사를 차리고도 무난하게 회사를 이끌어 갈 수 있었던 것이다. 그 때 힘들게 일했던 경험이 그의 말대로 그에게 득이 되었던 것이다.

지금도 샤오양은 진지하고 성실하게 일하고 있다. 함께 일하는 저자들에게도 자신이 손해를 보는 방식으로 신임을 얻고, 직원들에게도 자신이 손해를 보는 모습을 보여주어 직원들이 더 열심히 일하고 있으며, 인쇄소와 거래할 때에도 자신이 한 발 양보하는 모습을 보여주어 그의 출판사에서 출간되는 책은 모두 인쇄품질이 좋았다.

당시 입사동기들 가운데 샤오양이 가장 성공했다고 해도 과언이 아니다. **손해 보는 것이 득이 된다**는 그의 말이 괜한 소리가 아니었던 것이다.

그의 경험에서 보건대, 먼저 자신이 손해를 감내하면 나중에 그보다 몇 배의 이득을 얻을 수 있다.

손해를 보는 것에도 자의에 의한 것과 타의에 의한 것, 두 가지가 있다.

자의에 의해 손해를 본다는 것은 자발적으로 **손해** 볼 기회를 찾는 것인데, 여기서 기회란 아무도 원하지 않거나 하기 힘든 일, 대가가 적은 일 등을 말한다. 이런 일들은 해봐야 거의 얻는 것이 없기 때문에 사람들이 피하고 싶어 한다. 이런 일을 자발적으로 나서서 한다면 상사가 당신에게 고마움을 느낄 것이고, 그 고마움은 훗날 승진으로 보답을 받거나, 당신이 직접 창업을 했을 때 도움을 받을 수 있을 것이다. 중요한 것은 앞에 놓인 일을 가리지 않고 묵묵히 수행한다면 자신의 업무능력과 인내심을 기를 수 있는 것은 물론 남들보다 더 많은 것을 배울 수 있고, 더 빨리 발전할 수 있다는 것이다. 이것이 바로 무형의 재산이며 돈으로는 결코 살 수 없다.

타의에 의해 손해를 본다는 것은 자신이 모르는 사이에 갑자기 원하지 않는 일을 떠안게 되거나 업무량이 갑자기 늘어나는 경우다. 이런 상황에서는 건강상의 이유나 집안문제가 있을 때를 제외하고는 그대로 받아들여야 한다. 여러 가지 상황을 냉정하게 판단해서 자신에게 거부할 여지가 없다면 더욱 흔쾌히 받아들이는 것이 좋다. 원치 않는다 해도 상황이 개인의 좋고 싫음보다 우선하는 법이다. 손해 보는 것이 득이 된다는 생각으로 스스로 위안하며 받아들이자. 또한 그렇게 하지 않는다 해도 별다른 방법은 없을 것이다. 주어진 업무를 묵묵히 수행한 후 그것이 자신에게 득이 될지의 여부는 쉽게 판단하기 힘든 것이다. 당신에게 닥친 그 손해가 어쩌면 상사가 당신의 능력과 심성을 시험해보기 위해 일부러 놓은 덫일 수도 있다. 이럴 경우 이 덫을 무사히 통과한다면 당신은 바로 상사의 눈에 들게 될 것이다. 이것을 계기로 승진을 할 수 있을지는 확실하지 않지만, 이런 과정을 겪으며 적어도 인내심을 기를 수는 있을 것이며, 이것은 앞으로의 인생에 커다란 도움이 될 것임은 분명하다. 게다가 당신의 이런 모습을 보며 주변 동료들은 당신을 존경하게 될 것이다.

지금까지는 일에 있어서 손해를 보는 것이 득이 되는 경우에 대해 이야기했다. 그렇다면 세상을 살아가는 데에도 손해를 보는 것이 곧 득이 될 수 있을까?

사실 직장에서 일하는 것보다는 인생을 살아가는 것이 더 어렵다. 하지만 손해 보는 것이 득이 된다는 생각을 가진다면 세상살이도 그리 어렵게 느껴지지만은 않을 것이다. 자신이 조금 손해를 보고 남에게 잘 해준다면 사람들이 모두 당신을 좋아하게 될 것이고, 그렇게 해서 인간관계를 넓혀두면 당신에게도 도움이 될 것이 분명하다.

"손해를 보는 것이 득이 된다."는 말은 특히 젊은이들에게 해주고 싶은 말이다. 이를 통해 업무 경험을 쌓고 업무능력을 기를 수 있을 뿐 아니라,

인간관계까지 넓힐 수 있기 때문이다.

쉽게 성공하고 싶거든 먼저 자신이 손해를 보라.

믿거나 말거나 개인의 자유지만, 믿는 것이 좋을 것이다!

실패한 사람에게서 배워라   17

· 직접 실패한 후 교훈을 얻기보다는 남들의 실패에서 교훈을 주워라

"실패한 사람이 스승이다." 이 말은 크게 성공한 한 기업가의 말이다.

대부분의 사람들이 성공한 사람을 본보기로 삼고, 그의 성과를 자신의 목표로 정하고 그를 배우기 위해 노력한다. 어떤 이들은 성공한 사람을 모델로 자신의 미래 모습을 그려보기도 한다. 이런 방법도 잘못된 것은 아니다. 사람은 항상 희망을 가지고 살 때 열심히 노력하는 법이니까. 하지만 성공한 사람의 모든 것을 따르려 하다가는 "나도 분명히 성공할 수 있다."는 일종의 허황된 망상에 사로잡혀, 한 사람이 성공하기까지 얼마나 많은 조건들이 충족되어야 하고 얼마나 많은 노력을 들여야 하는지에 대해 간과하는 실수를 저지를 수 있다. 성공은 결코 하루 아침에 이루어지는 것이 아니다.

성공한 사람들의 비결이라고 모두에게 다 효과가 있는 것도 아니다. 개인의 성격이나 주관적, 객관적인 조건이 다르기 때문이다. 따라서 성공한 사람들 본받으려고 하다가는 자칫 잘못하면 도리어 실패하는 결과는 낳을 수 있다. 성공할 수 있다는 망상에 사로잡혀 냉정하게 현실을 직시하지 못하기 때문에 성공한 사람을 본받으려고 애쓰기보다는 실패한 사람을 스승으로 삼는 것이 더 낫다고 말하는 것이다. 실패한 사람의 실패경험에서 실패의 원인을 분석하고 조심한다면 그 사람과 똑같은 실수를 저지르는 일은 없을 것이다.

"실패한 사람을 스승으로 삼아라."는 말을 한 기업가는 창업 때부터 지금까지 동종 업계든 그렇지 않든 실패자들의 실패경험을 자세하게 분석하고 그 속에서 실패의 원인을 찾아냈다. 남들은 직접 시행착오를 겪으며 실패에

서 교훈을 얻고 있을 때, 그는 남들의 실패에서 교훈을 주운 것이다. 이런 방법으로 그는 자신이 시작한 사업을 순조롭게 정상궤도에 올려놓을 수 있었고, 또 안정적으로 발전할 수 있었다. 진취적인 개척정신이 부족하다는 비판에 대해 그는 기업에게 있어 확장보다는 존재가 더 중요하다면서 이렇게 말한다. "기업이 존재해야 확장도 할 수 있는 것이고, 확장을 위해 존재마저 흔들린다면 기업을 설립한 근본적인 목적마저도 상실하게 된다. 실패는 고통스러운 것이고, 더욱이 한번 실패하면 영원히 재기하지 못할 수도 있다. 따라서 실패하지 않는 것이 성공하는 것보다 중요하다."

나는 그의 말에 십분 동의하며, 실패자를 스승으로 삼는 것이 현명한 일이라고 생각한다.

실패에는 주관적인 요인이든 객관적인 요인이든 모두 원인이 있기 마련이다. 하지만 실패한 사람들의 실패원인을 찾아내는 것은 그리 쉬운 일이 아니다. 실패자들이 자신의 무능함을 드러내고 싶지 않아 실패한 과거에 대해 이야기하려 들지 않기 때문이다. 실패한 사람과 직접 이야기를 한다면 아마도 정확한 사실을 알기 힘들 것이다. 실패한 당사자라면 자신의 실패가 경기 불황이나 친구의 배신, 은행의 대출거부, 혹은 사기 등으로 인한 것이라고 말하고, 개인적인 능력과 판단력, 성격 등의 문제에 대해서는 솔직히 이야기하지 않을 것이기 때문이다. 그들 중 일부는 자신이 실패한 진정한 원인을 알지 못하고 있을 수도 있다. 실패한 사람들의 실패의 원인을 알기 위해서는 많은 자료를 수집하고 전문가의 분석과 동종업계 관계자들의 견해를 참고해야하며, 실패한 사람의 성격에 관한 것은 그 친구를 통해 알아보는 것이 좋다.

자료를 충분히 수집한 후에는 자료를 모두 열거해놓고 자세히 분석한 후에 몇 가지 중요한 점을 뽑아낸다.

중요한 것은 당신이 관찰하고 분석한 것을 자신에게 적용해 실패한 사람과 자신을 비교해보아야 한다는 것이다. 당신의 성격과 능력, 그리고 기타 조건들이 실패한 사람과 비슷한 점이 많다면 각별히 조심하고 부족한 점은 보완하고 잘못된 점은 개선해야 한다. 그래야 그와 똑같은 잘못을 저지르지 않을 수 있으며 성공의 가능성도 그만큼 커질 것이다.

자신이 직접 사업을 할 때뿐만 아니라, 평상시 사회생활에 있어서도 실패한 사람을 스승으로 삼아야 한다.

인간관계에 있어서 누가 누구와 사이가 좋지 않고, 누가 누구에게 잘못을 했고, 누가 사람들에게 따돌림을 당하는지를 잘 관찰하고, 그들의 성격과 평소 행동을 참고해본다면 그들이 인간관계에서 실패한 원인을 찾을 수 있을 것이다.

"전투에서는 실수가 적은 군대가 승리한다." 한 유명한 장군의 말이다.

이것은 일에 있어서도 마찬가지다. 실수가 적으면 성공할 가능성도 높다. 그리고 실수를 줄이려면 실패자를 스승으로 삼아야 한다. 이렇게 해서 얻는 교훈은 돈으로도 살 수 없다.

실의에 빠진 사람 앞에서 자랑하지 말라 18

· 당신의 인간관계에 적신호가 올 수 있다.

친구들을 집으로 초대해 함께 저녁식사를 했을 때의 일이다. 모두 매우 친한 친구들이었고, 내가 그 친구들을 부른 것은 최근 슬럼프에 빠져 있는 한 친구의 기분전환을 시켜주기 위해 함께 모여 유쾌하게 이야기나 나누자는 것이었다.

그 친구는 얼마 전 직접 경영하던 회사의 사정이 안 좋아져서 회사 문을 닫고, 아내와도 경제적인 문제로 이혼 얘기가 오가고 있었다. 그 친구는 안팎으로 닥친 불행한 일들로 매우 괴로워하고 있었다.

그때 모인 친구들은 모두 그 친구의 힘든 상황을 잘 알고 있었기 때문에 다들 사업에 관련된 이야기는 꺼내지 않으려고 했다. 그런데 그 중 당시 사업이 날로 번창해 큰 돈을 벌게 된 친구 한 명이 술이 거나하게 취해서는 자신의 사업적 능력과 모은 재산을 자랑하기 시작했다. 그 득의양양한 표정이란 내가 보아도 기분이 좋지 않을 정도였다. 사업에 실패한 친구는 가만히 고개를 숙이고 아무 말도 하지 않았지만 얼굴색이 점점 더 어두워졌고, 화장실에 갔다 오고, 세수도 하고 오더니만 결국 혼자서 일찍 집에 돌아가 버렸다.

배웅해주러 나간 나에게 그 친구는 화가 난 표정으로 말했다. "아무리 떼돈을 벌었더라도 그걸 내 앞에서 자랑할 필요는 없잖아!"

나는 그 친구의 심정을 충분히 이해할 수 있었다. 10년 전, 나도 슬럼프를 겪은 적이 있었는데, 당시 소위 잘 나가던 한 친구가 내 앞에서 자신의 연봉과 성과급을 자랑했었다. 그때 그 친구의 말 한 마디 한 마디가 내 가슴에 비수가 되어 꽂혔고 난 더욱 괴로웠다.

인간관계를 원만하게 유지하고 싶다면 실의에 빠져있는 사람에게 자신의 성공을 자랑하지 않는 것이 좋다.

성공의 가도를 달리며 승승장구하고 있다면 오히려 드러내놓고 이야기하지 않는 것이 더욱 어려울 수 있지만, 자신의 성공을 자랑하기에 앞서 장소와 상대를 고려해야 한다. 공개적으로 연설하는 상황에서는 성공스토리를 마음껏 자랑해도 좋다. 청중이 부하직원들이라면 당신은 부러움의 눈길을 한껏 받게 될 것이다. 하지만 길 가던 낯선 사람을 잡고 자신의 성공을 자랑한다면 정신 나간 사람 취급을 받게 될 것이고, 실의에 빠진 사람에게 그런 이야기를 한다면 상대에게 당신의 자랑은 조롱과 비웃음, 심지어는 멸시로밖에는 들리지 않을 것이다. 실의에 빠진 사람은 마음의 상처를 받기 쉽기 때문이다. 물론 당신의 말에 크게 개의치 않는 사람도 있을 수 있겠지만 매우 드물 것이다. 당신의 자랑이 실의에 빠진 사람에게 어떤 상처를 줄지는 직접 겪어 보지 않은 사람은 짐작하기 어렵다.

그러므로 실의에 빠진 사람에게 당신의 성공을 자랑하지 않는 것이 좋다. 도의적으로나 인간관계에 대한 영향으로 보나 이런 행동은 전혀 칭찬받을 수 없다. 상대의 상황을 모르고 한 일이라면 도덕적인 잘못까지 따질 수는 없겠지만 말이다.

실의에 빠진 사람들은 대부분 공격적이지 않고 우울한 편이다. 하지만 그들이 우울하기만 할 것이라고 생각해서는 안 된다. 득의양양한 당신의 표정을 보며 그들의 마음에는 분노가 끓어오를 것이고, 당신에게 반격을 가할지도 모른다.

실의에 빠진 사람들은 상대에게 분노를 느낀다 해도 그것을 그 자리에서 표현하지는 않는다. 무력감에 휩싸여 있기 때문이다. 하지만 상대를 헐뜯는다거나 절교를 하는 등의 수단으로 자신의 불만을 표출시킬 것이다. 그들의 심산은 상대가 언제까지 그렇게 득의양양할 수 있는지 본때를 보여주겠다는 것이다. 대부분의 사람들이 이런 경우에 상대의 자랑하는 모습을 보고 싶지 않아 일부러 상대를 멀리할 것이고, 결국 자랑 때문에 좋은 친구 하나를 잃게 되는 결과를 낳게 된다.

실의에 빠진 사람에게 자신의 성공을 자랑했다가 어떤 피해를 볼 지는 상황에 따라 다르지만 적어도 인간관계에 좋지 않은 영향을 미칠 것은 분명하다.

앞에서 말했던 내 경험에서의 그 실의에 빠졌던 친구는 그 뒤로 성공을 자랑하던 친구의 이야기를 할 때마다 단 한 마디도 하지 않았고, 나중에야 알게 된 일이지만 그 후로 그 둘은 한 번도 만난 적이 없었다.

이런 이유 때문에 승진이든 큰 돈을 벌었든, 혹은 어떤 일이 순조롭든 간에 슬럼프에 빠진 사람 앞에서 자랑해서는 안 된다. 상대의 상황을 몰랐다면 어쩔 수 없지만, 알았다면 절대로 해서는 안 될 행동이다.

또 한 가지 주의할 점이 있다. 함께 이야기를 나누고 있는 사람들 중에 실의에 빠져있는 사람은 없을지라도 상황이 다소 좋지 못한 사람이 있을 수 있고, 그런 사람은 당신의 성공을 질투할 수 있기 때문에 하는 일이 순조롭게 잘 이루어질 때에는 특히 말을 적게 하고 겸손한 태도를 갖는 것이 가장 좋다.

시간을 엄수하라   19

· 시간을 지키는 것은 타인에 대한 존중이다.

우순원吳舜文이라고 하는 위룽裕隆그룹 회장이 있었다. 그녀의 자서전에는 명예와 책임의 일생이라는 소제목으로 시간을 철저하게 지키던 그녀의 습관이 소개되어 있다.

그 글에서는 우순원이 시간관념이 매우 철저해, 자신의 시간을 잘 관리했을 뿐 아니라, 타인의 시간도 존중했다고 적혀 있다. 그녀는 누군가와 약속을 하면 반드시 정시에 도착했는데, 공식적인 회의가 아니더라도 그녀의 이런 원칙은 철저하게 지켜졌고, 심지어는 휴일에 친척들과 집에서 모여 마작을 두기로 했을 때에도 예외가 아니었다. 그녀는 타이베이臺北의 심각한 교통체증도 약속시간에 늦는 이유가 될 수 없다며 "차가 밀린다는 것을 알면 일찍 출발하면 되지요."라고 말하곤 했다.

주변에서 시간관념이 철저하지 않은 사람들을 흔히 찾아볼 수 있다. 그들은 10분, 20분 정도 늦는 것은 대수롭지 않게 생각하고, 심지어 약속시간에 늦어야 자신이 바쁜 사람이고 만나기 힘든 사람임을 과시할 수 있다고 착각하는 사람들도 있다. 당신이 정말로 그렇게 일 분 일 초를 다투는 바쁜 사람이고 귀하신 몸이라면 어쩔 수 없지만 그저 평범한 사람이라면 시간을 철저하게 지키는 것이 좋다. 그렇다고 해서 바쁜 사람은 시간을 잘 지키지 않아도 된다는 말은 아니다. 그런 사람들이 시간약속을 어길 경우 상대는 속으로야 어떻든 감히 불평을 하거나 화를 낼 수는 없겠지만 역시 항상 약속시간에 늦는다면 그 자신에게도 좋을 것이 없다. 그리고 이런 사람들은 어떤 중요한 일을 하거나 중요한 사람을 만날 때에는 어느 누구보다도 시간을 잘 지키는 경향이 있다. 이것은 시간을 지키지 않으면 좋은 기회를 놓친다는 것을 그들도 잘 알고 있기 때문이다.

그렇다. 시간을 지키는 것은 바로 좋은 기회를 놓치지 않는 것이다. 예를 들어 고객과 만나기로 한 영업사원이 약속시간에 늦는다면 누가 오랫동안 기다려주겠는가?

이해득실을 따지기 이전에라도 시간을 지키는 것은 한 사람의 사회생활에 커다란 영향을 미친다.

시간을 지키는 것은 상대에 대한 존중의 표시다. 당신이 윗사람이든 아랫사람이든 관계없이 말이다. 당신이 시간약속에서 상대방을 존중해준다면 상대도 당연히 당신을 존중해줄 것이다. 이렇게 볼 때 시간엄수는 곧 자신이 존중받을 수 있는 길이다.

시간을 지키지 않고 상대를 존중하지 않으면서 어찌 자신은 존중받기를 바랄 수 있겠는가?

약속시간을 지키지 않는 것은 상대에게 자신이 신뢰할 수 없는 사람이라는 인상을 줄 수 있다. 한 번 늦는 것은 크게 문제가 되지 않겠지만 매번 늦는다면 상대는 당신에 대해 "시간도 제대로 관리하지 못하는 사람이 자신을 어떻게 관리할 것이며 타인은 어떻게 관리할 것인가? 시간관념이 없는 사람이 일을 제대로 처리할 수 있을까?"라는 회의적인 평가를 하게 될 것이다. 시간도 일종의 자본이기 때문이다. 상대에게 이런 안 좋은 인상을 심어주게 되면 다시 돌이키기가 매우 힘들다.

시간을 지키는 것은 시간을 조절하고 운용하는 능력을 기르는 훈련이다. 시간을 지키기 위해서는 자신의 생활과 일을 적절하게 안배해야 하기 때문이다. 이것이 오래되면 시간조절이 습관이 되고, 일단 자신의 시간을 자신이 적절히 운용하고 통제할 줄 알게 되면 일의 효율이 크게 향상될 것이다. 따라서 시간을 지키는 습관은 일과 사업에 있어서도 큰 도움이 된다.

약속시간을 지키는 것 뿐 아니라, 될 수 있는 대로 일찍 도착하자. 약속장소에 일찍 도착하면 마음을 가라앉히고 안정된 마음으로 상대를 대할 수 있기 때문에 상대방에게 좋은 인상을 줄 수 있고 상대와의 협상에서 유리한 고지를 차지할 수 있다. 시간에 늦어 헐레벌떡 약속장소에 도착한다면 안정된 마음과 냉정한 사고로 상대와 협상할 수 있겠는가? 또한 약속장소에 일찍 도착한다면 상대보다 먼저 주변 환경을 이해할 수 있을 것이고, 상대가 약속시간보다 늦게 도착한다면 협상의 주도권을 잡을 수 있다.

그렇다면 어떻게 해야 시간을 잘 지킬 수 있을까?

비서가 있다면 비서에게 자신의 스케줄을 관리하도록 일임하면 되겠지만, 비서가 없다면 잊지 않도록 메모를 생활화해야한다. 기억력이 좋다고 자부하는 사람이라면 메모하지 않을 수도 있지만 약속을 잊는 것이 약속시간에 늦는 것보다 더 심각한 사태를 불러올 수 있다는 점을 명심해야 한다.

교통체증 등으로 길에서 지체할 수 있는 시간까지 감안해서 일찍 출발하자. 약속시간에 늦는 것보다는 차라리 미리 도착하는 것이 좋다.

갑자기 급한 일이 생겨 약속장소에 나갈 수 없다면 미리 연락해 약속을 취소해 상대방이 헛걸음하지 않도록 하자. 이것도 시간을 지키는 것만큼 중요한 일이다.

또한 누군가의 집에 갈 때에는 시간을 정확하게 지켜야 한다. 이럴 경우 약속시간에 늦어서도 안 되지만 너무 미리 가는 것도 좋지 않다. 주인이 아직 손님을 맞이할 준비가 되지 않았을 수도 있기 때문이다.

진심으로 대하면 바위도 깰 수 있다 20

· 진심은 상대를 감동시키며 연민과 동정심까지 불러일으킬 수 있다.

"진심으로 대하면 바위도 깰 수 있다." 이 말은 진심으로 대하면 어떠한 어려운 문제도 모두 해결할 수 있다는 뜻이다.

물론 예외가 없는 것은 아니다. 남녀 간의 감정에 있어서 남자의 진심은 굳게 닫혀있던 여자의 마음을 열 수도 있지만, 이 여자가 남자를 전혀 좋아하지 않을 경우에는 그의 진심이 통하기 어렵다. 확실한 것은 이 여자가 남자를 사랑하지는 않더라도 그의 진심에 조금은 감동할 것이라는 점이다.

사회생활을 하고 일을 하면서 사랑하는 여성의 마음을 얻으려고 노력할 때만큼 진심으로 대하고 정성을 다한다면 반드시 성공할 것이다.

한 출판사 사장이 나에게 이런 이야기를 들려 준 적이 있다. 그는 출판사를 처음 차렸을 때부터 유명한 작가의 작품을 출간하고 싶었지만 자금이 부족해 유명작가에게 원고청탁을 하지 못하고 있었다. 그러던 어느 날, 이래서는 안 되겠다고 생각한 그는 신문에 난 한 유명작가의 글을 오려서 그의 집으로 찾아가 자신의 처지를 솔직하게 이야기하며 책을 출간하고 싶다고 말했다. 하지만 그 작가는 아무런 대답도 하지 않고 그를 돌려보냈다. 그리고 한 달 후, 그는 또 다시 그 작가의 집에 찾아가 자신의 생각을 이야기했다. 이렇게 하기를 열 차례, 6개월에 걸친 그의 진실된 부탁은 결국 작가의 승낙을 얻어냈고, 그 작가의 새 작품을 출간할 수 있게 되었다.

이것이 바로 진심의 힘이며, 이 때문에 "진심으로 대하면 바위도 깰 수 있다"고 하는 것이다.

진심의 힘이 이렇게 강한 것은 무엇 때문일까? 이것은 과학적인 방법으로는 분석할 수 없으며, 그저 진심이 한 사람의 내면이 자연스럽게 표출된 것이어서 상대를 감동시키고 공감대를 이끌어 낼 수 있기 때문이라고 밖에는 말할 수 없다. "웃는 얼굴에 침 못 뱉는다."고 하는 것도 사람에게 감정이 있기 때문이다. 진심으로 대하면 상대로 하여금 경계심을 풀고 동정심을 느끼도록 할 수 있다. 진심으로 청하는 데 매몰차게 거절해버린다면 너무 매정하다는 자책감이 들 것이다. 모름지기 사람에게는 모두 측은지심과 선한 마음이 있기 때문이다. 진심이란 헛되지 않고 거짓이 아니며 다른 속셈이 없는 감정이다. 이런 감정을 통해서만이 상대를 진정으로 감동시킬 수 있으며 당신의 청을 받아들이게 할 수 있다.

진심으로 일하면 타인으로부터 쉽게 도움을 받을 수 있다. 그렇다면 어떻게 하면 상대로 하여금 당신의 진심을 알아차리게 할 수 있을까?

진심을 가장하기 위해 감정을 연기한다면 상대로 하여금 더욱 당신을 경계하게 할 뿐이다. 어떻게 해야 상대에게 자신의 진심을 보여줄 수 있을까?

포기하지 말라. 다시 말해, 몇 번이든 얼마 동안이든 인내심을 가지고 자신의 진심을 보여주어라. 시간을 할애하는 것도 일종의 지출이자 희생이기 때문이다. 진심이 아니라면 얼마 안 가 포기할 수밖에 없을 것이다.

자본을 들여라. 쓸데없는데 돈 쓰는 것을 좋아하는 사람은 없지만, 구두쇠처럼 돈 쓰기를 싫어한다면 자신의 진심을 보여줄 수 없을 것이다. 하지만 정말로 돈이 없다면 어떻게 해야 할까? 그럴 경우에는 상대에게 아주 솔직하게 자신의 처지를 이야기하면 된다. 돈이 없는데도 돈을 펑펑 쓴다면 그것도 좋게 보일 리 없다.

겸손하라. 당신이 아무리 진심으로 상대를 대한다 해도 행동거지가 오만하면 상대는 당신의 진심을 받아들이지 않을 것이다. 자신이 상대에게 도움을 청하고 있다는 사실을 잊어서는 안 된다.

· 살아가면서 어려운 일에 부딪히면 진심으로 돌파구를 찾아라. 한 번으로 안 된다면 다시 시도하라.

친구에게도 등급이 있다   21

· 자신의 손해를 줄이기 위한 방법이다.

친구를 대할 때에는 진심으로 대해야 하는 법인데, 등급을 나눈다면 진정한 우정이라고 할 수 있을까?

한 남자가 있었다. 그에게는 수많은 친구가 있었고, 친구들도 가지각색이었다. 그는 항상 자신에게 친구가 많음을 자랑스럽게 생각하고 으스대곤 했다.

나도 물론 그의 많은 친구들 중 하나다. 한번은 내가 그에게 친구가 그렇게 많은데 그 친구들을 모두 동등하게 대하는 지 물어본 적이 있다.

그는 잠시 생각을 하더니 이렇게 말했다. "물론 그렇지 않네. 친구에도 등급이 있지."

그의 대답은 이랬다. 모든 친구를 진심으로 대하고 친구를 이용하지 않고 속이지 않지만 친구들이 자신을 대할 때에도 모두 그런 것은 아니었다. 그의 친구 중에는 인간성이 좋고 인격을 갖춘 사람이 많기는 했지만 그에게서 무언가를 얻으려하고 다른 꿍꿍이속을 가진 친구들도 적지 않았다.

"다른 속셈이 있고 진실하지 않은 친구는 믿을 수 없지. 결국에는 나만 손해를 보게 되거든." 그가 쓴웃음을 지으며 말했다.

따라서 친구의 마음을 상하게 하지 않는 범위 내에서 친구들의 등급을 나누었다. 믿을 수 있는 친구, 큰일을 논의할 수 있는 친구, 술친구, 웃고 떠드는 친구, 거리를 두어야 할 친구 등으로 말이다.

그는 이 등급에 따라 상대와의 교제의 깊이를 결정했고, 또 자신의 마음을 열었다.

"예전에는 모두 다 좋은 친구라도 생각했기 때문에 많은 손해를 보았지.

물질적인 손해도 있었고 정신적인 손해도 있었어. 그래서 이렇게 등급을 나누게 된 거라네." 그가 말했다.

친구도 등급을 나누어 사귀라는 말은 얼핏 들으면 너무 비정한 것처럼 들리지만 이 친구의 경험에 비추어보면 역시 필요한 일이다. 이것 역시 일종의 자기방어법이었다.

친구들을 놓고 등급을 나누는 것이 쉬운 일은 아니다. 모두들 주관적인 관점에서 타인을 바라보기 때문에 때로는 진실한 사람을 나쁜 사람으로 오해하기도 하고, 음흉한 늑대를 충성스런 개로 착각하기도 한다. 심지어는 주변 사람들의 경고를 듣고도 자신의 착각을 깨닫지 못했다가 큰 피해를 본 후에야 정신을 차리기도 한다. 따라서 객관적이고 냉정하게 친구들의 등급을 나누는 것은 매우 어려운 일이다. 하지만 또 반드시 해야 하는 일이기도 하다. 친구를 사귈 때에는 최대한 객관적이고 냉정한 관점을 유지해야 피해를 최대한 줄일 수 있다.

친구의 등급을 나누는 것이 감정이 풍부한 사람에게는 더 어려울 수 있다. 상대가 그를 친구로 생각하기도 전에 그는 이미 깊은 우정을 느끼고 있을 것이고, 친구의 등급을 나눈다는 자체가 그에게는 죄악처럼 여겨질 것이기 때문이다.

모든 일은 배움을 통해 점차 습관이 되어가는 법이다. 어느 정도 나이가 들면 젊었을 때의 뜨거운 열정이 식고 누가 옆에서 일깨워주지 않아도 자연적으로 친구의 등급을 나누게 될 것이다.

등급을 나눌 때에는 앞에서 말한 내 친구처럼 세분화해도 되고, 깊이 사귈 수 있는 친구와 거리를 두어야 할 친구로 간단하게 나누어도 된다.

깊이 사귈 수 있는 친구와는 당신의 모든 것을 함께 해도 좋지만, 거리를 두어야 할 친구와는 기본적인 예의만 갖추면 된다. 집에 손님이 찾아왔을 때 환영할만한 손님이라면 거실로 들어오게 하고 대접하지만 물건을 팔러 온 잡상인의 경우에는 문밖에서 대충 얼버무리고 돌려보내는 것과 같은 이치로 생각할 수 있다.

  이밖에도 상대의 성향에 따라 교제의 방식을 융통성 있게 조절할 수 있다. 한 가지 반드시 명심해야 할 것은 상대가 얼마나 지혜로운지, 혹은 얼마나 돈이 많은지와 관계없이 인간성이 좋은 사람과 깊이 사귀어야 한다는 것이다. 다시 말해 상대가 당신과 순수한 마음으로 친구로 사귀어야 한다는 것이다. 사람들은 종종 상대의 신분이나 배경에 현혹되어 나쁜 사람을 좋게 보곤 한다.

  현재 생활이 아주 평범하거나 실의에 빠져있다면 친구들의 등급을 나누기 위해 서두를 필요가 없다. 왜냐하면 지금은 친구가 그리 많지 않을 것이고, 현재 돈독한 우정을 유지하고 있는 친구라면 그리 나쁜 친구는 아닐 것이기 때문이다. 하지만 당신이 성공해서 명예와 권력을 손에 넣고 나면 친구를 사귈 때 반드시 등급을 구분해야 한다. 이런 상황에서는 다른 속셈을 가지고 접근하는 사람들이 많을 테니 말이다.

시간을 통해 사람을 판단하라   22

· 시간으로 상대를 은밀히 시험해볼 수 있다.

    사람의 성격을 판단하려면 그 사람의 걸음걸이와 표정을 잘 관찰하라는 말이 있다.

    이 말을 잘 실천한다면 당신은 다른 꿍꿍이속을 가진 나쁜 사람에게 당하는 일은 없을 것이다. 사람 보는 눈이 하루아침에 쉽게 길러지는 것이 아니다. 우리는 매일 각기 다른 성격의 사람들과 함께 일을 하고 교류하고 협력하기 때문에 사람 보는 눈을 기르는 일이 절대적으로 필요하다.

    사람을 판단하는 안목을 가지지 못했다고 할지라도 책에서 본 관상학을 실제 생활에 응용하는 것은 그리 좋은 방법이 아니다. 그런 방법은 정확성이 떨어져 좋은 사람을 나쁜 사람으로 오해할 수도 있고, 나쁜 사람을 좋은 사람으로 착각할 수도 있기 때문이다. 좋은 사람을 나쁜 사람으로 오해하는 것은 그다지 큰 문제가 되지 않을 수도 있지만, 나쁜 사람을 좋은 사람으로 착각하게 되면 치명적인 피해를 입을 수 있다.

    그렇다면 과연 무엇을 근거로 사람을 판단해야 할까?

    예전에 한 관상학자는 나에게 이렇게 충고했다.

    "시간으로 사람을 판단하십시오."

    시간으로 사람을 판단하라는 것은 첫인상만으로 그 사람을 판단하지 말고 장기적으로 시간을 두고 자세히 관찰하라는 의미다. 너무 성급하게 한 사람에 대해 판단을 내려버리면 주관적인 관점으로 사람을 보기 때문에 사람을 제대로 판단할 수 없다. 또한 사람들은 대부분 자신의 생존과 이익을 위해 누군가를 만날 때 가면을 쓰곤 한다. 상대가 당신 앞에서 웃는 얼굴의

가면을 쓰고 호의적인 태도를 보였는데, 당신은 그 가면에 그려진 얼굴만을 보고 상대에 대한 인상과 상대와의 교제의 깊이를 결정해버린다면 훗날 그 가면 뒤에 숨겨진 진정한 모습에 의해 큰 피해를 입을 수 있다. 시간을 두고 사람을 판단하라는 것은 처음 만났을 때에는 상대와 말이 잘 통하지 않든 아니면 이미 오래 알고 지내던 사이처럼 친근하게 느껴지든 간에 상대에 대한 판단을 유보하고, 주관적인 감정에 영향을 받지 않고 냉정하게 상대를 계속 관찰하라는 의미다.

사람의 본성이란 아무리 감추려 해도 완전히 감추어지지 않는 것이다. 가면을 쓰는 것은 의식적인 행동이기 때문에 오래 지속되면 지쳐버리고 자신도 모르는 사이에 가면을 놓쳐버리는 때가 있기 때문이다. 가면극 배우들이 무대에서는 가면을 쓰고 있지만 공연이 끝나고 무대에서 내려오면 가면을 벗는 것과 마찬가지다. 가면이 벗겨지고 본성이 드러나도 그는 당신이 옆에서 관찰하고 있다는 사실을 전혀 눈치 채지 못할 것이다.

시간을 두고 사람을 판단하게 되면, 동료나 파트너, 친구 모두 각자의 본성을 드러내게 될 것이다. 당신이 가면을 벗기기 위해 애쓸 필요도 없이, 그들은 스스로 가면을 벗고 당신 앞에 본성을 그대로 드러낼 것이다.

"말은 멀리 달려봐야 그 힘을 알 수 있고, 사람은 세월이 흘러야 그 속을 알 수 있다."고 했다. 시간을 두고 사람을 판단하게 되면, 특히 다음과 같은 유형의 사람들을 쉽게 찾아낼 수 있다.

> 진실 되지 않은 사람. 그들은 진실 되지 않기 때문에 처음에는 당신에게 매우 친절하게 대하겠지만 조금 지나면 냄비 식듯 그 친절함이 시들해질 것이고, 자연히 관계도 소원해 질 것이다. 시간을 두고 관찰하다보면 이런 변화를 충분히 느낄 수 있다.
>
> 거짓말을 하는 사람. 이런 사람들은 자신이 했던 거짓말을 감추기 위해 더 큰 거짓말을 하는 경우가 많다. 꼬리가 길면 잡히듯이, 거짓말이 길게 늘

어나게 되면 그 자신도 갈피를 잡기 힘들게 되고 결국에는 모든 거짓말이 들통 나고야 만다. 시간이야말로 이런 거짓말을 간파할 수 있는 가장 좋은 수단이다.

언행이 일치하지 않는 사람. 이런 사람은 자신이 한 말을 실천하지 않는, 소위 말 따로, 몸 따로인 사람들이다. 시간을 두고 관찰하다보면 이런 사람들은 쉽게 발견할 수 있다.

사실, 시간을 두고 관찰하면 그 어떠한 유형의 사람이라도 모두 파악이 가능하다. 이것이 바로 상대가 알아차리지 못하는 사이에 상대를 판단하는 가장 효과적인 방법이다.

그렇다면 얼마나 오랫동안 관찰해야 상대의 본성을 정확하게 파악할 수 있을까? 몇 년 간이라고 한다면 시간이 너무 길고, 한 달이라고 한다면 또 너무 짧은 감이 있다. 과연 어느 정도의 시간이 적당한 것일까? 여기에는 절대적인 기준은 없다. 상황에 따라 모두 다르기 때문이다. 어떤 사람들은 두 번째 만남에서 본성을 완전히 파악할 수 있지만, 또 어떤 사람들은 2, 3년이 흘러도 확실히 알기 어렵다. 따라서 사람들을 사귈 때에는 처음부터 자신의 모든 것을 열어 보이며 깊이 교제하는 것보다는 한 발 물러서서 시간을 두고 상대를 관찰하는 것이 자신을 보호하는 가장 기본적인 방법이다.

남들의 평판으로 사람을 판단하라 23

· 정보를 수집하면 상대의 진정한 모습을 알 수 있다.

시간을 두고 사람을 관찰하는 것도 좋은 방법이지만 때로는 누군가에 대한 판단을 서둘러야 하는 경우가 있다. 2, 3일 후에 그 사람과의 동업을 결정해야 하지만 그를 알게 된 지 얼마 되지 않았을 때가 바로 이러한 경우다.

이런 상황에서 어떤 사람들은 완전히 직감에 의존해 상대를 판단하곤 한다. 좋은 사람이라고 느껴지면 좋은 사람이라고 단정 지어 버리고, 인상이 좋지 않으면 좋은 사람이 아니라고 판단하는 것이다.

놀라울 정도로 직감이 정확한 사람들도 있지만 이런 것은 과학적으로는 해석할 수 없는 기이한 현상이고, 대부분의 사람들은 직감이 빗나가는 경우가 적지 않다. 그러므로 직감으로 사람을 판단하는 것은 그리 추천할 만한 방법이 아니다. 과거에 직감이 정확하게 들어맞은 적이 있다고 해도, 앞으로 또 그러리라는 보장은 없기 때문이다. 사람들의 생리적, 심리적 상황은 당시 처한 상황에 따라 달라지는 법이기 때문에 직감에 의존하는 것은 매우 위험한 방법이다.

이럴 경우 신뢰할 수 있는 방법은 여러 사람들에게 물어보는 것이다.

사람은 항상 타인과 교제하며 살아가고 상대에게 자신의 본성을 드러내지는 않지만 일과 관련 없는 제3자에게는 본성을 그대로 드러내곤 한다. 여기에서 제3자란 상대방이 아는 사람일 수도 있고, 알지 못하는 사람일 수도 있지만, 제3자는 그를 알고 있고, 그의 생각과 행동을 관찰했던 사람이다. 아무리 두꺼운 가면을 쓴 사람도 무대에서 내려와 상대와 함께 있지 않을 때에는 가면을 벗기 때문에 많은 사람들이 그의 진정한 모습을 볼 수 있고,

또 다른 사람들과 교제하고 협력하면서 여러 가지 인상을 남긴다. 따라서 여러 사람들에게 그의 인격과 능력, 사고방식 등을 물어보면 사람들마다 대답이 모두 다를 것이다. 사람마다 좋고 싫어하는 성향이 제각각이기 때문이다. 이렇게 모은 자료들을 한데 모아 공통점을 찾는다면 상대의 진정한 본성을 알 수 있을 것이다. 각기 다른 사람들의 의견 중 공통적인 부분이 바로 그의 본성이다. 열 명 중 아홉 명이 안 좋은 평가를 내린다면 그를 조심하는 것이 좋고, 반대로 열 명 중 아홉 명이 좋은 평가를 내린다면 그와는 깊이 사귀어도 큰 문제가 없을 것이다.

상대에 대한 인상을 물어볼 때에도 역시 사람을 가려서 물어보아야 한다. 상대의 절친한 친구에게 물어본다면 물론 좋은 평가 일색일 것이고, 상대와 얼굴을 붉히고 다툰 적이 있는 사람에게 묻는다면 당연히 혹평이 쏟아질 것이다. 후자의 평가가 전자의 평가보다는 상대의 본성에 좀 더 가까운 것은 사실이다. 제일 좋은 것은 되도록 많은 사람들에게 물어보는 것이다. 상대의 동료도 좋고 학교친구도 좋으며 이웃도 무방하다. 중요한 것은 특정한 사람의 평가에만 의존하지 말고 사람들의 평가를 종합해서 판단해야 한다는 사실이다.

또한 물어보는 데에도 기술이 필요하다. 너무 노골적으로 물어본다면 상대의 경계심을 불러일으킬 수 있으므로 대화 중간에 상대가 알아채지 못하도록 돌려서 물어보는 것이 좋다. 이런 기술도 하루 아침에 얻어지는 것이 아니다.

이밖에 상대와 어울리는 사람들을 관찰하는 방법도 있다.

사람을 알려면 우선 그 친구를 보라는 말이 있다. 가치관이 비슷한 사람들끼리 어울리는 법이기 때문이다. 주색잡기를 좋아하는 사람은 자기관리가 엄격한 사람과 어울리기 힘들고, 성격이 곧은 사람이 약삭빠른 사람과 좋은 친구가 되기는 어렵다. 따라서 교우관계를 통해 그 사람의 본성을 알아낼 수 있다.

교우관계 외에 가정환경을 보는 것도 좋다. 그 사람이 부모와 형제자매에게 어떻게 대하는지, 그리고 이웃을 대하는 태도가 어떠한 지를 관찰하는 것이다. 부정적인 면이 많이 보인다면 그 사람을 경계하는 것이 좋다. 가족에게도 잘 대해주지 못하는 사람이 타인에게 잘 할리 만무하기 때문이다. 그런 사람이 당신에게 친절한 모습을 보인다면 분명 다른 속셈이 있기 때문일 것이다.

그리고 그가 이미 가정이 있는 사람이라면 자신의 배우자와 자녀에게 어떻게 대하는 지를 눈 여겨 보아야 한다. 배우자와 자녀에게 함부로 대하는 사람은 조심해야 한다.

미끼를 던져 사람을 판단하라   24

· 자기도 모르게 가면을 벗어 던질 것이다.

    사람을 판단하는 방법에는 여러 가지가 있으며 아무나 사람을 정확하게 판단하는 것도 아니다. 이솝우화 중 한 이야기가 사람을 판단하는 것에 대한 좋은 교훈을 주고 있다.

    옛날에 한 왕자가 살았는데, 이 왕자는 원숭이 여러 마리를 키우며 원숭이들에게 춤추는 것을 가르치고 화려한 옷을 입히고, 사람 얼굴 모습의 가면을 씌웠다. 그래서 원숭이들이 춤을 출 때면 마치 사람이 춤을 추고 있는 듯한 착각이 들 정도였다. 하루는 왕자가 신하들을 불러놓고 이 원숭이들에게 춤을 추게 했는데, 원숭이들의 훌륭한 공연에 모든 신하들이 찬사와 갈채를 보냈다. 한 신하가 원숭이들을 골려주기 위해 호두 한 알을 무대 위로 던졌고, 호두를 본 원숭이들이 모두 가면을 집어던지고 서로 호두를 차지하기 위해 다투면서 무대 위는 아수라장이 되어 버렸고, 공연은 신하들의 비웃음 속에 끝나게 되었다.

    이 우화는 원숭이들의 본성이 무용을 배우고 가면을 쓴다고 해서 고쳐지는 것이 아니며, 호두 한 알에 본성이 그대로 드러났음을 보여주는 이야기다.

    이 이야기에서 가면을 쓰고 무대 위에서 공연을 하는 원숭이들의 모습이 남들 앞에서 본성을 가리고 호의적인 척 위선을 부리는 사람의 모습과 비슷하지 않은가? 소인배도 가면을 쓰면 군자로 보일 수 있고, 악한 사람도 가면을 쓰면 선한 사람처럼 보일 수 있는 것이다.

    사회생활을 하면서 남들에게 피해를 줘서는 안 되지만 타인을 경계하는 태도는 반드시 필요하며, 사람을 보는 안목도 길러야 한다.

위의 이솝우화를 통해 사람을 판단하는 방법을 배울 수 있다. 바로 상대가 좋아할만한 미끼를 던지라는 것이다.

원숭이라 호두를 좋아하는 본성을 버리지 못하고 호두를 보자마자 사람인 척 춤을 추고 있다는 사실을 까맣게 잊고 본성에 따라 행동한 것처럼, 사람들도 정도의 차이는 있겠지만 역시 아무리 본성을 감추려고 해도 약점을 간파 당하면 무의식중에 자신의 진정한 면모를 드러내기 마련이다. 도덕군자인 척 가장하던 사람도 늘씬한 미녀가 눈앞에 나타나면 곧 곁눈질을 하며 태도가 불안해지고, 도박을 좋아하는 사람은 평소에는 규칙적이고 엄격하게 생활하다가도 도박을 한 번 시작하면 침식을 잊고 도박에만 빠져든다. 그들 자신도 본성을 드러내서는 안 된다고 생각하고 있지만 좋아하는 것이 눈앞에 있으면 자기도 모르게 가면을 벗어던지는 것이다.

실제 인간관계에서도 이렇게 미끼를 던져 상대의 본성을 파악할 필요가 있다. 그러기 위해서는 상대가 무엇을 좋아하는지에 대해 미리 알아보아야 한다. 상대가 무엇을 좋아하는지 알기 위해서는 일부러 술자리를 마련하거나 도박을 할 수 있는 상황을 만들어 상대의 반응을 살펴야 한다.

이런 함정을 만들 수 있는 능력이 없다면 다양한 기회를 이용해 상대가 무엇을 좋아하는지 관찰해야 한다. 상대는 자신이 관찰 당하고 있다는 것을 전혀 알지 못하기 때문에 본성을 있는 그대로 드러낼 것이다.

미끼를 이용해 사람을 판단할 경우, 상대가 군자인지 소인배인지는 알 수 없다 하더라도, 최소한 상대의 인품은 알 수 있다. 인품은 그의 행동과 판단, 가치관 등에 영향을 미치기 때문에 상대의 인품을 아는 것은 상대와의 교제깊이를 결정하는데 커다란 영향을 미칠 수 있다. 친구를 사귈 때나 업무상 파트너를 정할 때 이런 방법으로 큰 효과를 볼 수 있을 것이다.

친구 리스트를 만들어라   25

· 필요할 때 적절히 이용하기 위한 비결이다.

한 친구의 동생이 교통사고로 목숨을 잃은 적이 있다. 갑작스런 큰일에 당황한 그 친구는 어찌할 바를 모르고 나에게 연락을 해왔다. 하지만 나도 그때까지 그런 일을 당한 경험이 없었기 때문에 어떻게 해야 하는지 알지 못했고 그 친구에게 변호사를 찾아가 보라고 권했다. 그때 그는 한숨을 내쉬며 이렇게 말했다. "예전에 변호사를 몇 명 알고 있었는데, 계속 연락하지도 않았을 뿐더러 명함마저 잃어버렸다네. 개똥도 약에 쓰려면 없다더니."

옛말에 "개똥도 약에 쓰려면 없다."고 했다. 이런 경험이 있었다면 똑같은 실수가 되풀이 되는 것을 막고, 이런 경험이 없었다면 미연에 방지해야 한다.

그러기 위해서는 어떻게 하는 것이 좋을까?

친구 리스트를 만드는 것이 효과적인 방법이다.

사람은 살면서 많은 친구를 사귀는데, 어떤 친구는 오랫동안 관계를 유지하고 사귀게 되지만, 또 어떤 친구들은 관계가 흐지부지되어 끊기기도 한다. 자신과 잘 맞지 않는 친구를 억지로 사귈 수는 없지만 그렇다고 해서 왕래를 거절할 필요도 없다. 이럴 경우 친구 리스트를 만들고 그런 친구들을 리스트에 등록시키는 것이 좋다.

친구 리스트를 만드는 방법은 매우 간단하다.

우선 학창시절 친구들을 모두 기록해서 정리하는 것이다. 그 친구들은 학교를 졸업한 후 다양한 업종에 종사하며 각기 다른 성과를 내게 될 것이다.

친구들을 이렇게 정리해두었다가 필요할 때에는 학연에 의지해 연락을 하면 대부분 도움을 받을 수 있을 것이다. 이런 학연은 대학은 물론, 중고등학교와 초등학교 시절의 친구까지 이어질 수 있다. 이런 친구들과의 관계를 잘 이용한다면 당신에게 매우 큰 힘이 될 수 있을 것이다. 물론 친구들과의 관계를 유지하려면 동창회 등 모임에 자주 참석해 동창들의 상황에 주의를 기울일 필요가 있다.

이밖에도 살면서 그때그때 만나는 친구들에 관한 사항을 상세하게 기록하고, 그들의 주소나 직장에 변동이 생기면 그때그때 리스트를 수정해야 하는 것도 필요하다. 도움을 청할 일이 생겼을 때 즉시 연락할 수 있어야 하기 때문이다.

동창과 친구들의 자료는 무시해서는 안 되는 아주 중요한 자원이며, 그들의 생일까지 적어두고 되도록이면 생일을 맞이한 친구에게 생일카드를 보내거나 식사를 대접하는 정도의 관심을 보이는 것이 좋다. 이것을 계기로 사이가 훨씬 돈독해질 것이 분명하다. 이런 관계를 잘 유지하고 이용한다면 당신에게 도움이 필요한 일이 생겼을 때, 직접 도움을 주지는 못하더라도 도움을 줄 수 있는 다른 친구를 소개해 줄 수도 있다.

이밖에도 소홀히 해서는 안 되는 친구가 있다. 바로 접대 자리에서 만나 서로 명함만 주고받은, 친구라고 하기에는 좀 무리가 있는 사람들이다. 이런 친구는 각계각층 다양한 업종에 종사하고 있는 사람들이기 때문에 그들의 명함을 잘 보관하고 그들의 특징까지 기록해두었다가 다시 만났을 때 첫눈에 알아볼 수 있도록 해야 한다. 가장 중요한 것은 이렇게 해서 받은 명함들을 성씨와 특기, 업종 등에 따라 분류해놓아야 한다는 것이다. 일부러 그들과 관계를 유지하려고 노력할 필요는 없지만 가끔씩 핑계거리를 만들어 전화를 걸어 전문적인 몇 가지 물어보면서 자연스럽게 다음 번 만날 약속을 잡거나, 둘이 모두 알고 있는 친구의 이야기를 꺼내 자신에 대한 인상을 다시 한 번 각인시키는 것이 좋다. 이런 친구들과는 깊은 우정으로 발전하기 어렵기 때문에 당신에게 커다란 도움을 줄 수 있는 것은 아니지만, 작은 도움 정도는 받을 수 있다. 전자 업계에 종사하고 있는 친구라면 전자제품을 구입하는 노하우를 배울 수 있을 것이며, 이런 작은 상식들은 매우 쓸모 있는 것들이다. 나는 전자제품을 구입하면서 알게 된 한 전자제품 대리점 영업사원의 명함을 지금까지도 버리지 않고 가지고 있다.

친구 리스트는 컴퓨터를 이용해 만들 수도 있고 노트에 기록할 수도 있으며, 명함파일을 만들어 따로 정리해 둘 수도 있다. 어떤 방법을 사용하든 관계는 없지만 다음의 몇 가지는 명심해야 한다.

- 필요 없는 친구는 없다.
- 단 한 명의 친구도 무시하고 버리지 않는다.
- 모든 친구들과 일정한 관계를 유지한다.

교분을 넓혀라   26

· 누군가 다가와주기를 기다리지 말고 적극적으로 나서라.

    중국 속담에 "집에서는 부모를 따르고, 밖에 나가면 친구를 따르라."는 말이 있다. 사회생활을 하는데 있어서 이 말은 거의 진리에 가깝다. 친구가 한 명도 없는 사람은 절대로 큰일을 이룰 수 없다. 그러므로 되도록 많은 친구를 사귀어야 한다.

    친구들을 사귀다보면 그 중에 나쁜 친구도 끼어있을 것이다. 나쁜 친구를 사귈 것이 두려워 아예 친구를 사귀지 않는다면 좋은 친구를 사귈 수 있는 기회까지도 잃어버리게 되고, 이런 과도한 자기방어는 원래 있던 친구마저도 자기에게서 멀어지게 하는 결과를 낳아 외톨이 신세가 될 것이다.

    사실, 나쁜 친구와 좋은 친구를 구분하는 것은 결코 쉬운 일이 아니다. 절대적으로 좋거나 절대적으로 나쁜 사람은 많지 않으며, 대부분 장단점이 있기 마련이며 어떻게 사귀느냐가 더욱 중요하다. 여하튼 친구를 많이 사귀면 단점보다는 장점이 훨씬 많은 것은 사실이다.

    그렇다면 어떻게 친구를 사귀어야 할까?

    많은 사람들이 업무관계를 통해서, 혹은 친구의 소개로 친구를 사귄다. 대부분 이런 경로를 통해 친구를 사귀지만 이런 방법만으로는 자신과 다른 업종이나 분야에 있는 사람들과 다양하게 사귀기 어렵다.

    교우관계를 넓히기 위해서는 누군가 와서 친구가 되어주기를 기다리지 말고 적극적으로 친구를 찾아 나서야 한다.

    교분을 넓히는 가장 효과적인 방법은 사회단체에 참가하는 것이다.

    라이온스 클럽 등은 각종 사회단체는 일정한 자격을 갖춘 사람만을 회원으로 받아들이고, 정기적으로 모임을 갖기 때문에 회원들끼리 만날 수 있는 기회가 많고 회원들도 사회적으로 어느 정도 지위를 갖춘 사람들이기 때문에 서로 종사하는 분야는 달라도 쉽게 친구가 될 수 있다. 내가 알고 있는 한 단체도 회원들 중에는 의사, 변호사, 회계사, 건축사 등이 많다. 그런 단체에 참가한다면 짧은 시간 동안 많은 교분을 쌓을 수 있을 것이다. 단순히 참가한다고 해서 친구가 될 수 있는 것은 아니다. 교분을 넓히기 위해 노력하지 않으면 그저 얼굴만 알고 지내는 사이에서 머무를 수밖에 없다.

이런 사회단체에 참가할 자격조건이 되지 않거나 기회가 없다면 친구들과 함께 직접 모임을 만드는 것도 괜찮다. 실제로 내 주변에 이런 모임을 만든 친구들도 있다.

그들은 우선 가까운 친구들과 정기적으로 모임을 갖고 단체의 명의로 여러 분야의 전문가들을 초청해 강연회를 열었으며, 각각의 회원들이 매달 자신이 알고 있는 괜찮은 친구를 모임에 초대해 회원들에게 소개하고, 그 친구가 모임의 회원이 되고 싶어 한다면 흔쾌히 받아들여 준다는 규정을 가지고 있다. 이런 방식은 연쇄적으로 많은 친구들을 사귈 수 있는 기회를 마련해준다. 친구의 친구를 알게 되고, 그 친구가 또 다른 친구를 소개해주는 것이다. 내가 알고 있는 그 모임은 회원수가 이미 2백여 명으로 불어나 있으며, 각계각층의 사람들이 모여 있어 선거기간에는 후보자가 찾아와 유세활동을 벌이기도 한다.

이밖에도 봉사단체나 스터디 모임에 참가해 새로운 친구를 사귈 수도 있다. 새로 친구를 사귀고 원만한 관계를 유지하면 당신에게 큰 도움이 될 것이며, 그 관계를 통해 사업을 시작하게 될 수도 있다.

교우관계에서 융통성을 발휘하라 27

· 적이 친구가 될 수도 있다.

　다시 한번 강조하지만 사회생활을 하는데 있어서 친구의 도움이 절대적으로 필요하다. 친구에 따라서는 도움이 되지 못하고, 심지어는 자신이 피해를 입을 수도 있지만 친구가 없다면 결코 성공할 수 없다. 따라서 다양한 친구들을 사귀고 친구들의 지혜를 십분 활용해야 한다.
　아마도 이 말에 반대할 사람은 거의 없을 것이다. 하지만 친구들과의 관계에서 융통성을 발휘하는 사람은 많지 않다.
　대부분의 사람들이 교우관계에서 융통성이 부족하다. 친구를 사귀는데 있어서 너무 많은 원칙을 고수하기 때문이다.

> 마음에 들지 않으면 친구로 사귀지 않는다.
> 말이 통하지 않으면 친구가 되지 않는다.
> 서로 불쾌한 일이 있었다면 친구가 될 수 없다.

　친구를 사귀는 데 있어서 이런 원칙들을 가지고 있는 것이 크게 나쁜 것은 아니지만 사회생활을 할 때에는 어느 정도의 융통성을 갖는 것이 좋다. 여기에서 말하는 친구란 넓은 의미의 친구개념이다. 보통 친구와 자신을 알아주는 진정한 친구는 역시 다른 법이다. 그리고 융통성이라 함은 다음과 같이 설명할 수 있다.

> 친구가 될 수 없는 사람은 없다. 자신의 마음에 들지 않거나 말이 잘 통하지 않는다고 해서 믿을 수 없고 그릇이 작은 소인배는 아니다. 오히려 그런 사람들 가운데 자신에게 도움을 줄 수 있는 군자가 있을 수도 있다. 그런 사람들을 놓치는 것은 너무 아까운 일이 아닌가. 말이 통하지 않고 마음에도 들지 않는데 억지로 친구가 될 필요가 있겠냐고 반문하는 사람이

있을 수 있다. 물론 그렇게 하는 것이 쉬운 일은 아니지만 반드시 필요한 일이기는 하다. 그리고 상대에게 자신이 억지로 친구로 사귀고 있다는 것을 알아채게 해서는 안 된다. 이렇게 하려면 마음의 문을 활짝 열어놓는 것 외에 다른 방법은 없다.

누군가 당신을 화나게 했거나, 당신이 누군가를 화나게 해서 원수라고까지 할 정도는 아니더라도 둘 사이가 껄끄러울 경우, 필요하다고 생각되면 먼저 찾아가 화해하는 것이 좋다. 그것을 계기로 좋은 친구로 발전할 수도 있다. 관계가 더욱 악화되는 것을 막을 수 있을 뿐이라 하더라도 최소한 적이 한 명 더 생기는 것을 막을 수는 있다. 마음속에 풀리지 않은 응어리가 남아있어 먼저 찾아가 화해하는 것이 어렵겠지만, 그래도 이런 행동은 상대로부터 존경심을 불러 일으킬 수 있을 것이다. 먼저 화해의 악수를 청했음에도 상대가 여전히 고자세로 나온다 해도 신경 쓰지 않는 것이 좋다. 화해를 청할 때에는 너무 의도적인 인상을 주지 않도록 술자리나 상대가 직장을 옮길 때, 혹은 승진을 했을 때 등 무언가 만날 수 있는 핑계가 있을 때를 택하자.

적이 아니면 친구다. 주변에서 "친구가 아니면 적이다."라고 생각하는 사람들을 종종 볼 수 있다. 이런 생각으로는 적을 늘리고 친구를 줄이는 결과를 낳게 되고 결국에는 외톨이가 되고 만다. "적이 아니면 친구다."라는 생각으로 살아간다면 친구는 점점 늘어나고 적은 줄어들 것이다.

영원한 적은 없으며, 영원한 친구도 없다. 오늘의 적이 내일의 친구가 될 수 있고, 오늘의 친구가 내일의 적이 될 수도 있다. 이것이 사회의 현실이다. 친구가 어떤 원인으로 인해 적이 되더라도 너무 상심할 필요는 없다. 언젠가는 다시 친구가 될 수 있기 때문이다. 이런 생각으로 친구를 사귄다면 항상 마음의 평정을 잃지 않을 것이다.

자세를 낮춰라. 고자세로는 친구를 사귀기 힘들며, 적을 만들 뿐이다. 자신의 고귀한 신분이나 지위를 따진다면 친구를 사귈 수 없다.

　융통성을 발휘한다면 많은 친구를 사귈 수 있지만 이러한 융통성은 쉽게 길러지는 것이 아니며 오랫동안 노력해야 얻어지는 것이다.

28 자신의 잘못을 고쳐주는 친구를 사귀어라

· 이런 친구는 당신의 인생에 스승이 될 것이다.

사람들은 살아가면서 친구의 영향을 매우 많이 받는다. 친구 때문에 성공하는 사람도 있고 친구로 인해 실패하는 사람도 있으며, 심지어는 친구 때문에 가산을 탕진하고 가족들과 뿔뿔이 헤어지는 사람도 있다.

친구 때문에 실패할 것이 두렵다면 친구를 사귀지 않으면 되지 않느냐고 반문하는 사람이 있을 것이다.

친구를 사귀지 않는 것은 결코 쉬운 일이 아니다. 친구가 없으면 거의 아무 것도 할 수가 없으며 일생동안 외롭고 적막하게 살아야 하기 때문이다. 그리고 마음의 문을 굳게 닫아걸어도 누군가는 와서 힘껏 두드릴 것이다. 누군가 와서 당신의 마음의 문을 두드린다면 어떻게 해야 할까? 마음의 문을 열어준다면 그 사람이 나쁜 친구일 가능성이 있고, 열어주지 않는다면 좋은 친구를 만들 기회를 놓칠 수 있다.

친구를 잘 사귀게 되면 크게 성공하지는 못하더라도 최소한 나쁜 길로 빠지지는 않지만, 친구를 잘못 사귀면 나쁜 길로 빠질 가능성이 매우 높다.

세상에는 여러 종류의 사람들이 있고, 친구를 대하는 태도로 사람마다 각기 다르다. 어떤 친구는 당신에게 듣기 좋은 말만 할 것이고, 또 어떤 친구들은 당신의 잘못된 점을 고쳐주려 할 것이다. 또한 아주 친절한 친구도 있고, 얼음처럼 냉정한 친구도 있으며, 이해득실만을 따지는 친구도 있을 수 있고, 다른 의도가 있는 친구도 있을 것이다.

이런 다양한 친구들 가운데 좋은 친구와 그렇지 않은 친구를 가려내는 것은 쉬운 일이 아니다. 나쁜 친구라는 것을 알았을 때는 이미 늦어버린 경우가 많다. 평소에 친구의 행동을 유심히 살피는 것이 중요하다.

반드시 한 명쯤은 사귀어야 할 유형의 친구가 바로 당신의 잘못된 점을 고쳐주는 친구다.

그런 친구는 듣기 좋은 말만 해주는 친구보다 환영받지는 못한다. 그런 친구는 당신이 무언가를 자랑 삼아 이야기할 때 당신의 들뜬 기분에 찬물을 끼얹기 일쑤일 것이고, 당신이 잔뜩 세워놓고 흐뭇해하는 이상이나 계획의 잘못된 점이나 부족한 점을 꼬집어 낼 테니 말이다. 때로는 매정하리만치 냉정하게 당신의 단점을 따끔하게 지적해 줄 것이다. 하는 말마다 온통 듣고 싶지 않은 말 일색이니 친구들에게 환영받기 어려운 것이 당연하다.

그렇다고 이런 친구를 멀리 한다면 당신에게 큰 손해다.

사회생활을 할 때에는 기본적으로 누군가에게 원망을 살 일은 하지 않는 것이 좋고, 그렇기 때문에 사람들은 상대가 기분 나빠할 이야기는 하지 않는 편이다. 듣기 좋은 말을 한다고 해서 모두 나쁜 친구라고 할 수는 없지만 듣기 좋은 말만 해주는 것은 친구로서의 의무를 저버린 것이나 마찬가지다. 친구의 단점을 알면서도 말해주지 않는다면 진정한 친구라고 할 수 있겠는가? 더구나 단점을 더욱 칭찬하고 부추긴다면 다른 속셈이 있는 것이 분명하다. 이런 친구들은 당신에게 큰 피해를 주지는 않는다 해도 전혀 도움이 될 것이 없으며 이런 친구와 사귀는 것은 시간낭비일 뿐이다.

실제는 어떠한가? 많은 사람들이 듣기 좋은 칭찬만 늘어놓는 친구를 좋아하지만 그들에게는 무언가 다른 목적이 있는 것이 분명하며, 사람들이 친구에게 발목을 잡혀 피해를 보는 것도 바로 이런 이유 때문이다.

당신의 부아를 치밀게 하고 당신이 듣기 싫어하는 말만 골라서 하는 친구가 있다고 생각해보자. 듣기 좋은 말만 하는 친구보다는 훨씬 더 진실 되지 않은가? 그런 친구는 당신에게 무언가를 부탁하지 않을 것이며(당신에게 혼쭐이 나고 절교통보를 받지 않으면 그나마 다행이다), 그가 이렇게 하는 것은 당신이 잘 되기를 바라기 때문이다. 이런 친구가 바로 진정한 친구다.

내 말에 의구심이 든다면 자식을 대하는 부모의 마음을 생각해보면 곧 이해가 될 것이다.

일반적으로 부모들은 자녀들이 잘못된 것을 보면 곧 야단을 치고, 자녀가 무언가 큰 뜻을 품고 일을 추진할 때에도 자꾸 제동을 걸어 일을 너무 서두르지 않도록 한다. 부모가 자식에게 이렇게 하는 이유는 무얼까? 모두 자녀가 잘 되기를 바라고 자녀가 상처받고 실패하는 것을 원하지 않기 때문이다. 이것은 부모만이 할 수 있는 일이다.

귀에 거슬리는 말로 항상 자신의 행동을 지적해주는 친구도 바로 이런 마음을 가지고 있을 것이다. 그러지 않고서는 일부러 당신의 마음을 상하게 할 이유가 없지 않은가? 듣기 좋은 말만 하는 친구는 당신에게 무언가 바라는 것이 있을 것이다.

잘못된 점을 고쳐주는 친구가 곧 인생의 스승이다.

좋은 친구라도 적당한 거리를 유지하라   29

· 이것이 우정을 오래 지속시키는 방법이다.

    사람은 어려서부터 많은 친구들을 사귀게 되는데 그 중에는 보통 친구도 있지만 단짝이라고 불릴 정도로 친한 친구도 있다.

    이런 단짝 친구들의 관계가 소원해지고 심지어는 원수지간으로 변하는 경우를 종종 본다. 어떤 이들은 흐지부지 연락이 끊기고 또 어떤 이들은 단호한 절교선언을 끝으로 서로 얼굴도 마주치지 않는 사이가 된다. 이유가 어떠하든 이들은 더 이상 친구가 아니다.

    단짝 친구를 만나는 것이 그리 쉬운 일이 아님을 생각할 때, 이런 친구를 잃는 것은 정말 아쉬운 일이 아닐 수 없다.

    단짝 친구와 헤어지고 나서, 특히 서로 얼굴을 붉히며 원수지간이 되고나서 다시 관계를 회복하는 것은 매우 어렵다. 심지어는 다시는 얼굴을 보지 못할 수도 있다.

    사람은 끊임없이 새로운 친구를 만나며 살아가지만 구관이 명관이라는 말도 있듯이, 새로 사귄 친구가 오랜 친구보다 더 좋기는 힘들다. 친구를 잃는 것은 인생에 있어서 크나큰 손실임에 틀림없다. 그러므로 친구를 사귈 때에는 적당한 거리를 유지해야 한다.

    이 말에 반론을 제기할 사람이 적지 않을 것이다. 좋은 친구이기 때문에 더욱 자주 만나고 가깝게 지내야 하는 것이 아닌가? 거리를 유지하라고 하는 이유는 무엇인가?

    문제는 바로 너무 자주 만나는 것이다. 자칭 타칭 단짝 친구로 불리는 사람들은 아침부터 저녁까지 항상 같이 다니다가 갑자기 절교를 선언하곤 한다. 이유가 무엇일까?

　사람들이 처음 만난 사이인데도 오랜 친구처럼 친근하게 느끼고 금세 **단짝**이 되는 것은 서로 상대의 기질에 호감을 느끼기 때문이다. 이런 현상은 동성간이든 이성간이든 모두 마찬가지다. 아무리 상대에게 호감을 느낀다 해도 사람은 각기 개성이 다르다. 다른 환경에서 자라고, 다른 교육을 받았기 때문에 인생관과 가치관이 아무리 비슷하다 하더라도 완전히 일치할 수는 없다. 두 사람의 밀월기간이 끝나고 나면 서로의 차이를 발견하게 되고, 상대를 존중하다가 이제 용인하게 되고, 결국에는 상대에게 자신의 방식과 가치관을 요구하게 된다. 그리고 상대가 자신의 뜻대로 따라와 주지 않으면 곧 불만을 토로하고 둘 사이에 금이 가게 되는 것이다.

　신기한 것은 친한 친구와의 우정도 부부간의 애정과 비슷해 사소한 일로 인해 상대와의 관계가 깨어질 수 있다는 사실이다. 내 친구 중 한 명은 학교 기숙사에서 생활하면서 룸메이트와 매우 친한 사이가 되었지만 결국 상대가 쓰레기 버리는 일을 싫어해 언제나 자신이 손해를 보고 있다고 생각하고는 곧 방을 옮겼고, 그 뒤로 둘은 다시 만난 적이 없다.

　좋은 친구라고해도 너무 가까이 지내다가 서로 얼굴을 붉히고 헤어지는 것보다는 어느 정도 거리를 유지해 충돌을 방지하는 것이 현명하다.

　부부 사이에도 서로 손님 대하듯 존경하면 원만한 관계를 유지할 수 있지만, 부부관계는 너무 가까워 이렇게 하는 것이 결코 쉬운 일이 아니다. 그러나 친구 사이에는 서로 손님처럼 존경하고 일정 거리를 유지하는 것이 최선의 방법이다.

　거리를 유지하라는 것은 어떤 의미일까?

　간단히 말해 너무 친하게 지내지 말라는 것이다. 감정상으로는 친밀한 관계를 유지하더라도 물리적으로는 어느 정도 떨어져 있어야 한다.

거리를 유지하면 서로 예의를 갖추고 상대를 존중하게 되며, 이런 예의는 서로 충돌해 서로 상처 입는 것을 막아주는 완충재 역할을 한다.

때로는 거리를 너무 두다보면 관계가 소원해질 수도 있다. 특히 오늘날처럼 바쁘게 돌아가는 사회에서는 타인에게 항상 관심을 가지기 어렵다. 따라서 좋은 친구가 있다면 전화를 걸어 상대의 근황을 묻고, 가끔씩 만나 함께 식사를 하고 이야기를 나누어야 한다. 그렇지 않으면 그저 좋은 친구가 친구가 될 것이고, 결국 그저 아는 사이가 되고 말 것이다.

좋은 친구라면 서로에 대해 모르는 것이 없고 비밀도 없어야 한다고 말할 수도 있다.

물론 이런 친구가 있다는 것이 나쁜 일은 아니다. 문제는 사람의 마음은 그리 단순하지 않기 때문에, 당신이 이렇게 생각하고 있을 때, 상대는 그렇게 생각하지 않을 수도 있다는 것이다. 그렇기 때문에 결국 자신만 상처를 입을 수 있다. 게다가 당신 자신도 마음이 언제 변할지 장담할 수 없는 일 아닌가.

우정을 위해, 외롭지 않기 위해, 좋은 친구와는 어느 정도 거리를 유지하라.

갑자기 친한 척하는 친구를 경계하라   30

· 냉정한 태도로 깍듯이 대하라.

　안면이 있고 함께 식사를 한 적도 있지만 친구라고 하기에는 조금 부족한 친구, 혹은 한때 친했지만 한동안 연락이 끊어져서 관계가 소원해진 친구 등, 누구에게나 이런 친구가 있기 마련이다.

　이런 친구들이 갑자기 연락을 해온다면 일단 경계하는 것이 좋다. 무언가 다른 의도가 있을 수 있기 때문이다. 이런 경우 상대에게 반드시 다른 속셈이 있다고 단정할 수는 없다. 사람은 감정의 동물이라 상대가 당신에게 갑자기 억제하기 힘든 호감을 느꼈을 수도 있기 때문이다. 특히 남녀관계에 있어서 이런 경우가 종종 있다. 하지만 친구 사이에는 이런 경우가 매우 드문 편이다. 상대가 갑자기 친근하게 대한다면 냉정함을 잃지 말고 일단 한 발짝 물러나 거리를 유지하는 것이 좋다.

　이런 갑자기 끓어오르는 우정에 다른 의도가 숨어 있는 지 간파하는 것은 어려운 일이 아니다. 우선 자신이 어떤 권력이나 영향력을 가지고 있지는 않은지 생각해보자. 그렇다면 상대에게 다른 의도가 있을 가능성이 농후하다. 당신에게서 무언가를 얻으려는 것이다. 당신에게 권력은 없지만 돈이 있다면 상대는 당신에게 돈을 빌리려고 한다거나, 심지어는 사기를 치려는 생각을 가지고 있을 수 있다. 당신에게 권력도 돈도 없다면 일단 상대의 갑작스러운 접근은 크게 위험하지는 않겠지만 상대가 무언가를 위해 당신을 이용하려고 할 수도 있다. 당신의 친척이나 친구, 가족에게 줄을 대기 위해 당신을 다리로 이용하려고 할 수도 있다.

　자신의 상황을 살펴 상대가 갑자기 친근하게 대하는 데 다른 의도가 있는

지를 살핀 후에도 냉정한 태도를 잃지 않아야 한다. 당신의 판단이 객관적인지에 대해 장담할 수 없기 때문이다. 이럴 경우 다음과 같은 태도로 상대를 대하는 것이 좋다.

> 상대의 친근함을 거부하지도 않고 환영하지도 않는다. 거부하지 말라는 것은 상대의 호의를 거절하지 말라는 것이다. 상대에게 다른 의도가 있다는 것을 간파했다 하더라도 곧장 거절해서는 안 된다. 곧장 거절한다면 상대에게 안 좋은 인상을 줄 것이기 때문이다. 상대의 호의에 성급하게 부응하는 것도 올바른 태도는 아니다. 상대의 의도를 알아차린 후 뒤로 물러서려 했다가는 또 상대의 기분을 상하게 할 것이다. 남녀간의 연애에 비유한다면 갑자기 끓어올라 뜨겁게 사랑하다가 갑자기 식어버리면 상대에게 큰 상처를 주는 것과 마찬가지다.
>
> 냉정하게 대하라. 상대의 호의에 동요하지 않아야 한다. 냉정함을 잃어버리면 판단의 정확성이 떨어지므로 냉정한 태도로 상대방의 행동을 주시하며 경계를 늦추지 않아야 한다. 상대방에게 다른 속셈이 있다면 머지않아 드러날 것이고, 진실이 드러나게 되면 상대도 당신에게 전처럼 열성을 보이기 힘들 것이다.
>
> 예의를 갖추어 깍듯이 대하라. 상대에게 받은 만큼 똑같이 베푸는 것이 좋다. 상대에게 식사대접을 받았다면 선물을 선사하고, 상대에게 도움을 받았다면 상응하는 보답을 하자. 그렇지 않으면 상대에게 다른 속셈이 있을 경우 상대의 요청을 울며 겨자 먹기로 받아들여야 할 수도 있다.

친구의 호의마저도 이렇게 경계해야 한다면 너무 각박하지 않은지 반문할 수도 있을 것이다. 그러나 그렇게 하지 않으면 타인에게 상처를 입을 수 있다. 단지 경계하는 것은 상대에게 피해를 주는 일이 아니므로 도덕적으로도 전혀 문제 될 것은 없지 않은가?

근면함으로 부족한 능력을 보완하라   31
· 근면함은 자연스럽게 드러나는 것임을 명심하라

근면함으로 부족한 능력을 보완하라는 것은 사회생활을 하는 데 있어서 곰곰이 음미해보아야 할 조언이다.

당신은 완벽한 사람인가?

자신이 무능하다고 여기는 사람은 많지 않을 것이다. 특히 사회에 막 발을 내딛은 사람일 경우에는 더욱 그렇다. 많은 사람들이 자신이 천재는 아니라도 능력이 중상 정도는 되며, 몇 년 간 사회경험을 쌓으면 그 능력이 놀라울 정도로 향상될 것이라고 믿는다. 실제로 2, 3년 사이에 완벽한 능력을 갖추는 사람이 몇 명이나 될까? 어떤 이들은 계속 제자리걸음만 할 뿐이고, 어떤 사람들은 심지어 능력이 줄어들어 버리기도 한다. 사회생활을 하면서 완벽한 능력을 갖추는 사람은 극소수에 불과하다.

그렇다면 단기간에 자신의 능력을 보완할 수 있는 방법은 없을까?

소위 능력이라 함은 전문적인 지식과 기획, 그리고 문제처리능력 등을 포함하며, 이런 것들은 하루아침에 터득되는 것이 아니다. 하지만 근면하다면 남들보다 빠르게 능력을 기르는 효과적인 방법이다.

근면이란 부지런히 배우는 것을 의미한다. 자신의 자리에서 배울 수 있는 것은 하나도 빼놓지 않고 배우는 것이다. 혼자 독학을 할 수도 있고 경험이 풍부한 사람에게서 배울 수도 있다. 남들은 낮잠을 자고 있을 때 열심히 배우고, 남들이 여행을 다니는 동안 배워라. 남들은 하루에 24시간을 살 때, 당신은 하루를 이틀처럼 활용하라. 집중적이고 지속적으로 공부하면 뛰어난 효과를 볼 수 있을 것이다. 이미 남들보다 뛰어난 능력을 가지고 있다면 거기에 근면을 접목시켜라. 직장이나 단체에서 곧 두각을 나타낼 수 있을 것이고, 남들의 주목을 받게 될 것이다.

그런데 선천적으로 남들보다 능력이 다소 떨어지고 학습능력도 뒤지는 사람도 있다. 이런 사람은 똑같은 노력으로는 다른 사람들과 경쟁에서 이기기 어렵다. 이런 사람들은 우선 자신의 능력을 객관적으로 파악하는 것이 중요하다. 자신의 능력을 과대평가한다면 일생동안 실패를 거듭할 수밖에 없을 것이다. 자신의 능력이 부족하다는 것을 알았다면 생존을 위해 근면으로 부족한 능력을 보완해야 한다. 매일 헛된 망상에 사로잡혀 있다가는 성공은커녕 직장마저도 잃을 수 있다.

능력이 정말로 부족하다면 근면으로 남들보다 몇 배의 시간을 더 들여 공부하고 배워야 한다. 그래야만 도태되는 것을 면할 수 있다. 이것이 현실이다. 능력이 부족하거나 재능이 평범하다고 해서 한탄할 필요는 없다. 능력이 부족한 사람이 오히려 더 편안한 생활을 할 수도 있기 때문이다. 자신의 능력이 뛰어나지 않다는 것을 아는 사람은 무모한 모험을 하지 않기 때문에 특별히 굴곡이 없는 평탄한 삶을 살 수 있다. 하지만 능력이 부족하면서도 그것을 깨닫지 못하는 사람은 가끔씩 무모한 짓을 저지르기도 한다.

사실 근면이란 능력이 부족한 사람에게만 필요한 것은 아니다. 어디에서든 부지런한 사람은 남들보다 더 많은 것을 얻을 수 있다.

> 남들에게 일을 열심히 하는 성실한 사람이라는 인상을 준다. 다른 사람들은 꾀를 부리고 있을 때 혼자서 근면하게 일하는 모습은 더욱 부각될 것이고, 사람들은 당신의 성실함에 찬사를 보낼 것이다.
>
> 남들에게 쉽게 양해를 구할 수 있다. 일이 잘못되어 누군가는 총대를 메고 속죄해야 할 때, 근면하고 성실한 사람이 희생양이 되는 경우는 거의 없다. 그리고 그 자신이 잘못을 저질렀을 때에도 사람들은 그를 심하게 질책하지 않으며 결과는 잘못되었지만 근면하다는 사실 하나로 덮어주고 넘어간다.

상사로부터 쉽게 신임을 받을 수 있다. 상사들은 근면한 부하직원을 좋아한다. 당신이 정말로 능력이 없다하더라도 근면하다면 상사는 당신에게 일을 맡기고 승진의 기회를 줄 것이다.

근면의 진정한 가치를 알지 못하겠다면 성공한 기업가들의 자서전을 읽어보는 것도 좋다. 그들은 모두 창업 초기에 남들보다 몇 배로 근면하게 일하며 시장을 개척하고 자리를 잡았을 것이다. 나는 매일 늦잠을 자고 게으름을 부리면서 성공하는 사람을 단 한 번도 본 적이 없다. 당신이 그런 사람이라면 나에게 연락을 주길 바란다. 바로 달려가 스승으로 삼을 것이다.

하루를 48시간처럼 살라 | 32

· 매 순간 최대의 효과를 내기 위해 노력하라.

    대통령이나 기업가, 노동자, 혹은 거지 등 그 누구에게도 하루에 주어진 시간은 24시간뿐이다. 인류에게 있어 가장 공평한 것이 바로 이 점이다.
    하지만 어떤 사람들은 하루를 48시간처럼 쓰기도 한다.
    이것은 무슨 마술이나 신비로운 이야기가 아니다. 현실에 존재하는 진실이다.
    내가 아는 한 사람은 매일 아침 5시에 일어나 운동을 하고, 아침식사를 하고 신문을 본 후, 차를 몰고 출근을 한다. 차안에서는 라디오로 교통상황을 듣기보다는 외국어 학습테이프를 듣고 때로는 강연테이프를 듣기도 한다. 일찍 집을 나서면 교통체증을 겪지 않아도 되기 때문에 회사에 도착하면 7시 30분경이다. 7시 30분부터 9시까지 그는 여러 개의 신문을 읽으며 스크랩을 하고 업무에 필요한 자료를 준비한다. 낮에는 점심식사를 한 후 20분 정도 눈을 붙이고 오후에는 업무를 하다가 퇴근 후에는 1시간 정도 책을 읽는다. 7시쯤 귀가하는데 교통체증이 없어 30분이면 집에 돌아가 저녁식사를 할 수 있다. 집으로 가는 차 안에서도 외국어 테이프나 강연테이프를 듣는다. 저녁을 먹은 후 뉴스를 보고 아내와 아이와 함께 이야기를 나누고는 서재로 들어가 책을 읽다가 11시쯤 잠자리에 든다.
    한번은 이 친구가 나에게 자신은 다른 사람들과 달리 하루에 48시간을 산다고 말했다. 남들이 이틀 동안 할 일은 자신은 하루에 한다는 것이었다.
    일벌레인 이 친구는 이미 같은 또래의 사람들에 비해 사회적인 성공이나 내면의 지식 등이 월등히 뛰어났다.

사실 그에게 특별한 비결이 있는 것은 아니었다. 그는 단지 시간을 헛되이 보내지 않은 것뿐이다. 시간을 그냥 흘려보내는 것은 결코 어려운 일이 아니다. 멍하니 앉아 있거나 TV를 보거나 컴퓨터 게임을 하다보면 하룻밤쯤은 어렵지 않게 보낼 수 있고, 매일 이렇게 생활한다면 1, 2년쯤은 쉽게 보내버릴 수 있다. 이렇게 2년쯤 보내고 나면 남들보다 훨씬 뒤떨어져 있는 자신을 발견하게 될 것이다.

　하루를 48시간처럼 살고, 매 순간 최대의 효과를 내기 위해 노력하라.

　사실 이렇게 하는 것은 그리 어려운 일이 아니다. 하루의 일과를 계획을 세우고 그 계획을 착실하게 실천하기만 하면 된다.

　학교에 다닐 적 항상 교실 앞에 붙어 있던 수업시간표가 바로 가장 기본적인 시간계획표다. 수업시간표처럼 하루 일과를 시간별로 계획하고 계획표대로 생활하자. 처음에는 습관이 되지 않아 다소 힘이 들고, 강요하거나 감시하는 사람이 없기 때문에 작심삼일에 그치기 쉽다. 하지만 일정 기간 계획표를 엄격히 지키며 생활하다보면 습관으로 몸에 배게 되고 그때부터 당신의 시간은 번식하게 된다. 하루는 24시간에서 30시간, 36시간, 48시간으로 번식하게 될 것이다. 다시 말해 시간의 효율이 크게 높아질 것이다.

　계획표에 따라 생활하게 되면 시간 효율이 높아져 시간이 길어진 것처럼 느끼게 될 것이다. 이런 경지에 다다랐다면 계획표를 조금만 수정해 자투리 시간을 한데로 모으면 다른 일을 할 수 있는 충분한 시간이 만들어질 것이다. 그러나 아무리 조정을 해도 자신의 힘으로 통제할 수 없는 시간들도 있다. 예를 들면 교통체증으로 차안에서 보내는 시간이라든가, 누군가를 기다리거나 버스를 기다리는 시간 등이다. 이런 시간에는 책을 읽거나 영어문장을 암기할 수도 있고, 또 외국어 테이프를 들을 수도 있다. 아무리 짧은 시간이라 해도 헛되이 보내지 말자.

사회적으로 성공한 사람들은 모두 시간을 중시하고 잘 활용한 사람들이다. 성공하고 싶다면 젊었을 때 반드시 시간을 잘 활용하도록 훈련을 하고 같은 시간이라도 높은 효율을 낼 수 있도록 해야 한다.

하루가 48시간이 되면 수명도 연장된다고 볼 수 있다. 남들과 똑같이 80세까지 살아도 당신은 160년을 산 셈이다. 당신은 남들보다 두 배의 일을 했을 것이기 때문이다.

어떻게 활용하느냐에 따라 당신의 하루는 48시간이 될 수 있다. 바로 오늘부터 시작하자!

자신을 위해 훈장을 준비하라   33

· 지위와 명성을 쌓으면 남들에게 존경과 대우를 받게 될 것이다.

   군인, 특히 장군들이 정복을 입은 모습을 보면 왼쪽 가슴에 갖가지 색깔의 크고 작은 훈장들이 달려 있다. 고위직 경찰들도 마찬가지다. 그들은 중요한 자리에 나갈 때마다 이런 차림을 한다.

   그들은 왜 훈장을 다는 것일까? 완곡하게 말하면 예의와 격식을 차리기 위해서라고 하겠지만 솔직히 이야기하면 혁혁한 공을 자랑하기 위한 것이다. 공을 세운 사람만이 훈장을 받고, 또 공을 많이 세울수록 훈장도 많아지고, 큰 공을 세울수록 훈장의 등급도 높아진다. 그렇기 때문에 가슴에 달린 훈장만 보면 그 사람의 신분과 지위를 대충 가늠할 수 있고, 훈장을 단 사람은 남들에게 존경과 예우를 받는다. 경쟁이 치열하고 약육강식이 지배하는 사회에서 이것은 매우 자연스럽고 정상적인 것이며 전혀 이상할 것이 없다.

   군인도 아니고 경찰도 아닌데 어떻게 훈장을 따겠느냐고 반문하는 사람이 있을 수도 있다.

   사실 군인이나 경찰이 아니라도 훈장을 딸 수 있다. 지위와 신분을 높이면 자연히 남들의 존경과 예우를 받게 될 것이다.

   여기에서 말하는 훈장이란 업무상의 성과나 공헌을 말한다. 군인들의 훈장처럼 가슴에 달고 사람들에게 과시할 수 있는 훈장은 아니지만 동료들이 당신의 성과와 공헌을 모두 알기 때문에 훈장을 달고 있는 것이나 다름없다.

   짚고 넘어가고 싶은 것은 군인은 전쟁에 나가 적을 무찌르는 것이 본연의 임무이기 때문에 적을 한두 명 죽이는 것으로는 훈장을 받을 수 없고, 수많은 적을 죽여 아군을 살리거나 전체적인 전세를 유리한 방향으로 돌려야 훈장을 받을 수 있듯이 일을 할 때에 맡은 업무를 제대로 처리하는 것만으로는 훈장을 받을 수 없다. 당연히 해야 할 일을 했을 뿐이기 때문이다. 남들이 하지 못하고 감히 할 엄두를 내지 못하거나, 혹은 하지 않은 일을 훌륭하게 해내야 훈장을 받을 수 있다. 다음은 이런 경우의 몇 가지 예다.

남들보다 월등히 뛰어난 실적을 낸다. 만약 당신이 영업사원이라면 다른 직원들은 감히 따라올 엄두도 내지 못할 정도로 우수한 실적이 바로 훈장이 될 수 있다.

커다란 문제를 해결한다. 오래된 문제이든 새로 나타난 문제이든, 또는 행정상의 문제이든 재정적인 문제이든, 큰 문제를 해결한다면 그 공로가 당신의 훈장이 될 것이다.

발명이나 설계로 큰돈을 번다. 당신이 회사의 연구원이나 설계사일 경우, 당신이 개발하거나 연구해낸 제품으로 회사가 큰돈을 벌었다면 당신의 성과가 훈장이 될 것이다.

자신이 속한 부서나 단체에 영예를 안겨준다. 당신이 한 일로 인해 정부나 민간단체로부터 표창을 받게 된다면 당신의 회사도 덩달아 명예를 얻게 될 것이고, 당신의 수상이 바로 훈장이 될 것이다.

위에서 말한 훈장들 가운데 하나를 얻었다면 당신은 당신이 속한 부서나 회사에서 어느 정도의 지위를 가질 수 있을 것이고, 동료들도 당신을 무시할 수 없을 것이다. 심지어는 상사도 당신을 높이 평가하고, 다른 방면에서 작은 실수를 저지른다 해도 크게 개의치 않을 것이다. 물론 훈장을 얻었다는 생각에 득의양양해져 안하무인처럼 행동해서는 안 된다는 것을 명심하자.

어떻게 하면 훈장을 딸 수 있을까?

군인들은 공을 세우려면 용기와 결단력, 지혜와 기회가 필요하다. 뒷걸음질치다가 쥐를 잡는 경우도 있겠지만 극히 일부에 불과하다.

이와 마찬가지로 일에 있어서 훈장을 따는 데에도 용기와 결단력, 그리고 지혜가 필요하다. 그 중에서도 특히 용기와 결단력이 가장 중요하다. 다시 말해 할 수 있다는 의지가 있고 지혜가 뒷받침해 준다면 훌륭한 성과를 거둘 수 있다. 승리를 위해 싸우다가 온몸에 상처를 입은 병사처럼 그 과정에서 좌절을 겪을 수도 있지만 좌절을 극복하고 경험을 쌓으며 부단히 노력한다면 언젠가는 훈장을 따게 될 것이다.

또 한 가지 강조하고 싶은 것은 훈장을 따고나면 직장 내의 동료들에게 존경과 대우를 받는 것 외에도 다른 직장에 있는 같은 업계 사람들에게도 알려질 것이며, 이것은 훗날 당신의 사회생활에 큰 도움을 줄 것이라는 점이다. 하지만 시간이 지날수록 사람들은 당신의 훈장을 잊어버릴 것이기 때문에 한 개의 훈장에 만족하지 말고 또 다른 훈장을 따기 위해 노력해야한다.

어려움 앞에서 쉽게 물러나지 말라　34

· 어려운 일이 닥치면 자신에 대한 시험이라고 생각하자.

　　이제는 은퇴한 한 고위급 장교가 나에게 이런 충고를 했다. "어려운 일이 닥치면 절대로 쉽게 물러나지 말라."
　　그의 이 말은 그가 전직 군인인 것과도 관련이 있겠지만 사실, 일과 전투는 정신적으로 볼 때 크게 다를 것이 없다. 일을 처리하고 어려운 일을 해결하는 것도 일종의 전투다. 그의 이 말은 전쟁터에서 뿐만 아니라 사회에서도 그대로 적용될 수 있다.
　　이 말은 두 가지 관점에서 이해할 수 있다.
　　하나는 남들에게 보여주기 위한 것이다. 어려움에 직면해서도 물러서지 않고 용감하게 부딪치면 남들에게 당신이 굳은 의지를 가진 사람이라는 인상을 줄 수 있고, 실패한다 하더라도 당신의 이런 용기는 다른 사람들로부터 긍정적인 평가를 받을 수 있을 것이다. 그리고 순조롭게 어려움을 극복한다면 남들에게 당신의 능력을 보여줄 수 있는 아주 좋은 기회가 될 것이다. 자신에게 닥친 어려움이 누군가의 악의적인 함정에 의해 만들어진 것이었다면 당신에 대한 남들의 의심과 중상모략, 질투 등도 모두 사라질 것이고 당신의 지위도 자연히 올라갈 것이다.
　　두 번째는 자기 자신에게 보여주기 위한 것이다. 다시 말해 어려움을 자신에 대한 시험으로 생각하고 내공을 연마할 수 있는 기회로 삼자. 어려움을 잘 극복할 수 있을 지는 확실하지 않지만 이 과정에서 지혜를 터득하고 경험을 쌓을 것이며, 굳은 의지력을 가지게 될 것이다. 아픈 만큼 성숙해진다고 하지 않았던가. 또한 앞으로 또 다른 어려움이 닥쳤을 때에도 이겨낼 수 있는 힘을 얻게 될 것이다. 당신은 최소한 어려움을 두려워하지 않는 용기를 배웠기 때문이다. 당신이 어려움을 잘 이겨낸다면 그 과정에서 얻은 경험은 당신의 일생에 중요한 자산이 될 것이다.

　어려움이 닥쳤을 때 쉽게 물러나지 말라는 말은 단순히 힘든 상황에 있는 사람을 격려하기 위한 말이 아니며 실질적이고 높은 가치를 지닌 말이다. 이 말에 동의할 수 없거든 곤란한 일이 생겼을 때 회피해버리는 상황을 생각해보자. 이런 사람들은 남들로부터 큰일을 이룰 수 있는 재목으로 인정받기 어려우며, 실제로도 그렇다. 회피하고 숨어버리면 어려움을 극복할 수 없고 발전할 수 없다.

　일을 할 때에도 어려운 일이 닥치면 용감히 맞서 해결하려고 노력해야겠지만 다음의 것들에 대해서도 한번쯤 고려해 보아야 한다.

- 얼마나 어려운 일인가?
- 자신의 능력은 어느 정도인가?
- 도와줄 사람이 있는가?
- 실패한다면 실패를 감당할 수 있는가?
- 해결하기 위해 노력할만한 가치가 있는 일인가?

　이렇게 평가해본 결과가 부정적으로 나온다면 후퇴를 고려하는 것이 좋다. 하지만 승리의 기회가 있고, 또 희생을 감수하더라도 극복할만한 가치가 있다고 판단된다면 최선을 다해 이겨내도록 노력하자. 어려운 일이 닥쳤을 때 이런저런 생각도 없이 쉽게 포기해 버린다면 곧 습관이 될 것이고, 한번 습관이 되어 버리면 평생 동안 크게 두각을 나타내지 못하고 그럭저럭 살아갈 수밖에 없다.

　곤란과 시련을 극복해 본 적이 있는가? 바로 오늘부터 그것들에 용감하게 맞서자.

2인자가 되라

· 최고의 자리에서는 작은 실수에도 추락할 수 있다.

35

몇 년 전 한 기업가를 취재한 적이 있다. 그 기업가는 한 컴퓨터 업체를 경영하고 있었는데, 취재 도중 내가 그의 기업을 다른 기업과 비교하자 그가 나에게 이렇게 말했다.

"저는 제 회사를 다른 회사와 비교하고 싶지 않고, 또 비교할 필요도 없다고 생각합니다. 저는 업계 2위를 유지하는 것이 목표입니다."

다소 의외라는 표정을 짓고 있는 나에게 그는 이렇게 설명했다.

"1위의 자리에 있다는 것은 쉬운 일이 아닙니다. 연구, 영업, 인사, 설비 등 어떤 분야에서든 남들보다 뛰어나야 하고 다른 회사에 의해 추월당하지 않을까 전전긍긍하며 계속해서 확장하고 투자해야 하기 때문입니다. 다시 말해 1위의 자리를 고수하는 것이 훨씬 어렵습니다. 게다가 한 가지라도 실패하게 되면 1위의 자리를 내어주어야 하는 것은 물론 2위 자리에 있기도 어렵습니다."

이것은 그의 개인적인 생각일 뿐이다. 최고의 자리에 있는 것이 누구에게나 힘든 것은 아니기 때문이다. 다른 사람들은 최고의 자리에서 유유자적하며 1위만이 누릴 수 있는 여유와 권리를 음미할 수도 있다. 1위든 2위든, 아니면 3위든 이런 것들은 모두 관념상의 문제에 불과하다. 하지만 이 기업가의 말이 틀린 것은 절대로 아니다.

> 1위의 자리에 오르면, 그 자리를 유지하기 위해 많은 노력을 해야 하는 것이 사실이다.

이것은 기업의 사장에게만 국한되는 이야기가 아니다. 한 부서의 부장을 예로 들어 보자. 그는 자신의 자리를 유지하기 위해 부하직원들을 잘 다스려야 하고, 또 더 위에 있는 이사나 사장과의 관계도 원만하게 유지해야 한다. 부서가 일을 잘 처리하면 그의 공이 가장 돋보이겠지만 일이 잘못되면 가장 큰 책임을 져야할 사람도 바로 그다. 하지만 부서에서 두 번째로 높은 자리에 있는 과장은 부장보다는 책임져야 할 일이 적다. 겉으로 보기에는 부장보다 덜 번듯한 것이 사실이지만 부장이 바람막이가 되어 주기 때문에 자리를 유지하기가 훨씬 수월한 편이다. 많은 사람들이 최고 책임자보다는 그 아래의 참모가 되고 싶어 하는 이유가 바로 여기에 있다. 그 전까지는 아무 일 없던 사람이 책임자의 자리에 오른 후에 병으로 쓰러지는 일이 많은 것만 보아도 최고의 자리에 있는 것이 얼마나 어려운 지 잘 알 수 있다.

내 말이 최고가 되지 말라는 뜻은 아니다. 최고가 될 능력을 가지고 있고, 또 그러기를 바라고 그럴 기회가 생겼다면 주저하지 말고 최고의 자리에 오르라. 스스로 최고가 될 자질이 부족하다고 생각하고 게으른 성격이라면, 기회가 찾아온다고 해도 사양하는 것이 좋다. 잘 하면 좋겠지만 잘못할 경우 3, 4위의 자리로 추락할 수 있기 때문이다. 이렇게 되면 자신에게도 충격일뿐더러 사회적으로도 적잖은 비난을 감수해야 할 것이다. 중국 속담에 "흥하는 사람은 돕지만 망하는 사람은 돕지 않는다."는 말이 있다. 1인자의 자리에서 추락하면 사람들은 당신을 돕기는커녕 우물에 빠진 사람에게 돌을 던지는 격으로 더욱 공격할 것이기 때문에 2위의 자리도 유지하지 못하고 3, 4위로 밀려날 것이다. 기업도 마찬가지다. 업계 1위를 달리던 기업이 자칫 실수로 1위의 자리를 내어주게 되면 세간에 "기업도 이제 끝이다."라는 인상이 짙어지면서 기업 전체가 혼란에 빠질 수 있다.

최고의 길은 돌아올 수 없는 길이다.

그러므로 2위의 자리가 가장 이상적일 수 있으며, 이것이 바로 적지 않은 사람들이 1위보다는 2위의 자리에 서고 싶어하는 이유이다.

2위의 자리에 있어서 좋은 이유는 이뿐만이 아니다.

> 항상 1위의 곁에서 냉정하고 객관적인 태도로 1위가 자리를 지키기 위해 어떻게 하는지 자세히 관찰할 수 있으며, 1위가 성공하든 실패하든 모두 좋은 본보기로 삼을 수 있다.
>
> 훗날 최고의 자리에 오르기 위한 실력을 기르는 기회가 될 수 있다(물론 최고가 되고 싶어 할 경우에 말이다).
>
> 1인자가 되기를 원하지 않는다면 성급한 생각을 가지지 않을 것이기 때문에 무리한 일을 추진하지 않을 것이고, 그렇다면 실패할 확률도 적어 결국 자신의 자리를 더욱 탄탄하게 다질 수 있다.

따라서 직장에서 일을 하든 기업을 경영하든 최고의 자리에 있다는 것은 매우 힘든 일이다. 2인자의 자리에서 잘 처세한다면 주관적인 관점과 객관적인 관점에서 전반적인 정세를 파악할 수 있어 자연스럽게 1위가 될 수도 있으며, 이렇게 해서 1위에 오른 사람이 바로 진정한 1인자다.

일할 때 남들에게 무시당하지 말라 36

· 그럭저럭 살지 말라. 직분에 소홀히 하지 말라. 꾀를 부리지 말라.

　10여 년 간 사회생활을 하는 동안 나는 직업을 다섯 번이나 바꾸었고 자연히 여러 직장에 몸을 담아 왔다. 직장을 여러 번 옮기다 보니 어느 직장에나 동료들에게 존중받는 직원도 있고, 동료들에게 무시당하는 직원도 있다는 사실을 알게 되었다. 그들 중 동료들에게 존중받는 직원들은 대부분 성공을 거두고 발전을 했지만, 동료들에게 무시당하는 직원은 일부만이 예상 외로 뛰어난 성과를 거두었을 뿐, 대부분 성공하지 못했다.

　사회에 발을 들여놓은 후에는 일이 곧 생활이다. 우선 일을 해야 의식주가 해결되고, 또 일을 해야 재능을 발휘하고 자아를 실현할 수 있다. 그러므로 이제 막 사회에 진출한 사람이라면 일할 때 남들에게 무시당해서는 안 된다는 점을 명심하기 바란다. 일하면서 남들에게 무시를 당하면 당신의 일생이 망가져 버리지는 않을 수도 있지만 좋지 않은 영향이 있는 것은 사실이며, 적어도 좋은 영향을 줄 리는 없다.

　내 경험에 의하면 일하면서 남들에게 무시당하는 사람들 중에는 다음과 같은 유형이 있다.

> 얼렁뚱땅 일하는 형. 이런 사람들은 일을 중요하게 생각하지 않고, 적극적인 자세로 일하지 않으며 잘못을 저지르고도 크게 개의치 않는다. 그는 항상 "어쨌든 먹고 살 수는 있잖아?"라며 어영부영 일을 처리하고 자신의 직업에 대한 애착이 부족하다. 주변사람들은 그들을 못마땅하게 생각하지만 그가 매일 제 시간에 출퇴근하고 예의 바르게 행동하기 때문에 트집을 잡기가 어렵다. 이런 사람들은 얼핏 보면 매우 편안하게 살고 있는 것 같지만, 주변 사람들은 이미 그의 속마음을 훤히 알고 있다.

직업경시형. 이런 사람들은 항상 "이게 뭐 대단한 직업이기나 해?", 또는 "이 자리가 뭐 그리 대단하다고."라고 자조적인 말투로 말하곤 한다. 그들은 자신의 능력이 인정받지 못하고 있다고 생각한다. 그들은 자신의 직업과 직위를 보잘 것 없다고 여기고 있다. 그렇다면 직장을 그만두고 직업을 바꾸면 그만일 텐데 이런 사람들은 매일 불평을 하면서도 직장을 그만두지는 않기 때문에 옆에서 열심히 일하는 동료들을 자극한다. 그래서 그들이 동료들에게 무시를 당하는 것이다.

지각조퇴형. 누구든 가끔씩 출근시간에 늦거나 일찍 퇴근할 수 있지만 매일 지각과 조퇴를 밥 먹듯이 한다면, 상사는 너그러이 용서해준다 해도 동료들은 그를 매우 싫어할 것이다. 불공평하다고 생각할 것이기 때문이다. 동료들도 뭐라고 그를 나무랄 입장이 아니기 때문에 그대로 보고만 있겠지만 역시 무시할 것은 분명하다. 그에게 특별한 개인적인 이유가 있다 하더라도 동료들은 그런 이유 따위는 중요하게 생각하지 않을 것이다. 단 그의 능력이 너무도 뛰어나 다른 동료들은 따라잡을 생각도 못하는 실적을 내고 있을 때는 예외다.

꾀를 부리는 형. 이런 사람들은 늘 잔꾀를 부리기 때문에 겉으로 보기에는 열심히 일하고 있는 것 같아도 사실 하는 일은 하나도 없이 일하는 척만 하고 있을 뿐이다. 그런 자세로는 평생 동안 크게 책임질 것도 없겠지만 또 평생 동안 큰일을 이룰 수도 없다. 그가 말재주가 뛰어나고 인간관계가 원만한 것 같아 보여도, 그의 동료들은 속으로는 그를 무시하고 있을 것이다.

이 밖에도 동료들에게 무시를 당하는 여러 가지 유형이 있다. 공은 빼앗고 책임은 회피하는 형, 자아도취 형, 독선적인 형 등이다. 하지만 앞에서 말한 유형이 무시당할 가능성이 가장 높은 유형들이다. 이런 유형의 사람들은 자신의 직업을 무시하는 경향이 심한데, 이것은 열심히 일하는 다른 동료들을 자극하고 모욕하는 것이고, 동료들은 그에게 무시라는 방법으로 복수를 하는 것이다. 이밖에도 그런 사람들은 남들에게 성공할 생각이 없는 나태한 사람이라는 인상을 심어주기 때문에 상사에게 신임을 얻거나 승진의 기회를 얻기가 어렵다.

 이쯤에서 "무시하려면 하라지. 그게 뭐 대수입니까?"라고 대꾸하는 사람이 있을 법하다.

 사실 누군가에게 무시당하게 되면 자신에게 올 수 있는 불이익이 이만저만 큰 것이 아니다.

> 직업에 애착이 없어 무시당하는 경우, 이런 평판이 동료들 사이에 널리 퍼지게 되면 자신에게 이로울 것이 없다. 심지어는 직장을 그만두고 새로운 직장을 구하는 것도 어려울 수 있다. 동종 업계 사람들이라면 당신에 대한 평판을 익히 알고 있을 것이기 때문이다. 직업에 애착이 없는 사람을 받아들이려는 회사가 있을 리 없다.
>
> 직업에 애착이 없다는 사실이 널리 알려지지 않는다 해도 또 다른 나쁜 점이 없는 것은 아니다. 직업에 애착이 없으면 풍부한 업무경험을 쌓을 수 없고, 이것이 습관이 되어버리면 일생 동안 성공할 생각은 아예 버려야 한다.

 남들에게 무시당하는 것과 업무능력에는 큰 관계가 없지만 사람들은 능력은 평범하더라도 열심히 일하는 사람을 존경한다. 반대로 능력은 뛰어나지만 업무태도가 성실하지 않은 사람은 남들에게 존경받기 힘들다. 능력도 평범한데다가 어영부영 일한다면 틀림없이 남들에게 무시당할 것이고 심하면 직장에서 쫓겨날 수도 있다.

돈이 사람을 쫓고, 사람은 건강을 쫓는다   37

· 건강하기만 하다면 돈은 언제든 벌 수 있다.

사회적으로 성공하고 돈도 많이 벌고 싶다면, 재능과 기회 외에 더욱 중요한 것을 갖추어야 한다. 바로 건강이다.

젊었을 때에는 신체와 정신이 모두 건강하기 때문에 하루 정도 밤샘하는 것이 그리 큰일도 아니기 때문에 건강의 중요성을 깨닫지 못하는 경우가 많다. 하지만 어느 정도 나이가 들면서 점점 건강의 의미를 깨닫게 된다. 의학적으로 사람은 나이가 25, 6세쯤 되면 발육이 멈춘다고 한다. 다시 말해 그때부터 노화가 시작되는 것이다. 25세에서 30세까지는 체력이 약해지는 것을 실감하지 못하지만 30세를 넘기면 체력이 예전같지 않다는 것을 느끼게 되고, 40세가 넘으면 몸에 이런 저런 문제가 생기기 시작하고, 50세가 되면 상황은 더욱 심각해진다. 이것은 일반적인 경우일 뿐이며, 50세를 넘긴 후에도 싱싱한 활력을 유지하는 사람들도 있고, 갓 40세에 완전히 기력을 잃어버리는 사람도 있다.

사람의 신체변화는 막을 수 없는 것이지만 사람들이 성공하는 나이는 대부분 40대, 혹은 50대 이후다. 이때 보통 두 가지 상황이 발생한다. 평소에 건강을 잘 유지해온 사람은 중년이 되면 성공이라는 열매의 달콤함을 마음껏 맛보지만, 체력이 뒷받침 되어주지 않는 사람들은 과로로 인해 갑작스럽게 세상을 떠나기도 하고, 또 병으로 드러누워 그 동안 피땀 흘려 노력한 대가로 얻은 물질적인 부도 제대로 누리지 못한다.

사람들이 돈을 버는 것은 성취감을 느끼기 위해서이기도 하지만 좀더 나은 생활을 하기 위한 것이기도 하다. 돈을 벌기 위해 건강을 희생시킨다면 과연 가치 있는 일일까?

　사회생활을 하는 데 있어서 가장 중요한 것은 바로 건강이다. 건강해야 미래도 있는 것이다.

　건강은 노력하기만 하면 얻을 수 있지만 돈은 그렇지 않다. 돈은 가지고 싶은 만큼 마음대로 벌 수 있는 것이 아니다. 사람들은 항상 노력하면 돈을 벌 수 있다고 말하지만 때로는 노력해도 가질 수 없는 것이 바로 돈이다. 그렇기 때문에 사람들이 돈을 벌기 위해 전전긍긍하며 건강까지 해치는 것이다. 하지만 이상하게도 갑자기 돈이 술술 잘 벌리기도 한다. 그저 운이 좋아졌다고 밖에는 말할 수 없을 만큼 별다른 노력도 들이지 않았는데도 돈이 **굴러 들어오는** 경우도 있다.

　돈을 벌기 위해 열심히 노력해야 하는 것은 사실이지만 건강도 생각해서 무리하지 말아야 한다. 건강을 잃으면 눈앞에 금은보화가 쌓여 있어도 가서 가져올 힘도 없을 테니 말이다.

　그렇다면 어떻게 하면 건강해질 수 있을까?

　우선 돈을 벌어야 한다는 강박관념을 버려야 한다. 이런 생각은 당신에게 커다란 정신적인 부담으로 작용해 무리하게 일을 하게 되기 때문이다. 돈을 버는데 있어서는 순리에 따르는 것이 가장 현명한 방법이다.

　다음은 절제된 생활을 해야 한다는 것이다. 사회생활을 하다 보면 접대해야 할 경우가 적지 않고, 접대자리에 빠지지 않고 등장하는 것이 바로 술이다. 과음은 건강에 치명적이다. 기업인이나 정치인들 가운데 과음으로 건강을 해치고 결국 세상을 떠나는 사람이 많은 것만 보아도 술이 건강에 얼마나 안 좋은지 알 수 있다. 젊다고 방심하지 말자. 술의 폐해는 장기적으로 나타난다. 젊은 시절의 과음이 나이가 든 후에 후유증으로 나타내기도 한다. 접대자리에서 어떻게 술을 마시지 않을 수 있겠느냐고 말하는 사람이 있겠지만, 그런 사람들에게는 술을 전혀 마시지 못하면서도 성공하고 많은 돈을 버는 사람도 분명히 있다는 사실을 알려 주고 싶다.

이밖에도 항상 운동을 통해 체력을 관리해야 한다. 각자의 건강상태와 시간, 여건 등에 따라 여러 가지 운동을 할 수 있다. 바쁘다는 것은 이유가 될 수 없다.

정기적으로 건강검진을 받는 것도 중요하다. 건강검진을 통해 문제를 조기에 발견하고 치료하면 큰 문제가 생기는 것을 방지할 수 있다.

건강을 지키는 방법은 개인의 취향과 조건에 따라 각자 다르지만 한 가지 확실한 것은 건강은 노력하기만 하면 얻을 수 있다는 점이다. 돈은 천천히 벌어도 된다. 건강하기만 하면 돈은 언제든 벌 수 있지 않은가?

후진양성을 게을리 하지 말라   38

· 훗날 든든한 지원부대가 될 것이다.

사회생활을 한 지 이미 몇 년 정도 되었거나 승진을 해서 부하직원을 거느리고 있다면, 혹은 초보 딱지를 떼고 풍부한 업무경험을 쌓았다면 당신은 아마 자기 회사를 경영하고 있거나 적지 않은 성공을 거둔 상태일 것이다.

이 정도 위치에 올랐다면 나이는 이미 40대일 것이다. 아니 30대라도 관계없다. 어쨌든 당신의 수명이 다하는 날까지는 아직 많은 시간이 남아 있으며, 인생의 최고기에 다다르기 위해서는 아직 갈 길이 많이 남아 있을 것이다. 당신이 바로 이런 상황에 있다면 후진양성을 게을리 해서는 안 된다.

후진양성으로 얻을 수 있는 것은 두 가지다.

> 재능 있는 사람에게 마음껏 재능을 발휘할 수 있는 기회를 준다.
> 당신이 길러낸 후진들이 훗날 든든한 지원부대가 될 것이다.

전자는 사회를 위해 인재를 배출해낸다는 의미를 지니고 있으며, 후자는 당신 개인적인 차원의 장점이다. 당신에 의해 길러진 인재는 당신에게 고마운 마음을 가지게 될 것이고, 언젠가는 반드시 보답할 것이라는 점이다.

내가 아는 정치인 가운데 후배들의 성공과 발전을 적극적으로 돕는 사람이 있다. 그는 여러 부처를 돌면서 많은 인재들을 발탁해서 승진시켰는데, 후에 그가 정쟁에 휩싸이게 되자 그의 덕으로 승진했던 사람들이 모두 그를 지원하면서 결코 무시할 수 없는 커다란 세력을 형성하는 것을 보았다.

또 다른 한 은퇴한 관료는 이미 정계를 떠나 아무런 권력도 가지고 있지 않지만 매일 집에 손님들이 끊이지 않고 찾아오고, 명절이라도 되면 정치계 인사들은 물론 왕년에 그에게서 도움을 받았던 사람들이 모두 찾아와 인사를 한다.

 당신이 정치계에 몸을 담고 있지 않더라도 사회적으로 어느 정도 성과를 거두었다면 후배를 양성할 기회가 있을 것이다. 적극적으로 후진을 양성하면 훗날 그들이 당신에게 천군만마가 되어 줄 것이다.

 후진을 양성하는 데에는 두 가지 방법이 있다.

> 승진시킨다. 이것은 가장 확실하고 효과적인 방법이지만 능력을 정확하게 판단한 후에 승진시켜야 한다. 무능한 사람을 승진시켰다가는 도리어 자신에게 부담으로 작용할 수 있다.
>
> 직무를 조정해준다. 반드시 승진이 아니어도 재능을 충분히 발휘할 수 있도록 직무를 조정해주거나 자리를 옮겨줄 수 있다.
>
> 도움을 준다. 독립적이고 자주적으로 일할 수 있도록 도와준다면 스스로 실력을 기를 수 있을 것이다.
>
> 어려운 문제를 해결해준다. 가능성 있는 인재라고 생각된다면 어려움이 닥쳤을 때 그것을 해결해준다.
>
> 위험에서 구해준다. 벼랑 끝에 매달려 있는 사람에게 손을 내밀어 곤경에서 구해준다.
>
> 격려해준다. 좌절해있거나 어려움에 빠져있는 사람을 격려해주어 다시 일어설 수 있도록 하는 것도 후진양성이라고 할 수 있다.

 후진을 양성할 때에도 다음과 같은 마음의 준비를 해두어야 한다.

> 위험을 감수할 수 있는 준비를 해야 한다. 열 길 물 속은 알아도 한 길 사람 속은 모른다고 했다. 사람을 100% 정확하게 판단할 수 없기 때문에 때로는 평범한 사람을 인재로 착각할 수도 있고, 주관적인 관점에 의해 악한 사람을 심복으로 삼게 될 수도 있다. 인재를 등용하고 나서 본의 아니게 피해를 입거나 배신을 당할 수 있다는 점을 염두에 두어야 한다.
>
> 유언비어와 비난을 감내할 수 있는 준비를 해야 한다. 적극적으로 후진을 양성하다 보면 남들로부터 자기 세력을 불리려고 한다는 오해를 사거나

주변 사람들의 불만과 견제에 부딪히게 될 수도 있다. 정부나 대기업과 같은 규모가 큰 단체에서 특히 이런 경우를 자주 보게 된다.

요컨대 무슨 일이든 일장일단이 있기 마련이지만 후진을 양성하는 것은 개인적으로 볼 때 단점보다는 장점이 많고, 단점이 있다는 이유로 거부할 수도 없는 일이다. 많은 기업가와 정치가들이 충성스런 심복을 거느리고 있는데, 그들이 인재를 발굴하고 중용해 자신의 곁에 두려고 하는 것은 자신에게 이익이 되기 때문이다. 능력이 있고 조건이 마련된다면 능력 있는 사람들에게 손을 뻗어라.

규정을 잘 지켜야 존중 받는다 39

· 존중을 받을 뿐 아니라 신뢰도 얻을 수 있다.

　사회생활을 하는데 있어서 개인의 능력이 중요한 것은 사실이지만 타인의 도움도 매우 중요하다. 다른 사람들이 당신을 기꺼이 도와줄 지의 여부는 이해관계 외에도 당신에 대한 그들의 인상에 의해 좌우된다. 당신이 사람들에게 좋지 않은 인상을 주었다면 당신은 그들에게 존경을 받을 수 없을 것이고, 도움을 받거나 기회를 얻을 생각은 애당초 하지 않는 것이 좋다. 그렇다면 당신의 능력이 아무리 뛰어나다 해도 성공할 수 있겠는가?

　어떻게 해야 남들에게 좋은 인상을 주고 존경을 받을 수 있을까?

　가장 확실한 방법은 정해진 규칙을 잘 지키는 것이다.

　정해진 규칙을 지킨다는 것은 엄숙하게 행동하고 딱딱한 표정을 지어야 한다는 것이 아니라, 타인을 존중해서 남들로부터도 존중을 받는 것을 의미한다. 나이가 아직 젊고 사회 경험이 부족하고, 개인적인 능력이나 조건이 그다지 우수하지도 않으며, 대단한 집안 출신이 아니라면, 더욱이 이 점을 명심해야 한다.

　다음은 구체적인 실천방법이다.

> 예의를 지켜라. 예의는 사람의 사귐에 있어서 가장 기본이 되는 것이다. 예의를 모르는 사람은 남들에게 좋은 인상을 줄 수 없다. 예의는 매우 넓은 개념을 갖는데, 평상시에 하는 인사도 예의이고 접대도 일종의 예의이며, 윗사람을 존경하는 것도 역시 예의다. 어떤 것이 예의라고 일일이 열거할 수 없을 정도로 범위가 넓다. 예의는 넘쳐도 탈이 없다고 했다. 상대방에게 예의를 갖추는 것은 상대방에 대한 존경을 의미하기 때문에 상대방에게 예의바르게 행동하면 당신 자신도 존중받게 될 것이다.

시간과 신용을 잘 지켜라. 시간약속을 잘 지켜야 한다는 것은 이미 다른 장에서도 언급했으므로, 여기에서는 신용을 지키는 것에 대해서만 설명하도록 하겠다. 신용을 지킨다는 것은 약속을 이행하는 것이다. 누군가에게 어떤 일을 해주겠다고 약속했다면 그것이 중요한 일이 아니라 해도 반드시 지켜야 한다. 다른 사람이 부탁한 것도 반드시 해야 하지만 자신이 직접 약속한 것은 더욱 철저하게 지켜야 한다. 예전에 어떤 친구가 나에게 식사를 대접하겠다거나 누군가를 소개시켜주겠다는 말을 자주 했었는데, 한 가지도 실행에 옮겨지지 않았고, 나는 그 친구에게 직접 뭐라고 하지는 않았지만 그 다음부터는 그 친구와 만나기를 꺼려했었다. 그 친구가 보기 싫어진 것이다. 다른 한 친구는 무엇이든 자신이 말한 것은 꼭 지켰고, 직접 할 수 없는 것은 다른 사람에게 부탁을 해서라도 꼭 약속을 지켰다. 따라서 나는 그를 신뢰할 수 있는 친구라고 생각했다. 아마도 대부분의 사람들이 나와 비슷할 것이라고 믿는다.

서로의 영역을 존중하자. 윗사람과 아랫사람 간의 영역이 있고, 각자의 직위에도 나름대로의 영역이 있다. 심한 언행으로 상대방의 기분을 상하게 하거나 상대의 영역을 침범해서는 안 된다. 누구나 눈에 보이든 보이지 않든 자신만의 영역을 가지고 있으며 타인에게 침범당하면 불쾌한 법이다.

요컨대 규정을 잘 지키는 것은 상대를 존중하고 존중받고 싶어하는 상대의 욕구를 충족시켜주는 것이다. 이밖에도 규정을 잘 지키면 남들이 당신에게 함부로 대하지 못할 것이다. 당신에게서 무시할만한 핑계를 찾을 수 없을 것이기 때문이다.

존중이란 신뢰의 시작이다. 누군가에서 존중받는다는 것은 신뢰를 얻었음을 의미하며, 신뢰란 사회생활을 하는 가장 중요한 재산이다.

언행에서 뿐만 아니라 일할 때에도 규정을 잘 지켜야 한다. 비록 결과가 좋지 않더라도 일하는 과정에서 규정을 잘 지키고 마무리를 잘 한다면 남들도 당신을 존중할 것이며, 이것이 바로 신뢰의 시작이다.

적당히 몸값을 올려라

· 취업시장에서는 사람도 상품이다.

"자신의 몸값을 올려라."

오늘날처럼 두각을 나타내고 성공하기 위해 치열하게 경쟁하는 사회에서 이 말은 효과적인 성공비결 중 하나가 될 수 있다.

자신의 몸값을 올리는 예를 주변에서 흔히 찾아볼 수 있다. 영화배우들은 출연료를 올리고, 강연자들은 강연비를 올리고 직장인들도 연봉을 올리려고 한다. 이런 것들이 모두 몸값을 올리는 것이다. 어떤 사람들은 자신의 가치를 제대로 알고 그에 상응하는 몸값을 요구하지만, 어떤 이들은 자신의 능력에 비해 턱없이 높은 몸값을 요구하기도 한다. 하지만 능력에 관계없이 몸값을 올리려고 마음만 먹으면 대부분 원하는 바를 이룰 수 있다. 그러나 몸값을 올릴 수 있는지의 여부보다 중요한 것이 바로 그 과정에서 자신에게 가격을 매긴다는 점이다. 마치 어떤 상품에 가격표를 달듯이 자신의 몸값을 매기고 고객들과 거래를 한다.

거래? 그렇다. 이것도 역시 거래다. 취업시장에서는 사람도 일종의 상품으로서 각자의 가격을 가지고 있다. 상품은 품질과 수급에 따라 가격이 결정되지만 상품을 파는 사람들은 특수한 상황에 따라 상품의 가격을 크게 올리기도 한다. 고객의 심리란 참으로 이상한 것이 가격이 낮으면 거들떠보지도 않다가 가격이 올라가면 앞 다투어 사려고 하며 품질이 좋다고 칭찬을 해댄다. 사람도 마찬가지다. 몸값이 너무 낮으면 무시당하다가도 몸값을 올리면 왠지 대단한 인재로 인식된다. 그래서 적당한 시기에 자신의 몸값을 올리는 것이 절대적으로 필요하다.

몸값을 올리는 데에도 두 가지 유형이 있다. 하나는 자신이 진정으로 그만큼의 가치를 지니고 있을 때다. 이런 상황에서는 반드시 몸값을 올려야 한다. 싸고 질 좋은 이미지를 고수하다가는 남들로부터 무능한 사람으로 오해받을 수 있다. 게다가 나이마저도 어리다면 그런 경향은 더욱 심해질 수밖에 없다. 몸값을 너무 많이 올릴 필요는 없지만 최소한 자신이 지닌 재능에 상응하는 몸값은 불러야 한다.

두 번째는 실제 재능의 130% 정도로 몸값을 올리는 것이다. 지금 한 달에 1백만 원을 벌더라도 겉으로는 1백3십만 원, 혹은 1백5십만 원을 번다고 이야기하는 것이다. 그렇다면 사람들도 당신에게 그만큼의 가치가 있다고 생각할 것이다.

몸값을 올리는 데에도 주의해야 할 점이 있다.

> 적당한 선을 지키자. 이것은 자신의 능력을 훨씬 초월하는 몸값을 불러서는 안 된다는 뜻이다. 단순노동에 종사하는 직원이 이사직에나 해당할 법한 대우를 받는다고 말한다면 아무도 그의 말을 믿어주지 않을 것이고, 설령 믿는다고 해도 그것은 그에게 부담으로 작용할 뿐이다. 또한 누군가 그의 말을 믿고 높은 몸값을 지불하고 그를 채용했다 하더라도 금세 그가 불량품이라는 것이 들통날 것이다.
>
> 시세를 참고하자. 시세보다 낮은 가격을 말한다면 사람들이 당신의 가치를 낮게 보고 존중하지 않을 것이다. 자신에게 어느 정도의 능력이 있다면 몸값을 시세보다 약간 높게 부르는 것이 좋다. 하지만 능력이 정말로 뛰어나지 않은데 시세보다 훨씬 높은 몸값을 부른다면 곧 쏟아지는 비난과 조롱을 받게 될 것이다.
>
> 적당한 시기를 택해야 한다. 시도 때도 없이 자신의 몸값에 대해 이야기한다면 남들에게는 허풍으로 밖에는 들리지 않을 것이다. 적당한 시기는 어떻게 선택해야할까? 누군가 당신의 몸값에 대해 물을 때, 사람들과 이야기하다가 몸값에 대한 화제가 나올 때, 그리고 고객이 나타났을 때가 바로 적당한 시기다.

당신이 어떤 업종에 종사하고, 또 어떤 일을 하든 너무 겸손해질 필요는 없으며, 적당히 자신의 몸값을 올리는 것이 좋다. 몸값을 올리는 것에 한번 성공한다면 그때부터 당신의 몸값은 계속 올라갈 것이다. 몸값을 올려서 얻을 수 있는 또 다른 장점은 성장하고 발전하기 위해 스스로 부단히 노력할 것이라는 점이다. 몸값이 올라가면 자연히 그에 상응하는 능력을 갖추기 위해 노력할 것이기 때문이다.

'물질'로 인정을 사라   41

· 물질은 일시적인 것이지만 인정은 오래 지속되는 것이다.

    사람들이 사회에서 열심히 일하는 것은 이익을 얻기 위해서다. 이것은 결코 부끄러운 일이 아니며, 일을 하고도 이익을 바라지 않는 사람이 있다면 그는 신일 것이다. 평범한 사람들은 대부분 부양해야 할 가족이 있지만 신은 가족이 없기 때문에 물질적인 이익 앞에서 의연할 수 있는 것이다. 이익을 얻지 않으면 가족이 굶는데도 고상하게 앉아있을 수만 있겠는가?

    이익은 반드시 얻어야 하는 것이다. 회계부에서 당신의 월급을 적게 계산했거나 인사부에서 당신의 휴가를 실제보다 길게 계산했다면 반드시 찾아가서 고쳐야 한다. 단 한 푼도 그대로 포기할 수는 없다. 포기한다 해도 상대는 당신에게 고마워하지 않을 것이고 오히려 제 밥그릇도 못 챙기는 얼간이라고 비웃을 것이다.

    어떤 상황에서는 이런 물질적인 이익에 집착하지 않는 것이 나을 때도 있다. 예를 들면, 회계부 직원이 실수로 당신의 월급을 적게 지급했을 경우, 당신이 이의를 제기한다면 곧 모자라는 부분을 받을 수 있겠지만, 실수를 한 그 직원은 상사로부터 질책을 받을 것이기 때문이다. 자신이 크게 손해 보지 않을 정도라면 약간의 융통성을 발휘해 직원의 실수를 눈 감아 줄 필요도 있다. 절대로 손해 볼 수 없다고 고집을 부린다면 그 직원의 입장이 난처해질 것이고, 그 결과로 당신이 얻는 것은 돈 몇 푼에 불과하다. 당신이 크게 개의치 않고 자신의 손해를 감수한다면, 그로 인해 인정이라는 재산을 얻을 수 있으며, 이 인정이 때로는 커다란 이익을 가져다주기도 한다.

    물질적인 이익으로 인정을 사는 경우는 이 뿐만이 아니다. 상사가 당신에게 정해진 업무 이외의 일을 시킬 때 절대로 대가가 얼마인지 물어서는 안 된다. 대가가 있다 해도 그것에 집착하는 모습을 보여주어서는 안 된다. 상사의 부탁을 거절할 수도 있지만 자신이 할 수 있는 일이라면 흔쾌히 해주고 대가도 받지 않는 것이 좋다. 이렇게 하면 당장에는 물질적인 이익에서 손해를 보겠지만 상사의 마음을 얻을 수 있다는 것을 명심하자.

무슨 일을 하든 손해 보지 않고 자신의 이익을 챙긴다면, 객관적으로 보면 야무지고 능력 있는 사람이고, 또 당연한 대가를 받는 것일 테지만 이것은 계란을 얻기 위해 닭을 죽이는 결과를 낳게 될 것이다. 다시 말해, 장기적인 이익을 얻기는 힘들 것이다. 예전에 내가 다니던 회사에 미술을 전공한 한 여성이 있었는데, 한 상사가 그녀에게 포스터를 그려달라고 부탁하자, 대뜸 가격을 제시하며 그 가격이 아니면 그려줄 수 없다고 고집을 부렸다. 상사는 포스터를 그릴 다른 사람을 찾지 못해 어쩔 수 없이 그녀에게 부탁했지만, 돈에 연연하는 그녀의 모습을 본 상사는 그 후로는 다시 일을 부탁하지 않았고, 그녀는 다시는 부수입을 얻을 수 없었다.

일을 할 때에는 물질적인 이익 뿐만 아니라 인정까지도 염두에 두어야 한다. 이익을 위해 인정을 희생시키기보다는 이익으로 인정을 사는 것이 자신에게 훨씬 도움이 된다. 이익은 일시적이고 인정은 영원한 것이기 때문이다. 좀더 솔직하게 말하자면 돕고, 협조한다는 생각으로 일한다면 도움을 받는 사람은 당신에게 감동할 것이고, 당신에게 보이지 않게 빚을 진 생각이 들 것이다.

이익을 희생시켜 얻은 인정으로 큰일을 이룰 수 있음을 명심하자.

자기 직업을 사랑하라   42

· 단기적으로는 고용주를 위한 것이지만 장기적으로는 자신을 위한 일이다.

예전에 신문에서 한 기업가의 인터뷰 기사를 읽은 적이 있다.

그는 요즘 젊은이들이 예전만큼 자신의 직업을 소중하게 생각하지 않고, 진지한 태도로 일하지 않으며, 직장을 옮기면 그만이라고 생각한다며 탄식 섞인 말을 했다.

그는 요즘 젊은이들이 성실하게 배우고 자신이 한 일에 책임을 지려는 사람이 없어 이대로 가다가는 우리 사회가 어떻게 될지 걱정이라고 했다.

그의 말에 과장됨이 있는지는 잘 모르겠지만, 정말 그렇다면 걱정스러운 일이 아닐 수 없다. 이런 문제가 하루아침에 해결될 수는 없겠지만 자신의 직업을 중시하고 진지하게 일하는 태도가 습관이 되면 일생 동안 그로 인해 큰 이익을 볼 것이라는 점을 당부해두고 싶다.

자신의 직업을 중시한다하는 것은 심리적으로 두 가지 측면에서 해석할 수 있다. 두 가지 중 하위 차원의 관점에서는 고용주에게 자신의 성실함을 보여주기 위한 것이고, 좀더 높은 관점에서 본다면 업무를 모두 자신의 일로 생각하고 사명감을 가지고 일하는 것이다. 어떤 마음으로 일하든 겉으로는 책임감과 성실함으로 표출된다.

대부분의 사람들이 사회에 첫 발을 내딛었을 때에는 고용주를 위해 일하지만 열심히 일하기만 한다면 크게 문제될 것은 없다. 하지만 그럭저럭 시간 때우기 식으로 일하고, 회사가 도산해도 자신에게는 책임이 없다는 생각은 자신에게도 도움이 되지 않는다. 자신의 직업을 중요하게 생각하는 것은 고용주를 위한 일이기도 하지만 자기 자신을 위한 일이기도 하다. 직업을 중시하는 사람은 일하면서 다른 사람들보다 더 많은 경험을 쌓을 수 있고, 이런 경험들이 발전의 발판이 될 수 있기 때문이다. 훗날 다른 업종에 종사하더라도 이런 업무태도가 몸에 배어 있다면 어떤 업종에서든 쉽게 성공할 수 있다.

천성적으로 직업을 중요하게 생각하고 성실하게 일하는 사람들도 있지만, 그렇지 않은 사람들도 많다. 스스로 생각하기에 자신에게 이런 성실함이 부족하다면 젊었을 때부터 직업을 중요하게 생각하고 책임감 있게 일하는 태도를 길러야 한다.

이런 습관을 가진 사람은 모두 성공한다고 말할 수는 없지만, 직업을 하찮게 생각하고 어영부영 일하는 사람이 성공하기 어렵다는 것은 확언할 수 있다. 산만하고 나태한 태도가 잠재의식에 영향을 미쳐 어떤 일을 해도 대충 처리하게 될 것이기 때문이다.

직업을 중시하는 태도는 짧게 보면 고용주를 위한 것이지만, 장기적인 안목에서 보면 자기 자신을 위한 것이다.

이밖에도 직업을 중시해서 얻을 수 있는 장점은 많다.

> 남들에게 존중 받을 수 있다. 업무실적이 그리 뛰어나지 않다고 해도 당신의 일을 트집 잡는 사람은 없을 것이다.

> 상사의 신임을 얻을 수 있다. 사장이나 관리자들은 당연히 직업을 중요하게 생각하고, 내 일처럼 일하는 직원을 좋아한다. 무슨 일이든 믿고 맡길 수 있기 때문이다.

현재 하고 있는 일이 자신이 좋아하지 않는 일이라고 해도, 자신의 능력을 계발하고 직업을 중시하는 습관을 기르는 기회로 삼자. 훗날 이것이 당신의 재산이 될 것이다.

기댈 언덕을 찾아라   43

· 시행착오를 줄일 수 있다.

　교육계에 있는 한 친구가 있다. 그 친구는 학창시절에 한 교수님과 가까이 지내더니 졸업 후에는 그 선생님을 도와 일했다. 훗날 그 교수님께서 한 기업체로 자리를 옮기시자, 그 친구는 대학원에 진학했다. 석사 학위를 받은 후, 그 친구는 또 다시 그 교수님을 찾아갔고, 교수님께서는 그를 비서로 채용했다. 그 때부터 그 교수님이 가는 곳에는 항상 그 친구도 따라다녔고, 교수님의 직위가 올라갈 때마다 그 친구의 직위도 점점 상승했다. 지금 그 교수님은 모 대학의 학장으로 재직하고 계시고, 그 친구는 박사 학위를 받은 후 학과장을 맡게 되었다.

　미술디자인을 전공한 한 여자 친구도 잡지사에 일하는 동안 편집장과 친하게 지내며 잘 따랐다. 후에 그 잡지사가 도산을 했지만 그녀는 편집장과의 친분으로 인해 실업인 상태에서도 프리랜서로 일하며 적지 않은 일감을 받을 수 있었고, 몇 년 후, 그 편집장이 문화컨텐츠회사를 설립하자, 미술편집장 자리를 얻게 되었다.

　기댈 언덕, 즉 믿고 따를 수 있는 윗사람을 찾는 것이 짧은 시간에 쉽게 할 수 있는 일은 아니다. 당신이 믿고 따를 수 있는 윗사람이라고 생각하더라도 상대방이 당신을 **키워줄** 생각이 있는 지는 미지수이기 때문이다. 당신은 상대와 함께 일하고 왕래하면서 상대에게 자신의 능력과 성품, 충성도와 근면성 등을 알려, 상대가 당신을 신뢰할 수 있도록 해야 한다. 이런 과정이 짧게는 6개월에서 1년, 길게는 2년에서 3년까지도 걸릴 수 있다. 게다가 상대는 당신을 시험해 볼 수도 있다.

또 어떤 불가피한 상황 때문에 상대와 헤어지게 되더라도 지속적으로 그와의 관계를 유지하기 위해 노력해야 한다. 상대가 일시적으로 어려움에 처한다면 관심을 가져주고 도와줘야 한다. 그렇지 않고 그와의 관계가 끊어지고 나면 그가 다시 일어섰을 때, 좋은 자리나 기회가 생기더라도 당신을 불러줄 가능성이 희박하기 때문이다.

과연 어떤 사람이 믿고 따를 수 있는 사람일까? 이것이 바로 가장 중요한 문제가 아닐 수 없다. 이 문제로 고민하고 있다면 주변에서 다음과 같은 사람이 있는지 찾아보자.

집안 배경이 좋은 사람. 하지만 이런 사람들 주변에는 평소에도 많은 인재들이 있고, 또 아부하는 사람들도 많기 때문에 웬만큼 노력해서는 그의 눈에 들지 않을 수 있다. 아무런 이유 없이 당신을 좋아하는 경우를 제외하면 말이다. 또한 집안 배경이 좋은 사람들은 당신을 평생 책임져주지 못할 수도 있다. 집안 배경은 훌륭하지만 무능하다면 오래 동안 믿고 기댈 언덕이 되어 줄 수 없을 것이다.

이미 성공을 이룬 사람. 이런 경우도 집안 배경이 좋은 사람들과 마찬가지로 당신에게 정말로 특출한 능력이 있는 경우가 아니라면 그의 눈에 띄어 발탁되기가 여간 어려운 것이 아니다.

능력과 장래성을 갖춘 사람. 지금은 크게 두각을 나타내지 못하고 있다 하더라도 잠재력이 있다면 언젠가는 당신에게 든든한 언덕이 되어 줄 것이다. 이런 경우에도 위험부담은 있다. 세상은 능력이 있다고 반드시 성공할 수 있는 곳은 아니기 때문이다. 잠재력을 보고 따르기로 결정했다면, 훗날 예상보다 적은 수확을 얻더라도 원망하거나 후회하지 말자.

오늘부터 기댈 언덕을 찾아보자! 기댈 언덕을 찾았다면 단순히 물질적인 이익에만 급급하지 말고 의리와 도리로서 관계를 이어나가자. 그래야 관계를 오래 유지할 수 있다.

누적법으로 자산을 증식시켜라 44
· 서두르지 말고, 많다고 다 좋은 것은 아니며, 멈추어서도 안 된다!

티끌 모아 태산, 혹은 낙숫물이 댓돌을 뚫는다는 말이 있다. 이 말들이 무슨 뜻인지는 설명하지 않아도 잘 알 것이다. 핵심은 바로 누적이다.

대부분의 자산은 이렇게 모아서 이루어진 것이다. 백만장자의 재산도 차근차근 모아서 이루어진 것이고, 위대한 학자의 학문도 누적된 것이며, 대문호의 작품도 누적되어 이루어진 것이다. 단숨에 막대한 자산을 손에 넣었다는 사람은 본 적이 없다(거액의 복권에 당첨되어 하루아침에 백만장자가 된 사람들은 예외다). 누적은 작은 것을 크게 만들고, 적은 것을 많게 하는 데 필수적인 과정임에 틀림없으며, 이 누적법을 잘 활용하면 예상을 뛰어넘는 커다란 효과를 볼 수 있다.

나 역시 누적법의 효과를 실감한 바 있다. 10년 전, 처음 글쓰기를 시작했을 때의 일이다. 처음에는 책으로 펴낼 생각을 하지 않고 매일 몇 장씩 원고를 썼는데, 그것이 몇 년간 계속되었고 결국 집필을 끝내고 나니 8권의 책으로 완성된 것이었다. 이것은 처음에는 전혀 예상하지 못했던 일이다. 나의 한 친구도 대학 1학년 때부터 매일 영어단어 2개씩 외우기 시작했는데, 대학 4학년이 되자 그 친구의 영어 어휘력은 그 누구에게도 부럽지 않을 정도로 향상되어 있었다. 흡연을 예로 들어 보면 누적법의 위력이 더욱 피부로 와 닿을 수 있을 것이다. 나는 이미 금연을 했지만 금연하기 전에는 거의 10년간 담배를 피웠다. 당시 하루 평균 1갑을 피웠으니 계산해보면 내가 10년 동안 피운 담배의 수가 거의 천문학적인 수가 될 것이다. 이 역시 조금씩 모아진 것이다.

이런 몇 가지 예에서 누적법의 기본원칙을 이해할 수 있다.

서두르지 말라. 서두르다보면 자신도 모르게 부담이 생기고 목표도 달성하지 못하고 이내 지쳐버릴 수 있다.

많다고 다 좋은 것은 아니다. 무조건 많은 것을 추구하다 보면 목표에 다다르기 힘들다. 또 현실성 없는 목표는 용기를 상실하게 만든다. 조금씩이라도 천천히 모으는 것이 좋다.

멈추지 말라. 한 번 중단하게 되면 지금까지 쌓아왔던 효과와 의지가 모두 물거품이 되어버린다.

그렇다면 모아야 하는 자산에는 어떤 것들이 있을까?

우선 가장 대표적인 것이 돈이다. 돈은 생활에 기본적으로 필요한 것이지만 사람이 살면서 한번에 큰돈을 벌 수 있는 기회는 항상 오는 것이 아니다. 결국 조금씩 꾸준히 모아야 한다. 앞으로의 기나긴 미래를 위해 돈을 모으자. 큰 부자는 하늘이 내리지만, 작은 부자가 되는 것은 저축으로 가능하다고 했다. 자기 사업을 할 때에도 이런 마음가짐이 필요하다. 적은 돈이라고 거절하지 말자. 아무리 적은 돈이라도 없는 것보다는 낫지 않은가?

두 번째는 업무경험이다. 천재는 매우 드물다. 세상 사람들 대부분이 일하면서 배우고, 또 배우면서 경험을 쌓는다. 풍부한 경험을 쌓으면 실직을 두려워할 필요가 없다. 이런 사람들은 다른 회사에서 기꺼이 모셔가려 할 것이고, 그도 아니면 직접 창업을 해도 된다. 경험이 풍부할수록 몸값도 올라간다. 주의할 점은 경솔하게 직장을 옮기지 말아야한다는 점이다. 전문분야의 업무경험은 직장을 옮기면 그로서 끝이다. 더 이상 경험을 쌓기 어렵다.

세 번째는 친구다. 친구는 세상을 살아가면서 반드시 있어야 할 것들 중 하나다. 친구가 많을수록 쉽게 일할 수 있고, 큰 성공을 거둘 확률도 높아진다. 친구관계는 하루아침에 맺어지는 것이 아니다. 처음 만나고, 서로에 대해 알게 되고, 또 협력하는 단계로 발전하려면 상당한 시간이 필요하다. 따라서 서두를 필요도 없고, 또 서둘러서도 안 된다. 천천히 쌓아가다 보면 든든한 인맥을 형성할 수 있을 것이다.

 작은 신뢰를 모아 큰 신뢰를 얻을 수도 있고, 작은 승리를 모아 큰 승리를 거둘 수도 있다. 어떤 것이든 자신에게 유리한 사람이나 사물은 모두 이 누적법으로 모을 수 있고, 또 자신의 자산으로 만들 수 있다.

 이밖에 일을 할 때에도 누적법을 이용할 수 있다. 한번에 성공할 수 없다면 여러 번으로 나누어 시도하면 성공할 수 있다. 자신에게 어떤 일을 완성시킬 능력이 부족하다고 생각되면 시간을 여유 있게 잡고, 조금씩 노력하면 부담이 훨씬 줄어들 것이다.

 누적법은 대단한 노하우나 비결이 아니다. 제대로 활용하기만 한다면 누적법의 위력을 실감하게 될 것이다.

| 자산이 조금씩 불어날수록 부담은 조금씩 줄어들 것이다.

경쟁자를 찾아라   45
· 그를 따라 잡아라, 그리고 그를 추월하라!

　장거리 육상선수들의 경기 모습을 보면 코스 중간쯤에 다른 선수를 따라잡고 적당한 시기에 그를 추월하고, 조금 후 또 다른 앞서 가던 선수를 따라잡았다가, 결정적인 순간에 속도를 내서 그를 추월하곤 한다.
　왜 이런 경기방법을 사용하는 것일까?
　장거리 육상, 특히 마라톤 경기는 체력과 체력이 겨루는 스포츠이지만 대단한 의지력이 없이는 하기 힘든 것이다. 어떤 선수들은 체력은 아직 남아 있지만 의지력 부족으로 기권해 버리기도 하고, 또 어떤 선수는 처음에는 선두에서 달렸지만 뒤따라온 선수들에게 추월당하며 점점 하위권으로 처지기도 한다. 앞서 달리는 다른 선수를 목표로 그를 따라잡고 다시 추월하는 방식을 사용하는 것은 의지력이 약해지는 것을 막기 위한 것이다. 경쟁자를 지목해 스스로를 채찍질하고, 또 너무 빨리 달려 금세 체력이 고갈되는 것을 방지하고, 외로움과 지루함을 달래는 효과도 있다. 마라톤 경기에서 출발선에서는 모두 함께 달리지만 점점 선두권과 중위권, 하위권으로 나뉘고, 선두권에서도 또 다시 두세 명의 작은 조로 나뉘었다가, 중간 지점을 통과하면서부터 한 선수가 자연스럽게 선두로 나서는 경우를 많이 보았을 것이다.
　인생도 마라톤과 같다.
　그렇다면 인생을 살면서 마라톤 선수들의 경기방식을 본받아 보는 것은 어떨까? 누군가를 경쟁자로 지목하고 그를 따라잡고, 또 추월하기 위해 노력하는 것이다.
　경쟁자도 마구잡이로 선택해서는 안 된다. 몇 가지 선택조건이 있다.

주변의 동료나 친구들 중에서 찾아야 하며, 현재 당신보다 성과나 능력면에서 나은 사람이어야 한다. 다시 말해 앞서 달리고 있는 사람이어야 한다. 그렇다고 보이지 않을 정도로 너무 앞서 달리고 있는 사람을 선택해서는 안 된다. 따라잡을 수 있다는 보장도 없고, 따라잡더라도 오랜 시간과 정력을 소비해야 하기 때문에 오히려 달리는 데 더 힘이 들고 쉽게 포기할 수 있기 때문이다. 예를 들어 당신이 매달 100만원의 월급을 받는 말단 사원인데, 억대 연봉을 받는 이사나 사장을 목표로 삼는다면 괜한 위화감만 생기지 않겠는가.

경쟁자를 설정했다면 이제 분석에 들어가야 한다. 그가 어떤 점에서 우위에 있는지, 그의 성공비결은 무엇인지, 그리고 그가 평상시에 인간관계를 넓히거나 능력을 계발하기 위해 어떤 노력을 하는지 등에 대해 분석해야 한다. 분석이 끝났다면 그의 방식을 그대로 따라 해도 좋고, 자신만의 방법으로 노력해도 좋다. 반드시 따라잡을 수 있다는 자신감을 가지고 노력해 그와의 격차를 차츰 줄여가다가, 그를 추월하라.

경쟁자를 추월했다면 이제 또 다른 경쟁자를 선택하고, 같은 방식으로 노력해서 그를 추월하자.

얼핏 들으면 매우 쉬운 방법 같아 보이지만, 의지력이 없이는 실천하기가 매우 힘든 방법이다. 의지력만 있다면 경쟁자를 한두 명쯤 따라잡는 것은 그리 어려운 일이 아니지만, 의지력이 약하다면 상대방이 달리기 속도를 늦춘다 해도 따라잡기 힘들다.

한 가지 당부해두고 싶은 것이 있다. 마라톤에서 앞서 달리는 선수를 따라 잡는 것은 그리 어렵지 않아도 추월하는 것은 매우 어렵다는 사실이다. 어렵사리 앞선 선수를 따라잡아도 그 선수가 몇 보 속도를 내서 달리면 금세 뒤처져 버리고 만다. 일을 할 때에도 마찬가지다. 어렵게 노력해서 경쟁자와 비슷해졌다 싶으면 경쟁자는 또 당신보다 몇 보 앞서 가 있곤 한다. 그렇지만 너무 상심할 필요는 없다. 어쩔 수 없는 일이기 때문이다. 상대가 멀리 도망가 버리면 다시 따라잡을 수 있다면 물론 따라잡고, 따라잡을 수 없다면 무리하지 않는 것이 좋다. 괜히 체력만 소모될 뿐이다. 그렇다면 지금까지의 노력이 헛수고로 돌아가는 것 아니냐고 불평할 사람도 있겠지만 전혀 그렇지 않다. 경쟁자를 따라잡기 위해 노력하는 과정에서 흘린 땀방울이 당신의 잠재력을 흔들어 깨우고, 의지력을 단련시켰으며, 풍부한 경험을 쌓게 해 주었을 것이다. 당신은 이미 예전보다 훨씬 성숙하고 발전해 있다. 이런 것들이 모두 당신의 일생에 큰 도움을 줄 것이다.

경쟁자를 지목하고 아무리 노력해도 따라 잡을 수 없을 뿐더러, 오히려 뒤에서 달리던 사람들이 하나둘씩 당신을 추월할 수도 있다. 정말 괴로운 일이다. 이런 상황에서는 "마라톤에서는 순위보다는 완주가 더 중요하다."는 말로 스스로를 위로한다. 인생도 마찬가지다. 어떤 성과를 거두었느냐보다는 얼마나 열심히 노력했는지가 더 중요하다. 자신에게 부끄럽지 않을 정도로 최선을 다했다면 그것으로 됐다. 더 이상 달릴 의지를 잃고 도중에 포기하는 것이 가장 슬픈 일이다.

46 일에서 직면하는 여러 가지 시험에 최선을 다하라

· 갑작스런 상황을 시련이라고 생각하지 말라.

다음은 한 친구의 이야기다.

그는 보수적인 색채를 지닌 한 잡지사에서 일하고 있는데 정확한 직위는 편집주간이었지만 편집장의 지시로 편집장 직무를 대행하고 있다. 그는 물론 명실상부한 편집장이 되고 싶었지만 인사발령이 나지 않았다. 그 후 상사가 바뀌었지만 새로운 상사도 그를 편집장으로 승진시켜주지 않았고, 그는 좌절감에 휩싸였다.

그런데 하루는 새로운 상사가 그에게 홍보용 책자를 만들라는 지시를 내렸고, 실의에 빠져 의욕이 없었던 그는 대충대충 책자를 만들었다. 그 결과 인쇄되어 나온 책자에는 오자투성이였고 출간시기도 예정된 기한을 훨씬 넘기게 되었다.

뜻밖에도 상사는 그를 나무라지 않고 오히려 위로하며 이렇게 말했다. "수고했소." 그리고 한 달 후, 다른 사람이 편집장으로 승진발령을 받았다. 그 친구는 그때서야 홍보용 책자를 만들라는 지시가 자신에 대한 상사의 시험이었음을 깨닫고 더 큰 실의에 빠졌으며, 결국 회사를 그만두었다. 자신의 능력을 시험해 보려고 상사가 내놓은 시험인 줄도 모르고 책자를 엉망으로 만들었으니 그는 좋은 기회를 제 발로 차버린 격이었다.

이 친구의 경험에서 커다란 교훈 한 가지를 얻을 수 있다. 우리도 일을 하면서 그 친구처럼 많은 시험을 치를 수 있다는 것이다.

시험은 관리자들이 직원의 능력을 알아보는 기본적인 수단이다. 열 길 물

속은 알아도, 한 길 사람 속은 모른다고 했다. 상사는 직원들 한 사람, 한 사람의 능력을 확실히 파악하기 힘들기 때문에 직원들을 상대로 가끔씩 이런 시험을 치른다. 여기에는 다음과 같은 목적이 내포되어 있다.

- 직원들의 업무능력을 이해하고자 한다.
- 직원들의 업무태도를 이해하고자 한다.
- 직원들의 충성도를 알아보려고 한다.
- 직원들의 성격을 알아보려고 한다.

이런 것들을 알아야 인재를 적재적소에 등용하고 효율을 높일 수 있다.

일반적으로 새로 임명된 상사는 부하직원들을 시험해보려는 경향이 강하다. 부하직원들에 대해 잘 알지 못하기 때문이다. 또한 새로운 직장으로 옮겼을 때에도 시험에 들 가능성이 많다. 이는 상사가 당신의 능력을 측정하기 위해 실시하는 것이지만, 다른 동료들에게는 재미있는 구경거리가 될 수 있다.

시험에는 정해진 형식이 없으며 완전히 상사의 개인적인 성격과 필요에 따라 달라진다. 가장 많이 사용되는 방법이 바로 일을 맡겨보는 것이다(심지어는 전혀 알지 못하는 업무를 맡길 때도 있다). 물론 학대식 시험도 있다. 나의 또 다른 친구는 상사가 한 달 동안 하루도 빠짐없이 야근을 요구했었다고 한다(게다가 특별히 할 일도 없었다고 한다). 이런 시험은 당신의 업무능력과 고통감수능력 등을 알아보기 위한 것이다. 매우 힘들고 번거롭더라도 시험을 앞에 두고 도망간다면 그 상사에게 신임을 얻겠다는 생각은 아예 하지 않는 편이 좋다. 심지어는 그 정도 지진으로도 자신이 회사를 그만두게 될 지도 모른다. 앞에서 말한 돌발적인 상황들이 발생할 경우, 그것이 자신의 능력을 알아보기 위한 시험이 아닌지 조심스럽게 살펴보아야 한다. 상사가 당신을 시험하려고 한다는 것은 상사가 당신을 마음에 두고 있고,

또 관심을 가지고 있다는 것을 의미한다. 다시 말해 당신에게 기회가 온 것이다. 그러므로 당신은 반드시 상사가 시킨 일을 최선을 다해 완성시키고, 실수가 없도록 신경 써야 한다.

때로는 최선을 다했는데도 기대에 훨씬 못 미치는 결과를 낳기도 하지만, 그렇다고 해서 실의에 빠질 필요는 없다. 일하는 과정에서 당신이 보여준 업무태도만으로도 상사는 당신을 이해할 수 있을 것이다.

시험에 통과했는데, 그 뒤에 더욱 어려운 난관이 버티고 있다 하더라도 역시 회피해서는 안 된다. 그럴 때일수록 더욱 용감하게 맞서야 한다. 시험을 하나씩 통과할 때마다, 당신은 그만큼 발전하게 된다.

그리고 어느 누구도 자신을 시험하려고 하지 않는다면 평소 자신의 업무태도를 반성해 보아야 한다.

순간의 인내가 평생을 좌우한다   47

· 어쩔 수 없는 상황이라면 인내하라.

   사회생활을 하면서 인내는 그 어떤 것보다 중요하다. 언제, 어디에서든 자신의 뜻과 다른 문제들을 만날 수 있기 때문이다. 어떤 문제들은 해결될 수 없고, 어떤 문제들은 빨리 해결될 수 없으며, 또 어떤 문제들은 자신의 능력으로는 해결될 수 없다. 그러므로 참을 수밖에 없는 것이다. 작은 일을 참지 못하면 큰일을 그르친다고 했다. 인내심이 부족한 사람은 순간적인 심리적 스트레스는 해소할 수 있겠지만 자신의 앞날을 송두리째 망치고 커다란 이익을 잃게 될 수 있다.

   이 인내와 관계된 일화 가운데 가장 유명한 것은 초楚나라의 명장인 한신韓信의 일화다.

   한신의 고향 회음에서 있었던 일이다. 한신도 젊었을 적에는 푸줏간에서 일하며 매우 어렵게 생계를 꾸려가고 있었다. 하루는 한 시정잡배가 한신을 조롱하면서 말했다.

   "네 놈이 덩치는 큼직하게 생겨서 밤낮 허리에 칼은 차고 다니지만 사실 네 놈은 겁쟁이일 뿐이야."

   구경꾼들이 모여들자 그는 더욱 신이 나서 말했다.

   "네놈이 만약 사람을 죽일 용기가 있다면 어디 그 칼로 나를 한 번 찔러 보아라. 그럴 용기가 없다면 내 바지가랑이 밑으로 기어나가라!"

   한신은 잠시 생각하더니 묵묵히 그의 바지가랑이 밑을 기어서 나왔다. 이 일로 해서 온 장바닥 사람들은 다들 그를 겁쟁이라고 비웃었다고 한다.

   당시 한신은 초라한 삶을 살고 있었고, 시정잡배와 쓸데없는 싸움을 할 생각도, 또 힘도 없었다. 그렇기 때문에 어쩔 수 없이 수모를 참고 견딘 것이다.

손빈孫臏과 방연龐涓의 일화도 유명하다.

손빈은 손자병법의 저자인 손무孫武의 후손이며, 방연은 손빈과 동문수학한 사이었다. 방연은 위魏나라 혜왕 밑에서 능력을 인정받아 군사軍師의 자리에 올랐는데, 혜왕은 손빈이 인재임을 알아보고 방연을 통해 제齊나라 사람인 손빈을 위나라로 불러들여 벼슬을 내렸다. 그러나 손빈에게 권력을 뺏길 것을 두려워한 방연은 손빈을 돕는 척 하면서 암암리에 그를 모함했고, 결국 방연의 꾐에 넘어간 혜왕은 손빈의 두 다리를 자르고 감옥에 가둬버렸다. 방연의 계략을 알아챈 손빈은 미친 사람처럼 행동해 방연의 손아귀를 벗어나 다시 제나라로 갔고, 마침내 뛰어난 능력을 발휘해 군사가 되어, 훗날 마릉전투에서 방연에게 복수했다.

위나라에서 함정에 빠졌을 때 손빈은 바보처럼 행동한 덕에 목숨을 부지할 수 있었고, 결과적으로 대장수가 되었다. 만약 그때 손빈이 방연에게 끝까지 저항했다면 방연의 손에 일찍이 죽임을 당했을 것이다. 당시 수모를 참고 기지를 발휘했기 때문에 훗날 대장수가 되어 복수를 할 수 있었다.

내 조카 중에 인내심이 대단한 아이가 하나 있다. 그는 지금 전자업체의 영업직으로 일하고 있는데, 결혼하기 전까지 그 회사 사장의 집에 살았다. 그가 직접 원한 것은 아니었지만 따로 집을 얻으려니 매달 월세가 만만치 않아 잠시 기거하기로 한 것이 10년이나 흐른 것이었다. 사장의 집에 살던 시절, 그는 근무시간에는 열심히 일하고, 집에 돌아가면 사장 집안의 크고 작은 집안일을 조금도 싫은 기색 없이 나서서 도와 주었다. 휴일에는 사장의 노모를 모시고 산책을 나가기도 했다. 그 후 결혼을 하면서 집을 사서 사장의 집을 나오게 되었는데, 10년 동안 참지 못하고 따로 집을 얻어서 혼자 살았다면 지출이 그만큼 늘어나 젊은 나이에 집을 장만할 수 없었을 것이다. 결혼하면서 장만한 집은 10년 간 인내한 대가였다. 한신이나 손빈, 그리고 내 조카의 이야기에서 한 순간의 인내로 커다란 이익을 얻은 지혜를 본받아야 한다.

사람마다 각기 상황이 다르기 때문에 참아야 할 일과 참지 않아도 될 일을 구분하는 기준은 없다. 그저 자신이 상황을 이길 수 없다면 참으라고 당부하고 싶다.

자신이 상황을 이길 수 없다는 것은 객관적인 환경이 자신에게 불리하게 돌아가는 것을 말한다. 회사에서 상사로부터 수모를 겪거나 현재의 업무환경에 만족하지 못하지만 다른 직장을 구할 수 없을 때, 또 장사를 하면서 고객에게 수모를 겪을 때, 창업을 하려고 하는데 자금이 부족할 때, 실의에 빠져있는데, 누가 와서 정당하지 못한 일을 하라고 부추길 때 등 그런 경우는 셀 수 없이 많다.

상황이 자신에게 불리하게 돌아가면 밧줄에 묶인 사자처럼 아무리 능력이 뛰어나도 마음껏 발휘할 수 없다. 상황이 자신에게 불리함에도 감정이 먼저 앞서 상대와 맞붙었다가는 결국 자신만 손해를 볼 뿐이다. 작은 수모를 참지 못하면 평생토록 실패한 인생을 살게 될 것이라고 단언할 수는 없다. 전화위복, 새옹지마라는 말도 있듯이 앞날이 어떻게 될 지는 아무도 예측할 수가 없기 때문이다. 하지만 참지 못하면 자신의 일에 어느 정도 손실이 생긴다는 것은 부정할 수 없는 사실이다. 내 경험에 비추어 보아도, 인내할 줄 모르는 사람들 중에 원하는 바를 이루는 사람들이 많지 않다. 대부분 중년이 되면 한숨을 내쉬며 "그때 감정만 앞세웠던 것이 잘못이었어."라고 한탄하는 것을 본다. 중요한 것은 참지 못하는 사람들은 행복한 인생을 살 수 없다는 것이 아니라, 참지 못하는 사람들은 어딜 가든 수모를 참지 못하고, 힘든 것을 참지 못하고, 귀찮은 것을 참지 못해 불평을 늘어놓거나 도망쳐 버리거나 반항한다는 것이다. 이렇게 되면 상황이 호전되기 전에 그는 이미 실패자로 전락한다.

어려운 일이 닥치면 자신의 원대한 꿈을 생각하자. 원대한 꿈을 이루기 위해서라면 참지 못할 것이 없지 않은가. 화끈함을 보여주기 위해 작은 일에도 불 같이 화를 내지 말고, 더 큰 목표를 생각하며 눈을 질끈 감고 인내하자.

일생 동안 수많은 문제에 부딪히는데, 처음 난관에 봉착했을 때 감정과 의지를 통제하는 법을 배우게 되면, 다음에 더 큰 문제에 부딪쳐도 자연히 인내할 수 있고, 적당한 시기에 그 문제를 해결할 수 있게 된다. 그래야 큰 성공을 이룰 수 있다.

오늘부터라도 참는 법을 배우자. 아직 살아가야 할 날이 많다.

타인의 성공비결을 응용하라　48
· 타인의 성공을 본보기로 삼아라.

사람들마다 성공 비결은 각기 다르다. 어떤 사람들은 든든한 부모님의 후광을 등에 업고 성공하기도 하고, 어떤 이들은 능력 있고 돈 있는 아내와 결혼해서 성공하기도 한다. 또 어떤 이들은 밑바닥에서부터 혼자의 노력으로 힘들게 자수성가하기도 한다. 성공하기 위해 분투하는 과정에서 어떤 길을 가야하는지, 어떤 선택을 해야 하는지 판단이 잘 서지 않는다면 다른 사람들의 성공에서 그 해답을 찾을 수 있다.

여기에서 이런 질문을 하는 사람들도 있을 것이다. "다른 사람들의 성공비결로 정말로 자신도 성공할 수 있을까? 그리고 그것이 가능하다면 성공도 어려운 일은 아니지 않을까?"

한 사람의 성공 여부는 그의 환경이나 노력의 정도, 기회 등 여러 가지 요인에 의해 영향을 받기 때문에 다른 사람의 성공비결로 자신도 성공할 수 있다고 단언할 수는 없다. 그러나 다른 사람의 성공비결이 자신의 성공모델이 되어 방향을 잡아줄 수는 있다. 방향감각 없이 우왕좌왕하는 것보다는 이 편이 훨씬 낫지 않은가?

그렇다면 이제 "과연 어떤 성공비결을 자신에게 적용시켜야 하는가?" 하는 문제가 남게 된다.

우선 자신이 보기에 성공을 실현했다고 생각되는 사람을 찾자. 당신의 친구가 될 수도 있고, 당신의 친척이나 선배, 혹은 동료가 될 수도 있으며, 아니면 명망 있는 사회 유명인사나 역사적인 위인이 될 수도 있다. 목표인물을 찾았다면 이제 그들에게 성공비결을 물어보자. 사람들은 대부분 자신의 실패한 경험은 숨기려고 하지만 성공은 자랑하고 싶어하기 때문에 자신의 경험을 자세히 알려줄 것이다. 목표인물이 사회적인 유명인사일 경우 책이나 잡지 등을 통해 성공비결을 알 수 있고, 위인인 경우에도 위인전을 통해 충분히 알 수 있다.

어떤 사람의 성공비결이라도 모두 자기 것으로 사용할 수 있지만, 어떤 것들은 절대로 따라 해서는 안 되는 것도 있다.

> 단순히 운이 좋아서 성공한 경우. 다행히 당신도 그만큼 행운아라면 성공할 수 있겠지만 행운이란 결코 앉아서 기다린다고 찾아오는 것이 아니다.
>
> 가족들의 지원으로 성공한 경우. 예를 들면 대단한 아버지를 두었거나 막대한 유산을 상속받아서 성공한 경우다. 이런 사람들은 보통 사람들보다 훨씬 적은 노력으로 큰 성공을 거두었기 때문에 당신이 이런 조건을 갖추지 않았다면 이런 사람들의 성공비결로는 성공할 가능성이 희박하다.
>
> 배우자의 재능이나 재산으로 성공한 경우. 재능과 재산을 갖춘 배우자가 옆에 있지 않다면 이 역시 불가능한 일이다.
>
> 누군가에게 특별히 발탁되어 성공한 경우. 당신도 자신을 특별히 발탁해 줄 사람을 만난다는 보장이 없다.
>
> 불법이나 편법으로 성공한 경우. 너무 위험한 방법이며 또한 이런 위험을 감수할 가치도 없는 방법이다.

그렇다면 어떤 성공비결을 선택해야 할까?

당연히 어느 누구의 도움이나 요행에 의한 것이 아니라 자신의 노력으로 성공한 모델을 찾아야 하고, 당신과 같은 분야에 있거나 환경이나 조건 등이 당신과 비슷한 사람이라면 더욱 좋다. 일단 목표인물을 정했다면 그의 성공기에서 다음의 몇 가지를 추려 보자.

> 사회의 첫 발, 두 번째 발, 그리고 세 번째 발을 어떻게 내딛었는가?
>
> 어떻게 실력을 쌓았는가?

어려움이 닥쳤을 때 어떻게 극복했는가?

인간관계를 어떻게 관리하고 이용했는가?

자신의 인생과 일을 어떻게 계획했는가?

  이런 것들을 추려냈다면 그 방법을 그대로 따라 해도 좋고, 일부만 자신에게 적용하거나 자신의 조건에 맞게 수정해서 적용해도 된다.

  아무리 훌륭한 성공비결이라 해도 역시 중요한 것은 실천에 있다는 것을 명심하자. 비결이 아무리 훌륭해도 실천하지 않으면 효과를 기대할 수 없는 것이 당연하지 않은가? 모든 성공비결을 한마디로 귀납하면 바로 노력이다. 노력하면 그만큼 실력이 쌓이고, 실력이 쌓이면 자연히 좋은 기회가 오게 되어있다.

자기가 사장이라고 생각하라 49

· 견습기간은 사장이나 간부가 되기 위한 능력 배양 시기다.

사회에 나와 몇 년 동안 일을 하고 나면 스스로 독립해서 창업을 하려는 사람들이 많다. 그들은 창업을 매우 쉽게 생각하는 경향이 있다. 모아 놓은 돈으로 사무실을 임대하고, 직원들 뽑아, 관련 기관에 등록하면 곧 사장이 될 수 있는 것은 사실이다. 하지만 직원들이 모두 자신의 말에 잘 따라주고, 고객들이 자신을 존중하더라도, 회사가 살아남기 위해서는 돈을 벌어야 한다. 그래야 당신은 진정한 사장이 될 수 있으며, 그렇지 않으면 회사는 곧 문을 닫아야만 한다. 회사가 문을 닫은 후 사장이라는 직함이 무슨 의미가 있겠는가? 사장의 자리에 앉는 것이 중요한 것이 아니라, 사장자리에서 얼마나 오래 버틸 수 있는가가 중요한 것이다.

사장이 되기 위한 요건 가운데 가장 중요한 것은 바로 인내다.

정말로 사장이 되고 싶다면 경솔하게 창업해서는 안 된다. 자기 혼자라면 한 번 실패해도 큰 문제가 없을 수도 있겠지만 부모형제까지 불똥이 튀겨 온 가족이 비참해질 수 있다. 가장 좋은 방법은 직장에 다니면서 어깨너머로 사장의 직무를 배우는 것이다. 사장도 알지 못하게 혼자서 사장이 하는 일을 배우면 예상 외의 소득을 얻을 수 있을 것이다.

그렇다면 어깨너머로 무엇을 보고 배워야 할까?

바로 직원들을 관리하는 비결과, 사업을 확장하는 방식, 자금회전과 투자 방식 등 회사의 생존과 발전에 관계된 모든 것을 보고 배워야 한다.

이렇게 해야 하는 이유는 무엇일까?

등산을 예로 들어 보자. 산 정상에 오르면 산 밑에 있는 사람들은 볼 수 없는 경치를 볼 수 있다. 마찬가지로 사장의 입장에서 보면 지금까지와는 다른 사고방식을 가지게 될 것이다. 명절보너스가 50% 삭감되었다면 직원의 입장에서는 너무 가혹하다고 느끼겠지만, 사장의 입장에서 생각하면 경기불황으로 어쩔 수 없는 조치였음을 이해하게 될 것이다. 이렇게 사장의 입장에서 다시 생각해보면 더 이상 회사의 조치에 불만을 터뜨리기 힘들 것이다.

　사장의 업무를 어깨너머로 관찰하는 과정이 끝나면 이제 자신이 회사의 사장이 되었다고 가정해보자. 사장의 입장에서 문제를 분석하고 해결하는 것이다. 때로는 어떤 상황을 가정해서 스스로 문제해결방법을 찾아볼 수도 있다. 가능하다면 자신의 생각을 사장에게 말하고 의견을 교환해보자. 어쩌면 이것을 계기로 사장의 신임을 얻게 될 수도 있다.

　자신이 사장이라고 가정해보는 것은 일종의 자기훈련이다. 전체를 보는 안목과 기획력을 기르는 것이 주목적이다. 진정한 사장이 될 기회가 없다 해도, 이런 자기 훈련의 과정을 통해 실력과 안목을 기를 수 있고, 이것은 자신의 발전에 큰 도움이 될 것이다.

　반드시 명심해야할 것이 있다. 아무리 자신이 사장이라고 생각하고 일하더라도 실제로 일의 결과가 자신과 직접적인 관련이 없기 때문에 사장이 느끼는 스트레스를 그대로 느끼기는 힘들다. 이것이 바로 가장 어려운 점이다. 이 훈련이 끝나면 바로 독립해서 창업을 해도 된다고 생각하지 말라. 아직 때가 이르다.

　자신을 사장이라고 생각하는 것뿐만 아니라, 고위경영진이라고 생각하고 그들의 처세 및 업무방식을 보고 배우는 것도 중요하다. 고위경영진의 입장에서 일을 해결해보자. 이 역시 목적은 전자와 똑같다. 하지만 자신을 상사라고 생각하고 일정 기간 훈련하면, 상사의 직무를 잘 처리할 수는 없더라도 상사의 입장을 이해하고 실력을 갖추었기 때문에 상사의 위치에서 그리 멀리 있지 않다고 할 수 있다. 승진의 기회가 많아질 것이다.

 대부분 누군가 자신을 끌어주기를 바라며 산 밑에서 불평을 늘어놓지만 이런 행동으로는 귀중한 시간만 낭비할 뿐이다. 직장을 훈련장이라고 생각하고, 자신을 사장, 혹은 상사라고 가정하고 스스로를 훈련시키자. 그리고 이 훈련은 일찍 할수록 좋다.

 물론 보고 배울 대상은 우수한 사장이나 상사여야 한다. 능력이 변변찮은 사장이나 상사를 만났고, 당장 전직이 불가능하다면, 혼자서 자신의 생각과 구상을 사장이나 상사의 그것과 비교해보자. 과연 누가 더 잘할 수 있는지 말이다. 이것 역시 훈련이다.

눈앞의 작은 성과에 만족하지 말라 50

· 평생 이렇게 살 것인지 스스로에게 물어라.

몇 년 전, 길에서 몇 년 동안 연락이 끊겼던 친구와 우연히 마주쳐 길에서 한동안 이야기를 나눈 적이 있다.

그 친구는 당시 한 정부기관에서 과장으로 근무하고 있었고 박사학위를 따러 유학을 가기 위해 영어학원에 가는 중이라고 했다. 나는 이 나이까지 학업에 대한 열정이 남아있다는 사실에 감탄하지 않을 수 없었다.

그 친구는 나에게 이렇게 말했다. "지금도 사는 것에는 문제가 없지만 여기에서 만족할 수는 없지 않나? 박사학위를 받고 돌아오면 좀 더 나은 자리에서 일할 수 있을 거야."

지금 그는 이미 국장급 공무원이 되어 있다.

그를 보면 또 다른 한 친구가 생각났다.

이 친구는 작가인데, 10년 전에 문학상을 수상하고 책도 한 권 냈다. 글재주가 좋아 문단에서도 높은 평가를 받았다. 그런데 그러다보니 그에게서 자만심이 엿보이기 시작했고, 아쉽게도 그 후로 10년 동안 그는 더 이상 단 한 권의 책도 출간하지 못했고, 상도 받지 못했다. 지금은 그와 비슷한 시기에 등단한 작가들은 대부분 중견작가로서 이름을 날리고 있지만 그의 이름은 거의 알려져 있지 않다.

이 두 친구 가운데 전자는 현실에 안주하지 않고 계속 발전하려고 노력했고, 후자는 현재의 성과에 만족했기 때문에 제자리걸음만 하다가 사람들에게서 잊혀진 것이다.

사실 이런 비슷한 예를 아주 많다. 아마 당신 주변에서도 쉽게 찾을 수 있을 것이다. 그런 사람들이 발전을 위해 어떤 노력을 하고, 또 어떻게 제자리걸음을 하는지 살펴보라. 그리고 자신을 돌아보며 스스로에게 질문하라.

"과연 나는 어떤 유형인가?"

세상 일이 예측할 수도 없고 단정할 수도 없는 것이어서 적극적으로 노력하는 사람은 행복한 삶을 살고, 소극적이고 현상에 안주하는 사람은 불행한 삶을 산다고 단언할 수는 없다. 하지만 예외는 극소수에 불과하다. 주변에서 보아도 발전하기 위해 적극적으로 노력하는 사람이 성공하는 경우가 많으며, 이 가운데서 하나의 원칙을 도출해낼 수 있다.

현재의 작은 성과에 만족하지 않으면 자신의 능력을 계발시키기 위해 끊임없이 노력한다는 것이다. 직장에 다니는 사람은 더 높은 학위를 따기 위해 공부하고, 사업을 하는 사람은 계속 정보를 수집해 회사경쟁력을 높이려고 애쓴다. 이런 행동들은 기회를 창조하고 기다리는 행동이다.

작은 성공도 성공이며, 편히 생활할 수 있는 기반이 된다. 하지만 사회가 빠르게 변화하고 있는 요즘 제자리걸음을 하고 있다면 곧 도태되고 만다. 후배들이 무서운 기세로 당신을 추월해버려, 당신의 작은 성공은 이제 성공으로 인정받지 못하게 될 것이다. 10년이나 20년 전만해도 대학생들이 인정받을 수 있었지만 지금은 대학생들이 넘쳐나고 있다.

현재의 성공에 만족하지 말고 더 높은 곳으로 오르기 위해 적극적으로 노력한다면 당신의 잠재능력이 발휘될 것이다.

사실 현실안주가 그리 나쁜 것은 아니다. 스트레스도 적고 생활하기에 불편함이 없다면 그만 아닌가. 스스로에게 이런 질문을 던져보라.

"평생 동안 이렇게 살 것인가?"

한 가지 더 당부하고 싶은 것이 있다. 끊임없이 성장을 추구해야 하지만 그것이 맹목적이어서는 안 된다는 것이다. 자칫하다가는 눈앞의 작은 이익도 놓쳐버릴 수 있다.

서둘러 자기 분야에서 전문가가 되라   51

· 노력하면 곧 해낼 수 있다.

  어떻게 하면 자신이 일하는 분야에서 인정받고 자리를 탄탄하게 잡을 수 있을까?

  인정받고 자리를 잡으려면 두 가지 방법이 있다. 하나는 돈을 많이 버는 것이다. 돈만 있으면 누구도 함부로 당신을 무시하지 못할 것이다. 하지만 나이가 젊고 사회에 진출한지 얼마 되지 않았다면 큰돈을 벌었을 가능성이 거의 없고, 어느 정도 시간이 흘러야 천천히 기반을 잡을 수 있기 때문에, 돈을 많이 벌어서 자신의 분야에서 자리를 잡으려면 긴 시간이 걸린다는 단점이 있다. 두 번째 방법은 되도록 빨리 자신의 분야에서 전문가가 되는 것이다. 큰돈을 벌려면 재능도 필요하지만 기회도 따라주어야 한다. 다시 말해 큰돈을 버는 것은 원한다고 해서 이룰 수 있는 것이 아니라는 것이다. 하지만 전문가가 되는 것은 노력하기만 하면 누구나 가능하다. 전문가가 되면 사람들에게 인정받고, 자기 분야에서 탄탄하게 자리매김할 수 있을 것이다.

  앞에서 되도록 빨리 전문가가 되라고 강조하기는 했지만 일정한 시간이 정해져 있는 것은 아니다. 이 시간은 완전히 개인적인 재능과 객관적인 환경에 의해 결정되는 것이기 때문에 2년이 될 수도 있고 5년이 될 수도 있다. 그렇다고 해서 4, 50대가 되어서 전문가가 되었다면 다소 늦은 감이 없지 않다. 이런 이유 때문에 앞에서 내가 되도록 빨리라는 말을 집어넣은 것이다. 좀더 구체적으로 부연설명하자면, 어떤 직종에 발을 들여 놓으면 게으름을 피우지 말고 최선을 다해 자신의 분야에 대해 완벽하게 이해해야 한다. 이렇게 할 수 있다면 금세 다른 사람들을 따라잡게 될 것이다. 젊은 시절에는 안정을 찾지 못하고 일보다는 즐기고 배우자감을 찾는데 더 열중인 경우가 많다. 남들은 출발선상에서 느긋하게 잡담을 하거나 머뭇거리고 있을 때, 자신은 열심히 달린다면 몇 년 후에는 동년배들보다 훨씬 더 많은 것을 이룰 수 있을 것이다. 젊은 시절을 어떻게 보내느냐에 따라 일생의 성패가 결정된다.

어떻게 해야 자기 분야에서 전문가가 될 수 있는지 알지 못하고 머뭇거리고 있다면, 다음의 몇 가지 제안이 도움이 될 수 있을 것이다.

직업을 선택하라. 자신의 전공을 살릴 수 있는 직업을 선택할 수도 있지만, 전공과 전혀 관계없는 직업이라도 무방하다. 성공한 사람들을 보아도 학교에서 배운 것과 거리가 먼 분야에서 성공한 경우가 많기 때문이다. 배운 것을 토대로 직업을 선택하는 것보다는, 좋아하는 것에 따라 직업을 선택하는 것이 더욱 현명한 방법이다. 하지만 어떤 것을 기준으로 직업을 선택하든, 혹은 자신의 뜻과는 관계없이 우연한 기회에 특정 직업에서 일하게 되었든, 일단 직업을 선택했다면 경솔하게 직업을 바꾸지 않는 것이 좋다. 한 직업에서 종사하다가 다른 직업으로 옮기게 되면 그동안 배운 것들이 전혀 쓸모 없는 것으로 전락해 버리기 때문이다. 어떤 직업이든 장점이 있으면 단점도 있고, 밝은 면이 있으면 어두운 면도 있다. 정신을 산만하게 분산시키지 말고 자신의 직업에만 집중하자.

직업을 선택했다면 그 직업과 관련된 지식을 스펀지처럼 모두 흡수해야한다. 동료나 상사, 선배에게 가르침을 청해도 좋고, 수당 없는 야근이라도 무관하다. 모두 전문지식을 습득할 수 있는 좋은 기회가 될 수 있기 때문이다. 이것은 업종 내에서 지식을 얻는 방법이라면, 업종 바깥에서 지식을 얻을 수도 있다. 바로 각종 서적과 잡지, 학원 수강이나 특강 참여, 혹은 동종 업계 사람들과의 대화를 통해 관련지식을 획득하는 것이다.

목표를 정하자. 자신의 학습을 여러 단계로 나누고, 각 단계별로 반드시 배워야 할 것을 정하는 것이다. 이 방법은 상당한 부담이 따르지만 자신에게 채찍질하고 빠르게 발전하며, 타성을 고치고 의지를 훈련하는 가장 효과적인 방법이다. 관련 지식 습득을 완료했다면 이제 배운 것들을 응용해 성과를 내야 한다. 단숨에 성공하려 하지 말고 열심히 배우고 배운 지식을 잘 활용한다면 저절로 남들 눈에 띄게 될 것이다. 전문가가 되고 나면 몸값도 저절로 올라갈 것이기 때문에, 이것은 돈을 벌기 위한 기본적인 요건이기도 하다. 스스로 창업을 하지 않더라도 전문가가 되었다면 더 이상 실직의 두려움도 없어질 것이다.

마지막으로 또 한 가지 짚고 넘어갈 것은 전문가의 경지에 올랐다고 해도 긴장을 풀어서는 안 된다는 것이다. 항상 사회 흐름에 관심을 갖고 자기계발에 힘써야 한다. 세월은 흐르고 있는데, 제자리걸음만 하고 있다면 전문가로서의 의미가 없다.

52 너 죽고 나 죽자보다는 너 살고 나 살자가 낫다

· 이것이 바로 원원(win-win)효과이자 선순환이다.

대부분 어렸을 적 이와 비슷한 우화를 들어 보았을 것이다.

하루는 사자와 늑대가 동시에 사슴을 발견했다. 그 둘은 힘을 합쳐 그 사슴을 잡기로 하고는 우선 늑대가 사슴을 쫓아가 넘어뜨리자 사자가 달려와 큰 입으로 덥석 물어 사슴을 죽였다. 하지만 사슴을 죽이고 나자 욕심이 생긴 사자는 사슴을 독차지하기 위해 늑대마저 죽이려고 했고, 늑대는 죽을힘을 다해 저항했지만 사자에게 큰 상처를 입히고 결국 죽임을 당했다. 살아남은 사자는 어떻게 되었을까? 늑대에게 입은 상처로 인해 사슴을 눈앞에 두고도 먹지 못하게 되었다.

이 이야기 속에서 사자가 욕심을 부리지 않고 늑대와 사슴을 나눴다면 사자나 늑대에게 모두 좋은 일이 아니었을까?

사자와 늑대의 싸움은 바로 오늘날 말하는 제로섬(Zero-Sum) 게임, 즉 승자가 없이 모두 손해를 본 싸움이었다. 좀더 통속적으로 말하자면 너 죽고 나 살자식의 싸움이었다.

약육강식이 지배하는 대자연에서는 힘이 모든 것을 대표한다. 먼 훗날의 이익 따위는 논할 여지가 없다. 생존을 위해서는 어쩔 수 없는 일이다. 하지만 인간사회는 동물의 세계와는 다르며 훨씬 더 복잡하다. 개인과 개인, 단체와 단체가 밀접하게 상호의존하고 있다. 운동 경기 이외의 너 죽고 나 살자식의 맹목적인 경쟁과 싸움은 그 어떠한 경우에도 무의미한 것이며 자신에게 이득 될 것이 전혀 없다. 전쟁이 일어나면 적군은 물론 아군도 피해를 입고, 파벌싸움도 결국 모두 원기를 상실하고 아수라장이 된 후에야 끝이 난다. 제로섬 게임은 인간사회의 생존전략이 될 수 없으며, 오히려 너 살고 나 사는 윈윈(win-win)게임이야 말로 인류가 추구해야 할 생존의 법칙이다.

  사회생활을 할 때에도 윈윈전략을 잘 구사해야 한다. 이것은 당신의 실력을 얕잡아 보고 상대를 이기지 못할 것이라고 생각하기 때문이 아니며, 실질적인 효과를 얻기 위함이다. 앞에서 말한 것처럼 제로섬 게임으로는 손해만 초래할 뿐이며, 다음과 같은 결과를 낳게 될 것이 분명하다.

> 상대가 절대적인 약자가 아니라면 당신은 싸우는 과정에서 많은 정력과 비용을 소모하게 될 것이고, 상대를 패배시켰다 해도 당신은 이미 막대한 손실을 입은 후일 것이다. 심지어는 돌이킬 수 없는 상처를 입을 수도 있다.

> 인간사회에서는 완벽한 패배란 없다. 너 죽고 나 살자식으로 싸우다보면 상대의 분노와 원한을 사게 될 것이고, 그것은 당신에게 잠재적인 위험요소가 될 수 있다.

> 당신이 상대보다 우월한 실력을 가졌더라도 중간에 예기치 못한 돌발사태로 인해 어이없이 패배할 수도 있다.

  실질적인 이익, 장기적인 이익 등 그 어떤 관점에서 보더라도 너 죽고 나 살자식의 제로섬 게임에서 얻을 수 있는 이익은 없다. 그러므로 상대와 공생할 수 있는 윈윈전략을 사용해야 한다. 윈윈전략에는 다음과 같은 것들이 포함된다.

> 인간관계에서 서로간의 화해와 협조를 중시하고, 이익이 생기면 독식하지 말고 상대와 나누어 갖자.

> 경제적인 이익에 있어서도 함께 이익을 볼 수 있게 하고, 한번 이익을 보았으면 한번은 양보하자.

  요컨대, 윈윈전략은 선의의 경쟁이다. 하지만 사람은 절대적인 우위에 있으면 앞에서 말한 우화의 사자처럼 다른 마음을 먹기 마련이다. 제로섬 게임으로는 이겨도 손해라는 점을 명심하자.

씨앗을 심는 마음으로 인간관계를 확립하라   53

· 씨앗은 일찍 심을수록 좋다.

얼마 전 한 친구가 "사람은 40세까지는 능력으로 일하지만 40세가 넘으면 인간관계를 이용해서 일을 하지!"라고 말했다.

40세 이후에는 능력이 필요 없다는 의미가 아니라, 40세가 넘어서는 인간관계를 잘 이용한다면 훨씬 수월하고 효과적으로 일할 수 있다는 말이다. 40세 이후에도 개인적인 능력은 중요하지만 이것만으로는 커다란 성과를 거두기 어렵다.

40세가 넘어서 인간관계가 원만하지 못하다면 큰 성과를 내기 어렵다.

하지만 인간관계는 하루 아침에 형성되는 것이 아니다. 좋은 인간관계를 맺기 위해서는 시간을 두고 상대를 충분히 이해해야 하고, 그 이해가 신뢰로 발전해야 하기 때문이다. 이 과정만 해도 짧게는 1, 2년, 길게는 7, 8년이 걸리며, 심지어는 10년이 걸릴 수도 있다. 하루 이틀에 맺어진 인간관계는 이해관계 위에 수립된 경우가 많아 그 기반이 매우 약하기 때문에 좋은 관계라고 할 수 없다.

따라서 시련이 닥쳐도 든든하게 버틸 수 있는 인간관계를 수립해야 하며, 농부가 밭에 씨를 뿌리는 것과 같은 마음가짐이 필요하다.

내가 씨를 뿌리는 마음으로 인간관계를 맺어야 한다고 주장하는 데에는 그럴 만한 이유가 있다.

아무리 커다란 나무도 작은 씨앗이 땅에 뿌려지면서 탄생하는 것이다. 씨를 뿌리는 것은 성장의 필요조건이라고 할 수 있다. 어떤 씨앗들은 땅에 뿌려진 후 곧 썩어 싹을 틔우지 못하기도 하지만, 씨를 뿌리지 않으면 절대로 나무를 얻을 수 없다. 인간관계도 바로 그러하다. 인간관계를 형성하기 위한 필수조건은 바로 당신의 노력이다. 노력을 하면 반드시 좋은 결과를 얻을 수 있다고 단언할 수는 없지만 노력하지 않으면 절대로 지속적인 인간관계를 맺을 수 없다. 상대에게 냉정하게 대하면 상대가 다시 당신을 찾아올 리 만무하다.

어떤 씨앗은 싹을 틔워야 할 때가 오면 어김없이 싹을 틔우지만 그렇지 않은 것도 있다. 사막에서는 씨앗이 10년이 넘도록 묻혀 있어도 싹이 나올 수 없지만, 단비가 내리고 나면 곧 싹이 튼다. 어떤 경우에는 노력한 만큼 바로 대가를 얻을 수 있지만 때로는 한참 후에야 효과가 나타나기도 한다. 언제 노력의 대가를 얻을 수 있을지 너무 조급하게 기다리는 것은 좋지 않다. 씨를 뿌렸다면 언젠가는 싹이 나오듯이 기회가 오면 그 효과가 나타날 것이다. 싹이 트는 시기가 나이가 40, 혹은 50을 넘길 수도 있고, 심지어는 평생 동안 싹이 트지 않을 수도 있지만 어쨌든 희망만은 살아있다.

씨앗에서 싹이 튼 후에는 서둘러 물을 주고 잡초를 뽑고, 비료를 뿌려 주어야 한다. 그래야 튼튼하게 자라 탐스러운 꽃을 피우고 풍성한 열매를 수확할 수 있다. 인간관계에서도 역시 마찬가지다. 열심히 최선을 다하고 인내심을 가지고 정성들여 관리해야 한다. 어서 빨리 열매가 열려 수확하게 되기만을 초조하게 기다리면 인간관계를 망칠 뿐이다.

씨앗을 많이 뿌릴수록 싹도 많이 트고, 어느 정도 시간이 지나면 나무에 꽃이 피고 열매가 자라 흐뭇한 마음으로 나무를 바라볼 수 있다. 젊었을 때 많이 노력하면 친구도 많이 사귈 수 있다. 친구들이 나무처럼 많아 숲을 이루면 당신은 달콤한 열매를 맛보게 될 것이 분명하다.

자신의 나이와 현재의 인간관계를 반성해보고, 서두르지 말고 씨를 뿌리는 마음으로 인간관계에 최선을 다하자. 씨앗은 일찍 심을수록 좋다. 언제쯤 수확할 수 있을까? 처음 목표를 40세로 잡아 보자!

씨앗을 심는 마음으로 일하라   54

· 씨를 뿌리지 않으면 열매도 없다.

앞에서 씨를 뿌리는 마음으로 인간관계를 관리하라고 충고했다. 인간관계뿐만 아니라 사업도 씨를 뿌리는 마음가짐을 가져야 한다.

시작이 중요하다. 아무리 크고 대단한 사업이라도 모두 시작단계를 거쳐야 한다. 프랜차이즈 체인망을 구축한 커다란 식당도 외진 곳의 허름한 식당에서 시작한 경우가 많다. 이 작은 식당이 바로 씨앗이다. 씨앗이 있어야 싹이 트고, 자라서 꽃이 피고 열매를 맺을 수 있듯이, 시작이 있어야 발전하고 성공할 수 있다. 무슨 일이든 첫 발을 내딛는 것이 가장 어려운데, 또 생각하기에 따라서는 쉬운 일일 수도 있다. 그 시작을 쉽게 만드는 것은 바로 용기와 결단력이다. 시작했다고 해서 반드시 성공하는 것은 아니지만 시작하지 않으면 결코 성공할 수 없다. 씨를 뿌리지 않았는데 수확할 열매가 없는 것이 당연하지 않은가?

사업을 시작했으면 열심히 경영하고 관리해야 한다. 씨를 뿌린 후에는 돌보지 않아도 저절로 자라는 경우도 있지만, 사업에 있어서는 일단 씨를 뿌렸으면 열심히 가꾸어 주지 않으면 안 된다. 조금이라도 소홀했다가는 인사관리, 재무, 실적 등 갖가지 부분에서 곧 문제가 생길 수 있다. 아무런 신경도 쓰지 않고 노력하지 않고서 일에서 성공한 경우를 한번도 본 적이 없다. 나무가 죽으면 새로 씨를 심으면 되지만, 사업은 한번 실패하면 다시 시작하는 것이 절대로 쉬운 일이 아니다. 그러므로 잠시도 소홀히 하지 말고 반드시 자신의 일에 매진해야 한다.

이익에만 연연하지 말라. 나무는 성급하게 잡아당긴다고 빨리 자라는 것이 아니다. 오히려 나무가 송두리째 뽑혀버릴 수 있다. 사업에서도 마찬가지다. 당장의 이익을 위해 맹목적으로 확장시키다가는 실패할 수 있다. 싹이 트고 줄기가 자라고 잎이 나야 꽃을 피우고 열매를 맺을 수 있듯이, 사업도 성장과정이 없으면 성공할 수 없다. 삼라만상은 모두 성장과정을 거친다. 사업도 초창기와 성장기, 위험기, 수확기, 그리고 저수확기와 고수확기로 나뉜다. 이런 단계는 정해진 기간이 있는 것은 아니지만, 사업을 시작한 지 2, 3년 만에 큰 수익을 거둔 사업은 매우 드물다. 어떤 사업은 10여 년 후에야 비로소 수익을 내기도 한다. 사업에 있어서 이익을 위해 급하게 서둘러서는 안 된다.

일찍 씨를 뿌리자. 자신의 사업에 관련된 지식을 미리 습득하고 장기적인 안목으로 남들보다 일찍 계획하고 사업에 착수해야 한다. 다른 사람들은 씨를 뿌리고 있을 때, 잎이 무성한 나무 그늘에 편히 앉아 열매의 달콤함을 음미하는 자신의 모습을 생각해보자.

너무 꼼꼼해도 안 되고, 너무 데면데면해도 안 된다. 손바닥만한 과수원에 너무 빼빼하게 나무를 심으면 제대로 가꾸기도 어려울뿐더러 나무들끼리 서로 햇볕을 많이 쬐기 위해 다투기 때문에 서로의 생장을 방해하는 결과만 낳을 뿐이다. 반대로 나무를 너무 듬성듬성 심으면 나무들은 잘 자라겠지만 땅을 낭비하는 셈이 아닌가. 회사경영도 인력과 재정상태를 가늠해 적당한 회사의 규모를 정해야 한다. 직원이 너무 많아도, 혹은 너무 적어도 안 되고, 회사의 규모가 너무 커도, 혹은 너무 작아도 안 된다.

환골탈태가 필요하다. 나무든 사람이든 모든 생물체는 노화를 피할 수 없다. 수확량을 유지하기 위해서는 부지런히 새로운 나무를 심고 노화된 나무는 베어주고, 신품종과 신기술을 찾아야 한다. 사업을 하는 데 있어서도 이처럼 회사의 노화, 혹은 제품의 노화를 막아야 한다. 그러기 위해서는 사회조류에 적응하며 경영방식과 직원교육, 신제품 출시 등을 통해 당신 과수원의 나무들을 항상 싱싱하고 풍성한 상태로 유지시켜야 한다.

통계에 따르면 기업들 가운데 15년이 넘도록 유지되는 곳이 매우 드물다고 한다. 사업을 하면서 씨를 뿌리는 것과 같은 마음가짐이 왜 중요한지 충분히 알 수 있는 대목이다.

넘어지면 반드시 다시 일어나라   55

· 일어나지 않으면 남들에게 무시당하고 기회마저 사라질 것이다.

    사람은 완벽하지 않고 무한한 지혜를 가진 것도 아니기 때문에 한 번쯤 넘어지지 않는 사람은 드물다. 차이가 있다면 가볍게 넘어지느냐, 심하게 넘어지느냐, 넘어져서 심하게 다쳐도 크게 개의치 않고 툭툭 털고 다시 일어나느냐, 아니면 작은 상처에도 주저앉아 대성통곡 하느냐 일뿐이다.

    어떻게 넘어지느냐와 관계없이 넘어지면 반드시 다시 일어나야 한다. 내가 굳이 반드시라는 말을 강조하는 데에는 몇 가지 이유가 있다.

    사람의 본성에는 다소 잔인한 면이 있어 약자를 보면 더욱 무시하는 경향이 있다. 누군가 넘어졌을 경우 그 사람이 본래 능력이 변변찮은 사람이었다면 그를 더욱 얕볼 것이고, 그가 어느 정도 성공한 사람이라면 평소에 그를 시기하던 사람들은 통쾌하게 생각할 것이다. 남들에게 무시당하지 않고 자신의 존엄성을 지키기 위해서라도 반드시 다시 일어서야 한다.

    넘어지는 것은 영원히 재기할 수 없음을 뜻하는 것이 아니다. 다시 일어나면 또 다시 남들과 경쟁할 수 있다. 넘어졌다고 해서 아예 바닥에 드러누워 버리면 더 이상의 기회는 없다. 그러므로 반드시 다시 일어나야 한다.

    넘어져서 다시 일어나지 않는다면 아무도 일으켜주지 않을 뿐더러 지나가는 사람들마다 멸시의 눈으로 내려다보겠지만 아픔을 딛고 다시 일어난다면 누군가는 나타나 도와줄 것이다. 다시 일어날 의지가 없다면 그 어떠한 도움도 받을 수 없다. 그러므로 반드시 다시 일어나야 한다.

    의지만 있다면 모든 것을 변화시킬 수 있다. 넘어져도 아픔을 참고 다시 일어나는 것은 자신의 의지를 단련하는 훈련이다. 강철같은 의지가 생기고 나면 다음에 또 넘어진다 해도 두려울 것이 없다는 배짱도 생긴다. 앞으로 남은 길고 긴 인생을 위해서라도 반드시 다시 일어나야 한다.

때로는 사람이 넘어졌을 때 심리적인 느낌과 실제로 입은 상처의 정도가 다르다. 그러므로 반드시 다시 일어나야 한다. 그래야만 자신의 능력으로 실패를 얼마든지 극복해나갈 수 있다는 것을 알게 될 것이다. 자신의 능력이 생각한 것보다 뛰어나다는 것을 모르고 능력을 발휘하지 않는다면 큰 낭비가 아닐까?

요컨대 넘어져서 입은 상처가 크든 작든, 다시 일어나지 않는다면 다시는 그 어떤 기회도 잡을 수 없으며, 남들에게 무시당할 것이다. 이것이 바로 현실이다. 그렇기 때문에 넘어지면 반드시 다시 일어나라고 이야기하는 것이다. 일어났다가 다시 넘어지더라도 남들도 최소한 그 용기만은 높이 살 것이고, 당신을 약자로 인정하지 않을 것이다.

어떤 이들은 넘어지면 그 자리에서 다시 일어나라고 말한다. 하지만 내 생각에는 반드시 넘어졌던 그 자리에서 일어날 필요는 없다.

넘어졌던 자리에서 다시 일어난다면 자신이 실패했다는 사실을 인정하고 도망가지 않는 행동이고, 같은 분야에서 일하던 사람들에게 자신이 다시 일어났다는 것을 보여주기 위함이다. 하지만 넘어지면 일단은 그 길이 자신에게 적합한 길이었는지 뒤돌아보아야 한다고 생각한다. 넘어진 뒤에 살펴보니 자신이 잘못된 길을 걷고 있었다면, 즉 자신의 소질이나 장점을 제대로 발휘할 수 없고, 또 자신의 성격과 맞지 않는 길이었다면 반드시 그 자리에서 다시 일어나야 할 필요가 있을까? 실제로 많은 사람들이 여러 가지 분야에서 두루 일해 본 후에 자신에게 적합한 직업을 찾는다. 그리고 성공하기만 한다면 당신이 어디에서 다시 일어났는지에 연연하는 사람은 없을 것이다.

실패했을 때 핑계를 찾지 말라   56

· 실패 앞에서 실패의 원인을 찾아라.

　일생 동안 순풍에 돛 단 듯 평탄한 삶을 사는 사람은 드물다. 크게 실패하지는 않더라도 작은 실패는 하기 마련이다. 실패한 후 보이는 행동은 사람들마다 모두 다르다. 어떤 사람들은 실패했다는 사실에 크게 연연하지 않는다. "한 번 실패는 병가지상사"라고 스스로 위안하는 사람들도 있고, 또 이리저리 핑계를 대며 실패를 정당화시키기에 급급한 사람들도 있다. 이런 사람들은 자신이 실패할 수밖에 없었다며 스스로에게 최면을 걸고, 또 남들에게 애써 항변한다. 그들은 대부분 누군가 방해를 해서, 주변에서 도와주지 않아서, 몸이 아파서, 경기가 안 좋아서, 심지어는 외국에서 전쟁이 발발했기 때문에 실패할 수밖에 없었다며 옹색한 핑계들을 늘어놓는다.

　실패에 크게 연연하지 않는 사람은 사실 많지 않다. 그리고 이런 사람들은 성공할 가능성이 높지 않다. 실패에서 교훈을 얻지 못한다면 아무리 굳은 의지를 가지고 있다고 해도 소용없는 일이다.

　실패를 직시하지 못하고 항상 핑계를 찾아 변명하려고 하는 사람도 성공하기 어렵다. 이런 사람들은 자신의 능력이 부족하다는 점을 인정하려 하지 않기 때문이다. 환경 탓으로 어쩔 수 없이 실패하는 경우도 있지만, 대부분의 실패는 자기 자신의 탓이다. 이 말에 동의할 수 없는 사람도 있을 것이다. 하지만 다음의 글을 읽고 나면 생각이 조금 바뀔 것이다.

　자신의 실패가 부하직원의 잘못 때문이라고 한다면 사람 보는 안목이 부족하고 또 제대로 관리하지 못한 자신에게 잘못이 있다.

　자신의 실패가 세계적인 경기침체 때문이라면 세계 경제에 대한 분석과

연구가 부족해 경기침체를 예견하고 대비하지 못한 자신의 잘못이다.

또 과다한 투자 때문에 실패했다고 한다면 정확하게 판단하지 못한 자신의 잘못이 크다.

요컨대 실패는 판단력과 실행능력, 관리능력 등과 직접적인 관계가 있다. 일도 당신이 한 것이고, 결정도 당신이 내린 것으로, 실패도 물론 당신이 자초한 것이다.

또한 외부의 요인에 의해 실패가 불가항력적인 것이었다 해도 핑계를 대고 변명하지 않는 것이 좋다. 핑계를 대는 것이 습관이 되어버리면 실패의 진정한 원인을 찾을 기회를 놓쳐버리게 될 것이고, 이것은 훗날 자신의 인생에 전혀 득 될 것이 없기 때문이다.

자신의 실패를 인정하고 직시하는 것이 고통스러운 일임에는 틀림없다. 칼을 들고 스스로 자기 살을 도려내는 듯한 아픔을 느낄 것이다. 하지만 고통스럽다고 해서 하지 않을 수도 없는 일 아닌가? 성공하기를 원하지 않는가? 실패한 후 원인을 찾아내는 것은 몸에서 병의 원인을 찾아내는 과정이다.

실패원인을 찾아내는 것은 쉬운 일이 아니다. 사람에게는 무의식적으로 자신의 약점과 치부를 외면하려는 본성이 있기 때문이다. 스스로 반성하는 동시에 타인에게 자신의 실패원인을 찾아달라고 도움을 청해야 한다. 스스로 하는 반성은 주관적인 것이기 때문에 정확성이 떨어질 수 있고, 타인의 관점도 객관적이기는 하지만 역시 정확하지 않은 면이 있을 수 있다. 그러므로 이 두 가지를 병행해서 비슷하게 나온 결과를 추려낸다면 진정한 실패원인을 찾아낼 수 있을 것이다. 실패원인은 당신의 성격과 능력과 관련되어 있다. 원인을 잘 분석하고 진지하게 받아들이고 자신의 단점을 고쳐야 한다. 이렇게 하면 똑같은 실수를 저지르지 않을 것이기 때문에 남들보다 빨리 성공할 수 있다. 실패했을 때 핑계를 대기에 급급하다면 일생 동안 성공보다는 실패가 더 많을 것이다. 병의 원인을 찾아 제거하지 않으면 결국 큰 병에 걸리고 마는 것과 똑같다.

  실패했을 때 핑계를 대고 변명한다면 자신의 발전에도 도움이 되지 않을 뿐더러 다른 사람들도 당신의 능력을 믿지 못하게 될 것이라는 점도 명심해야 한다.

환경을 바꾸거나 자신을 바꿔라　57

· 환경을 바꾸기보다는 자신을 변화시켜라.

　　사회생활을 하다보면 종종 예기치 않은 어려움에 부딪치곤 한다. 자동차를 운전하다가 갑작스럽게 울퉁불퉁한 길을 만나는 것과 마찬가지다.

　　이럴 경우에는 어떻게 해야 할까?

　　자동차를 운전하다가 울퉁불퉁한 길을 만났을 때에는 다음과 같은 조치를 취할 수 있다.

　차를 멈춰 세우고 도로보수반이 와서 길을 평평하게 만들 때까지 기다린다.

　차에서 내려 직접 길을 평평하게 만든다.

　천천히 운전해서 지나간다.

　이 세 가지 방법에는 모두 일장일단이 있다.

　첫 번째 방법은 자신의 힘을 덜 수는 있겠지만 문제는 도로보수반이 언제 와서 길을 보수할지 모른다는 것이다. 다행히 도로보수반이 바로 근처에 있다면 길을 금방 고르게 할 수 있겠지만 그렇지 않을 경우 무작정 기다리는 것은 너무 소극적인 방법이 아닐까.

　두 번째, 자신이 직접 길을 평평하게 만드는 것은 적극적인 방법이기는 하지만 시간과 힘이 너무 많이 소모된다는 것이 문제다. 게다가 길을 고르게 만들기 전에 자신이 먼저 지칠 수도 있다. 하지만 자신의 힘으로 해낼 수 있다면 그 길은 매우 탄탄하고 평평한 길이 될 것이다.

　세 번째 방법은 덜컹거림을 감수해야 하겠지만 특별히 많은 시간이나 정력을 쏟지 않아도 된다.

　　사실 나는 운전 중에 고르지 않은 길을 만나는 것으로 인생에서 어려운 문제에 직면한 경우를 설명한 것이다.

살아가면서 불가피하게 어려움을 겪는 경우도 있지만, 대부분은 개인적인 조건과 객관적인 환경이 조화를 이루지 못해서 발생하는 경우가 많다. 학교에서 배운 지식을 제대로 응용하지 못하거나 인간관계가 원만하지 못해 겪는 어려움이 바로 여기에 속한다. 이런 문제들은 주관적인 인식과 객관적인 현실이 괴리가 원인인 경우도 있다. 예를 들면 자신은 자신의 능력이나 조건에 비해 보잘것없는 일을 하고 있다고 생각하지만 객관적으로 볼 때 그의 능력이 그리 뛰어나지 않을 수 있으며, 인간관계가 원만하지 못한 것도 다른 사람들 때문이 아니라 자기 자신이 너무 오만하게 굴었기 때문일 수 있다.

살아가면서 어려움에 부딪혔을 때에도 울퉁불퉁한 길을 만났을 때와 마찬가지로 세 가지 해결방법이 있다.

| 누군가 도움의 손을 뻗어 문제를 대신 해결해주기를 기다린다.
| 자신이 객관적인 환경을 변화시킨다.
| 환경에 알맞게 자신을 변화시킨다.

첫 번째 방법은 그리 현명한 방법은 아니다. 누군가 도와주러 오지 않을 수 있으며, 도와준다 해도 문제를 해결할 수 있을 지는 미지수이기 때문이다. 어려운 일이 닥쳤을 때에는 두 번째나 세 번째 방법이 좋다.

| 환경을 바꾸거나 자신을 변화시켜라.

환경을 바꾸는 것은 쉬운 일이 아니다. 사람은 누구나 자아를 가지고 있기 때문에 강한 의지력을 가지고 있고 상대적으로 우위에 있다면 환경을 변화시키는 것이 불가능한 일은 아니지만 인력보다 강한 것이 환경의 힘이기 때문에 개인이 환경을 바꾸는 것은 굉장히 어려운 일이며, 많은 시간과 노력을 들이고도 실패할 수 있다.

환경을 바꿀 힘이 없다면 자신을 변화시키는 편이 낫다. 운전 중에 울퉁불퉁한 길을 만났을 때, 직접 길을 평평하게 만드는 것보다는 천천히 앞으로 나아가는 편이 좀더 쉬운 것과 같은 이치다.

자신을 변화시키는 데에도 몇 가지 과정이 있다.

> 자신의 어떤 점이 환경과 충돌을 일으켰는지 문제점을 찾아내야 한다. 이때에도 객관성을 기하기 위해 주변 사람에게 자신을 평가해달라고 부탁하는 것이 좋다.
>
> 다음으로는 자신의 처세방식과 태도를 수정해 객관적인 환경과의 충돌을 줄이고, 환경에 적합하도록 만들어야 한다. 울퉁불퉁한 길을 운전할 때 속도를 줄이고 조심스럽게 운전해야하는 것과 마찬가지다.

울퉁불퉁한 길에서 과속으로 달린다면 사고가 나기 쉽듯이 어려운 일이 닥쳤을 때 자신의 행동을 수정하지 않고 독선적으로 밀고 나가다가는 돌이킬 수 없는 손해를 입게 된다.

상황이 불리하거든 장기전으로 승부하라　58

· 주력군과 부딪히면 승산이 없다.

　전쟁을 할 때 적군이 아군보다 강하고 수적으로 열세라서 전혀 승산이 없다고 생각될 경우, 현명한 장군이라면 전쟁을 장기전으로 끌고 간다. 너무 일찍 주력군의 투입했다가는 전멸할 수도 있기 때문이다.

　이른바 장기전은 전쟁에서 다음과 같은 역할을 할 수 있다.

　주력군을 보호해 아군의 사기가 떨어지는 것을 막을 수 있다.

　적군을 지치게 할 수 있다.

　실력을 보강할 수 있는 시간을 벌 수 있다.

　게릴라전으로 작은 성과를 거두면서 아군의 사기를 진작시키고 전투기술을 익힐 수 있다.

　객관적인 상황이 아군에게 유리하게 돌아갈 때까지 기다릴 수 있다.

　전쟁에서는 상대가 죽어야 내가 산다. 인생도 이렇게 극단적이지는 않지만 어쨌든 전쟁과 크게 다르지 않다. 인생에서는 이상과 목표를 실현하기 위해 필요한 여러 가지 행동들이 바로 전쟁이다.

　인생도 전쟁이라고 한다면, 역시 장기전을 펼 수 있다. 급하게 서두르지 말고 오랜 시간을 투자해 이상과 목표를 실현하는 것이다. 이 전략은 자신의 능력이 부족하고 상황이 불리할 때에만 사용할 수 있다. 상황이 자신에게 유리하고 시기가 좋다면 처음부터 주력군을 투입해 속전속결로 끝내버리는 것이 좋다. 기회는 한번 가면 다시 오지 않기 때문이다. 소수정예부대를 투입해 대군을 격파할 수도 있지만 사실 성공을 보장할 수 없고 무의미한 희생만 초래할 수 있기 때문에 그리 추천할 만한 방법은 아니다. 상황이 불리할 때에는 서두르지 말고 장기전으로 돌입하는 것이 가장 현명한 방법이다. 주력군이 패배하면 재기해서 전열을 추스르는 것도 쉬운 일이 아니며, 다시 일어서지 못하고 자포자기한 일생을 살 수도 있다.

구체적인 예를 들어 보자.

> 직접 창업하고 싶지만 자본금이 부족하다면 3년, 혹은 5년 정도의 장기적인 계획을 세우고 돈을 모은 후에 창업하는 것이 좋다. 이미 사업을 시작했는데 경기가 좋지 않다면 자본금 회수기간을 연장하면 된다. 자본금은 충분하지만 경험이 부족하다면 일단 시험을 해보고 경험이 쌓이면 자본금을 투자해도 된다.

> 누군가, 혹은 어떤 단체와 경쟁해야 하는데 자신의 조건이 열세에 있다면 장기적으로 계획을 세우고 곧바로 결과를 얻으려고 하지 말고 차근차근 경쟁하면서 결정적인 기회를 모색할 수도 있다.

인생에서든 전쟁에서든 장기전의 역할은 똑같다. 그 가운데에서 중요한 것은 다음의 두가지이다.

> 실력을 보존하고 보강할 수 있는 시간을 벌 수 있다. 이것도 실천정도에 따라 다르다. 게으름을 피우면 장기전에 돌입한 것이 무의미해지고 시간만 낭비한 결과를 낳는다. 적극적으로 실력 향상을 위해 노력해야 한다.

> 객관적인 환경이 변화하기를 기다린다. 영원히 변하지 않는 것은 아무 것도 없다. 자신이 환경을 변화시킬 수 있다면 가장 좋지만, 불가능하다면 참고 기다리는 수밖에 없다. 상황이 자신에게 유리해진 후에 주력군을 투입해 결전을 벌이면 승리의 가능성이 한층 높아질 것이다.

장기전을 수행할 때에는 함부로 행동하지 말고 진중하게 기다리며 기회를 엿보는 것이 중요하다. 모든 힘들 다해 결전을 치르기 전까지는 게릴라전을 통해 자신감을 쌓고 전투기술을 연마하자. 이것이 바로 가장 안전하고 현명한 인생의 전략이다. 인생에서 주력군을 투입할, 다시 말해 모든 힘을 쏟아 부어 성패를 결정할 기회는 많이 오지 않는다. 신중을 기하자.

자신 없는 싸움은 하지 말라

59

· 인생에서는 낭비할 시간이 없다.

"난 지금까지 한번도 자신 없는 싸움을 해본 적이 없다." 한 퇴역장군의 말이다.

이 말을 처음 들었을 때 난 사실 의구심이 들었다. 자신이 있다고 해서 반드시 이기는 것도 아니고, 전쟁이란 것이 언제 어떻게 변할지 모르기 때문에 자신 있는 사람의 판단이 반드시 적중하는 것도 아니다. 전쟁이 자신감만으로 승리하는 것이라면 이 세상이 전사한 장군은 한 명도 없으리라!

하지만 곰곰이 생각해보니 여기서 자신이 있다는 것은 결코 주관적이고 독단적인 판단이 아니라 여러 가지 요인에 의해 뒷받침된 객관적인 자신을 의미하는 것이었다.

> 적에 대한 이해. 적군의 규모와 무기, 통솔자의 성격과 성향 등이 포함된다.
>
> 아군의 실력에 대한 이해.
>
> 어떻게 해야 할지에 대한 판단. 다시 말해 지피지기했으니 이 전쟁을 어떻게 치를 것인지에 대한 판단이 서야 한다.
>
> 자신감.

이런 것들이 뒷받침되지 않고 자신감마저 없다면 자신 있는 싸움이라고 할 수 없다. 이 모든 것을 완벽하게 갖추었다고 해도 반드시 승리하리라는 보장은 없지만 승리할 확률은 높아진다. 게다가 승산이 있다는 심리적인 자신감만으로도 전쟁을 수행하는데 큰 도움이 된다.

"자신 없는 싸움은 하지 않는다."는 원칙은 일에 있어서도 적용될 수 있지만 다음의 몇 가지 요인이 자신감을 뒷받침해주어야 한다.

자신이 하려는 일에 대한 이해. 예를 들어 장사를 시작할 때에는 우선 자신이 팔고자 하는 제품의 시장이 어떤지, 얼마나 투자해야 하는지 파악해야 하고, 누군가를 설득하려고 해도 상대의 성격과 기호를 알아야 한다. 축구에서도 상대팀의 실력과 주장, 경기성향과 감독 등에 대해 파악해야 한다.

자신의 조건에 대한 이해. 장사를 한다고 치자. 자신의 성격과 인간관계, 전공지식과 자금력 등을 평가해야 한다. 누군가를 설득하려면 자신의 말재주와 상대와의 관계, 권위 등을 파악해야 하고, 축구를 할 경우에도 자기 팀 선수들의 실력과 공격법 등을 알아야 한다.

지피지기를 한 후에는 자신이 어떻게 해야 하고 어떻게 투자를 할 것인지, 혹은 어떻게 설득할 것인지, 판단해야 한다. 그리고 승산이 없다고 판단되면 과감하게 포기하자.

자신있다고 판단되면 이제 심리적인 자신감을 갖춰야 한다. 자신감이 있어야 적극적으로 일할 수 있고, 그래야 더 큰 효과를 낼 수 있다.

물론 여러 가지로 판단해보니 성공을 장담할 수 없을 때도 있지만, 이런 이해와 평가를 거치지 않으면 실패할 확률이 훨씬 높다. 불빛 하나 없는 캄캄한 길을 걸으면 쉽게 넘어지는 것과 같다.

젊은이들은 대부분 이렇게 신중하게 행동하지 않는다. 일단 저지르고 보자식으로 일하는 경향이 있는데, 인생은 이렇게 낭비할 시간이 없다. 전쟁에서는 패배해도 전사하지만 않으면 다음 기회를 노려볼 수도 있지만 인생은 그렇지 않다. 한 번 실패로 반평생, 심지어는 평생 동안 대가를 치러야 할 수도 있다. 어떤 일을 하든 상대를 이해하고 자신을 파악한 후에 승산이 있다고 판단될 경우에만 추진해야 한다. 이런 방법으로는 예상외의 성공을 거두기는 어렵겠지만 실패할 확률은 크게 줄일 수 있다.

"자신 없는 싸움은 하지 말라!" 이 말을 가슴 깊이 새겨 두기를 바란다.

매일 반성하라   60

· 완벽한 사람은 없다. 누구나 실수할 수 있다.

반성하라는 충고는 이제 너무 많이 들어 질렸다는 반응을 보이는 사람들도 있을 것이다.

사실 이 말처럼 커다란 가치를 지닌 말은 없다. 잘 실천할 수 있다면 그것을 통해 매우 많은 것을 얻게 될 것이다.

<u>반성</u>이란 자신의 행동을 돌아다보고 자신을 성찰해, 개선의 여지가 없는지 살펴보는 것을 말한다.

반성해야 하는 이유는 무엇일까? 사람은 완벽한 존재가 아니기 때문이다. 누구나 성격상의 단점이 있고, 또 지혜가 부족하며, 젊은이들은 사회적인 경험이 부족해 실수를 저지르고 누군가에게 원망을 듣기도 한다. 때로는 옆 사람이 지적해주기도 하지만 사람들은 당신이 잘못을 저지르고, 말을 잘 못하고, 누군가를 서운하게 해도 일부러 말해주지 않는다. 그렇기 때문에 자신의 행동을 스스로 돌이켜보고 반성해야 하는 것이다.

무엇을 반성해야 할까?

인간관계. 혹시라도 오늘 인간관계에 해를 끼칠 수 있는 일을 하지는 않았나? 누군가와 논쟁을 벌이면서 잘못한 점은 없는가? 누군가에게 적절하지 못한 말을 하지는 않았는가?

업무 방식. 오늘 한 일을 반성하는 것이다. 일처리가 적합했는가? 부적절한 부분은 없었는가? 어떻게 해야 더 잘할 수 있을까?

삶의 과정. 현재까지 자신이 살아오면서 발전을 했는가? 시간을 낭비하지는 않았는가? 목표는 얼마나 달성했는가?

반성을 하면 다음과 같은 장점이 있다.

자신의 행동방향을 수정할 수 있다.

행동방식을 수정해 발전할 수 있다.

반성하지 않으면 어떻게 될까?

반성하지 않으면 실패한다고 단정지을 수는 없다. 한 사람의 성패는 개인의 선천적인 조건과 후천적인 훈련, 기회 등과 밀접하게 관련되기 때문이다. 한 번도 반성하지 않고 승승장구해서 성공한 사람이 있을 수도 있다. 하지만 그 사람이 정말로 반성하지 않고 살았는지 어떻게 알 수 있을까? 내가 아는 한, 정치인이나 군인 등 수많은 위인들이 모두 자주 반성하는 습관을 가지고 있었다. 반성을 해야만 길을 잃지 않고 잘못을 저지르지 않을 수 있기 때문이다. 하물며 우리 평범한 사람들이 반성하지 않고도 잘못을 저지르지 않을 수 있을까? 가능하다면 반성을 매일 해야 하는 일과에 넣어두자.

그렇다면 어떻게 반성해야 할까?

언제 어디서든 반성할 수 있으며, 형식에 구애받을 필요도 없다. 하지만 업무로 머릿속이 복잡할 때에는 반성하기 어렵다. 정서적으로 불안정하기 때문이다. 깊은 밤 혼자 있을 때 반성을 해도 좋고, 숲 속이나 바닷가, 혹은 카페에서 혼자 있을 때 반성을 해도 좋다. 중요한 것은 마음이 평온할 때 반성을 해야 더 효과적이라는 점이다. 호수도 물결이 잔잔해야 당신의 모습을 제대로 비춰지는 것처럼 마음도 평온해야 오늘 했던 모든 일들을 떠올릴 수 있기 때문이다.

반성하는 방법으로는 일기를 쓰든 조용히 앉아 명상을 하든 자신이 오늘 했던 일들을 다시 떠올려 살펴볼 수 있다면 어떤 방법이든 괜찮다.

아직 반성하는 습관을 기르지 못했다면 서둘러야 한다. 반성하는 것만으로 자신의 처세방식을 수정하고, 행동방향을 명확하게 할 수 있다. 물론 돈도 한 푼 들이지 않고 말이다.

슬럼프에 빠지면 스스로 격려하라   61

· 누군가 격려해주기를 기다리지 말라.

　요즘은 일 때문에 바빠 자주 보지 못하지만 예전에는 야구경기를 매우 좋아해서 몇몇 경기는 지금도 생생하게 기억하고 있다.

　한 번은 제구능력이 불안정한 투수가 포볼만 계속 내다가 데드볼까지 던졌고, 어쩌다 스트라이크를 던졌는데 그 공이 타자에게 걸려 홈런으로 연결되었다. 그 때 코치가 투수석으로 와서 몇 마디 하더니 투수의 어깨를 다독거리고 내려갔다.

　코치의 이런 행동은 투수의 마음을 안정시키고, 투지를 일깨우기 위한 것이다. 이렇게라도 하지 않으면 투수는 점점 마음이 조급해지고 불안정해져 경기는 해보나마나 질 것이 분명하다.

　하지만 야구장을 떠나 일상생활에서도 슬럼프에 빠져 있을 때 누가 다가와 어깨를 다독여줄까?

　솔직히 말해, 당신이 슬럼프에 빠지면 주변 사람들 중에는 진정으로 관심을 가져주고 격려해주는 사람보다는 통쾌하게 생각하는 사람이 더 많다. 사촌이 땅을 사면 배가 아프다고 하듯이 다른 사람이 잘 되는 것을 보면 질투가 생기는 것이 어쩔 수 없는 사람의 본성이다. 상대가 스승이나 선배라면 진심으로 당신을 격려해줄 수도 있지만 그렇다고 매일 찾아와 당신을 걱정해주고 도와줄 수도 없는 노릇이다. 부모형제는 어떨까? 그들이 그래도 당신을 진정으로 격려해줄 가능성이 가장 많은 사람들이다. 부모들은 자녀가 실의에 빠지면 격려보다는 질책할 가능성이 많고, 형제도 마찬가지다. 당신이 슬럼프에 빠져 있는 것이 간접적으로 그들에게 안 좋은 영향이 마친다면 그들은 당신을 용서하지 않을 것이다. 슬럼프에 빠져있을 때 누군가에게 격려를 받고 싶다는 생각은 애당초 하지 않는 편이 낫다(물론 계속 격려를 받을 수 있다면 당신은 행운아다).

슬럼프에 빠지면 스스로 격려하는 것이 가장 현명한 방법이다.

타인의 격려가 아무런 효과가 없다는 의미는 아니다. 타인의 격려는 당신으로 하여금 혼자가 아니라고 생각해 재기할 수 있는 용기를 줄 수 있다. 하지만 명심해야 할 것이 있다.

절대로 남들에게 격려와 위로를 구걸해서는 안 된다. 남들에게 약자로 비춰질 것이고, 이렇게 해서 얻는 격려와 위로는 동정과 다르지 않다.

남들의 격려로 얻어지는 용기와 힘에 의존해서도 안 된다. 앞으로도 많은 어려움을 겪을 것이고, 그럴 때마다 누군가 와서 격려해주기는 어렵다.

스스로 위로하고 격려함으로써 용기를 얻자. 언제, 어떤 상황에서라도 자신의 슬럼프는 스스로 해결해야 한다.

실의에 빠져 있을 때에는 조금이라도 안 좋은 말을 들으면 삶에 대한 의지마저도 잃어버릴 수 있다. 어떻게 해야 이렇게 연약한 마음을 잘 달래 용기가 생기도록 할 수 있을까?

실의에 빠지면 제일 먼저 반드시 살아갈 것이라고 결심해야 한다. 이것은 스스로를 격려하는데 있어 중요한 선결조건이다.

그런 후에 자신에게 말하라. "반드시 이 슬럼프를 극복해 남들에게 나의 강인함을 보여주고야 말겠어." 이것은 남들에게 업신여김을 당하지 않겠다는 오기를 불러일으키는 것이다.

일단 결심했다면 남은 것은 실천이다. 실천 과정에서도 좌절과 실패, 그리고 언제 재기할 수 있을지 모르는 불안감이 문득문득 당신을 엄습해올 것이다. 하지만 절대로 굴복하지 말라.

그렇다면 어떻게 해야 할까?

어떤 사람들은 벽에 스스로를 채찍질 할 수 있는 표어를 붙여두고 매일 보면서 결심을 되새긴다고 하고, 어떤 사람들은 조용한 곳을 찾아서 혼자 크게 소리 내어 울기도 하고, 또 어떤 사람들은 성공한 사람들의 전기를 읽거나 운동에 전념해 좌절감을 잊는다고 한다.

　방법은 여러 가지며 각자에게 맞는 방법이 있을 것이다. 스스로를 격려하고 채찍질 할 수만 있다면 어떤 방법이든 문제될 것이 없다. 홀로 정글 속에서 길을 잃은 것처럼 실의에 빠진 상황에서 자신을 믿지 않고 누굴 믿을 수 있겠는가?

　스스로를 격려할 수 있는 사람이 모두 성공하는 것은 아니지만, 절대로 실패자는 되지 않을 것이다. 효과적으로 자신을 격려할 수 있는 방법을 찾아 훈련하자.

남의 지혜를 이용해 일하라   62

· 한 사람의 지혜에는 한계가 있다.

내 친구 중에 남의 지혜를 이용해 성공한 친구가 있다.

그 친구는 한 잡지사의 편집장으로 일하던 시절, 재능이 특출한 편은 아니었지만, 평균 3개월에 한 번씩 친구들을 모아 저녁식사를 대접하곤 했다. 자기 회사의 잡지에 대한 친구들의 의견을 수렴하기 위한 것이었다. 우리는 식사도 대접받았거니와 그 친구와의 우정을 생각해서 각기 다양한 의견들을 쏟아냈고, 그 친구도 우리의 기대를 저버리지 않고 우리가 낸 의견들을 잡지에 반영하곤 했다.

현재 그 친구는 편집장을 거쳐 부사장의 자리에 올라있는데, 지금도 여전히 친구들에게 자주 조언을 구한다.

그 친구는 자신이 **남들의 지혜를 빌려 일한다**는 것을 굳이 숨기려 하지도 않고, 자신이 이렇게 하는 이유를 몇 가지로 설명해주었다.

> 사람의 지혜는 무한한 것이지만 실제로 활용되는 것에는 한계가 있다. 한 사람의 판단과 경력, 그리고 사회경험 등은 모두 환경의 영향을 받으며 또 완벽하지 않다. 많든 적든 간에 부족한 부분이 있기 마련이다. 그리고 사람의 장점도 두세 가지에 불과하기 때문에 오늘날처럼 복잡한 사회에서는 사람의 기본적인 조건이 상대적으로 크게 부족하게 느껴진다. 그렇기 때문에 남의 지혜를 빌려야할 필요가 있다.

이 점은 그의 말이 백 번 옳다. 남들의 지혜를 **빌려** 자신의 부족함을 보완하는 것이다. 남들의 지혜를 빌려서 얻을 수 있는 효과는 또 있다.

> 남들의 지혜를 자신의 것으로 만든다. 즉, 남의 지혜에서 자극을 받아 더욱 발전할 수 있다. 이것도 학습이다.

중국 속담에 "어설픈 구두장이 셋이 제갈량 하나보다 낫다."는 말이 있다. 평범한 사람도 남들의 지혜를 빌리면 일을 잘 할 수 있다는 것이다. 구체적으로 이야기하면 본래 60점 밖에 안 되는 실력이지만 남들의 지혜를 빌려 일하면 80점의 성과를 낼 수 있다.

남의 지혜를 빌리는 과정에서 빌려주는 사람과 빌리는 사람 간에 친밀도가 높아지고 이를 통해 인간관계를 넓힐 수 있다.

사실 남들의 지혜를 빌리는 것이 그 친구만의 방법은 아니다. 성공한 사람들이 대부분 이런 방법을 사용하고 있다. 많은 기업들이 자문위원을 두고 중요한 일을 결정하기 전에 항상 자문회의를 열어 토론을 하고, 특수한 상황에서는 전문가의 조언을 구하는 것도 모두 이런 맥락에서 이해할 수 있다.

일찍부터 남들의 지혜를 빌리는 습관을 들여놓는 것도 좋다. 각기 다른 업종에 종사하고 있는 친구들과 함께 브레인뱅크를 만들어 놓고 정기적으로 모여 대화를 나누거나 필요할 때마다 서로 연락하는 것도 좋은 방법이고, 평소에 각종 강연회나 심포지움을 듣는 것도 도움이 된다. 그래도 가장 편한 방법은 역시 독서다. 책은 저자의 지혜의 결정체이며, 독자들에게 지혜를 제공하기 위해 만들어진 것이기 때문이다. 남들의 지혜를 빌리는 목적이 단순히 일을 빠르게, 잘 처리하는 것만은 아니다. 어떤 일을 판단하거나 처리할 때 주관적으로 치우치지 않게 하기 위함이다. 주관적으로 일을 처리해도 성공할 수는 있겠지만 실패할 가능성이 매우 높다. 스스로 강자라고 생각하는 사람들은 타인의 말을 듣지 않는 것이 가장 큰 단점이다.

스스로 재능이 얼마나 된다고 생각하는가?

자신의 현명함을 자랑하기 전에, 자신에게 남들보다 뛰어난 부분이 있지만, 반면 남들보다 뒤처지는 부분도 있다는 점을 인식하자. 남들의 지혜를 빌려 일할 줄 아는 사람이 비로소 가장 현명한 사람이다.

위기의식을 가져라

· 자신이 운이 좋다고 생각하지 말라.

63

　중국 속담 중에 "우환 속에서는 살아남을 수 있지만, 안락함 속에서는 죽는다."는 말이 있다. 어렵고 힘든 환경에서는 강한 도전심이 생기기 때문에 살아갈 힘을 얻지만, 안락한 환경에서는 스트레스나 부담이 없기 때문에 나태해지기 쉬워 위험에도 쉽게 노출된다는 뜻이다. 이 말은 이렇게도 이해할 수 있다. 어려움이 닥칠 것을 걱정하고 준비하면 나태해지지 않고 상대적으로 쉽게 생존할 수 있지만, 안일함에 빠져 흥청망청 살다가는 곧 자멸하게 될 것이라는 뜻이다.

　이 속담을 어떻게 해석하든 그 기본적인 교훈은 마찬가지다. 바로 위기의식을 가져야 한다는 것이다.

　한 국가가 위기의식이 없으면 언제든 문제가 생길 수 있고, 한 기업이 위기의식을 가지지 않으면 언제든 도산에 직면할 수 있다. 또 한 개인이 위기의식이 없으면 예상하지 못한 어려움에 처할 수 있다.

　자신은 운이 좋기 때문에 내일을 걱정하지 않아도 되고, 또 갑작스러운 어려움이 닥칠 것을 걱정할 필요가 없다고 생각하는 사람들도 있을 것이다. 당신이 정말로 행운아라면 특별히 할 말이 없지만 문제는 당신이 운이 좋을 것이라고 어떻게 장담할 수 있느냐 하는 것이다. 자만은 절대 금물이다.

　또 어떤 이들은 미래는 본래 예측할 수 없는 것이고, 복이 오든 화를 입든 저항할 수 없는 것이라면 위기의식을 가져봤자 크게 도움이 될 것도 없으며, 그저 운명에 맡겨야 하는 것이 아니냐고 물을 수도 있다.

　그렇다. 앞날은 예측 불가능한 것이고, 언제나 운이 좋은 사람도 없다. 바로 그렇기 때문에 위기의식이 필요한 것이다. 심리적인 준비와 실질적인 준비가 되어 있어야 갑작스럽게 변화가 닥치더라도 당황하지 않고 대처할 수 있다. 아무런 준비가 되어 있지 않으면 임기응변을 할 겨를도 없이 정신적인 충격으로 속수무책이 되어버릴 것이다. 위기의식을 가지고 있다고 해도 어려움이 닥치는 것을 막을 수는 없겠지만 적어도 손실을 최소화하고 살 길을 찾을 수 있다.

이솝우화 중에 이런 이야기가 있다. 멧돼지 한 마리가 나무에 송곳니를 갈고 있었는데, 여우가 지나가다가 이것을 보고 사냥꾼도 보이지 않고 사냥개 짖는 소리도 들리지 않는데 편히 쉬지 않고 왜 이를 갈고 있는지 물었다.

멧돼지가 대답했다. "사냥꾼이나 사냥개가 나타나면 이를 갈 시간이 있겠니?"

참으로 위기의식이 투철한 멧돼지라고 하지 않을 수 없다.

평상시에 어떻게 해야 위기의식을 잃지 않을 수 있을까?

이것은 두 가지로 나누어 설명하겠다.

우선 정신적으로 언제든 돌발사태에 대처할 수 있다는 마음가짐을 가져야 한다. 정신적인 준비가 되어 있다면 위급한 상황이 닥쳐도 어찌 할 바를 몰라 당황하지 않을 것이다.

다음은 생활과 일, 그리고 인간관계를 위해 갖추어야 할 것들이다.

> 갑자기 예기치 않던 변화가 생기면 어떻게 살 것인가?
>
> 세상에 영원한 것은 없다고 했다. 갑자기 직업을 잃게 되면 어떻게 해야 할까?
>
> 사람의 마음은 갈대라고 했다. 친구든 동료든 가장 신뢰하던 사람이 변심한다면 어떻게 해야 할까?
>
> 건강에 문제가 생기면 어떻게 하나?

사실 갑작스럽게 닥칠 수 있는 변화는 이밖에도 수없이 많다. 모든 일에 "만일 …… 한다면 어떻게 하나?" 하는 위기의식을 가지고 미연에 준비하도록 노력해야 한다. 특히 온 가족의 생계와 직접적으로 관계된 사업에 관한 일일 경우에는 이런 위기의식이 더욱 필요하다. 마음속에 항상 만일이라는 두 글자를 안고 살아간다면 언제든 느긋하고 나태한 생각이 들지 않을 것이다. 사람에게 가장 위험한 것은 현실에 안주해 나태하게 생활하는 것이다. 예전에 같은 회사에서 일하던 한 동료는 10년 동안이나 평탄한 삶을 살다가 갑자기 실직을 하게 되었는데, 이미 50세를 넘긴 나이에 다들 무시하는 보잘것없는 자리에서 일하기에는 자존심이 허락하지 않았겠지만 그는 결국 그 보잘것없는 자리에서 일할 수밖에 없었다. 그의 이야기가 바로 안락함 속에서 죽은 좋은 예다.

당신이 지금 어떤 상황에 처해있는지 모르겠지만 어려운 상황에 있을 때보다 편안한 환경에 처해있을 때 더욱 걱정해야 한다.

주연이든 조연이든 모두 능통하라 64

· 현실에서는 융통성을 가져야 한다.

예전에 다니던 회사에서 겪었던 일이다.

내가 다니던 부서의 한 동료는 매우 열심히 일했고, 능력도 있었으며, 과장이 되고 싶어 했고, 그 사실을 모두 알고 있었다. 그리고 과장이 될 능력도 있었다. 나중에 그는 정말로 과장이 되었는데, 매일 일하고 회의하고 바쁘게 일하는 그의 모습에서 그가 자랑스러워하고 있다는 것을 알 수 있었다. 모두들 그의 승진을 축하했다. 하지만 1년 후 그는 다른 부서의 평사원으로 인사발령을 받았다. 그 사실을 알게 된 날 그는 사무실 문을 굳게 닫아 걸고 하루 종일 나오지 않았다. 평사원으로 일하면서 무대에서 내려온 허망함과 박탈감으로 그는 점차 염세주의자가 되었고 다시는 승진할 수 없었.

사실 인생이라는 무대에서 오르내리는 것은 흔한 일이다. 당신의 조건이 당시 상황에 적합하고, 또 우연히 기회가 온다면 무대 위로 올라가는 것이다. 연기를 잘 한다면 좀더 오래 무대에 서겠지만, 연기실력이 변변치 않다면 무대 아래로 쫓겨 내려올 수도 있다. 특히 정치계에서는 이런 일들이 비일비재하다.

무대로 올라간다면 자랑스럽고 기분이 좋은 일이다. 무대 밖으로 내려온다면 상처를 받고 우울해진다. 이것이 인지상정이다. 무대 위든 무대 밖이든 상관없다는 생각을 가지고 자유로워져야 한다. 가슴을 넓게 펴자. 움츠러들어 있으면 사람들은 당신이 충격으로 좌절에 빠졌다고 생각할 것이다. 평온한 마음을 가지고 자신이 해야 할 일을 하면서 훈련을 통해 연기실력을 향상시켜 언제든 다시 무대 위로 올라갈 수 있도록 준비해야 한다.

이밖에도 힘든 일이 또 하나 있다. 바로 주연에서 조연으로 밀려나는 것이다. 탤런트나 배우들이 스포트라이트를 받는 주연에서 조연으로 밀려나면 어떤 기분일까 생각해보면 인생에서도 주연에서 조연이 되었을 때 얼마나 힘들지 상상할 수 있다. 게다가 무대에서 아예 내려와 버리면 사람들 눈에 띄지는 않지만, 조연이 되면 여전히 무대 위에서 사람들의 시선에 그대로 노출되어 있어야 한다.

자존심이 강한 연기자라면 조연을 거부하고 배우를 그만두겠지만 인생이라는 무대에서는 마음대로 그만둘 수도 없다. 살아 가야 하기 때문이다.

주연에서 조연이 되더라도 때를 잘못 만났다고 낙심하거나 누군가 자신을 모함했을 것이라고 생각하지 않는 것이 좋다. 마음의 평안을 유지하며 연기에 충실히 하며, 사람들에게 자신이 주연을 연기할 실력이 된다는 것을 보여주어야 한다. 이것은 매우 중요한 일이다. 조연도 제대로 연기하지 못하면서 주연을 맡겠다고 고집을 부릴 수는 없는 일 아닌가? 자포자기해버린다면 조연에서도 밀려나 엑스트라로 전락할 수도 있다. 조연의 자리지만 열심히 연기해 관객들에게 갈채를 받는다면 다시 주연을 맡게 될 것이다.

요컨대, 인생은 시시때때로 변화하는 것이기 때문에 예측할 수 없으며, 때로는 자신의 의지와 관계없이 상황이 돌아가기도 한다. 주연이든 조연이든 모두 능통하고, 무대 위든 무대 아래든 자유로워져야 한다. 이것이 융통성 있게 살아가는 지혜이며, 기회와 타인의 존경을 얻는 길이다. 자신의 처지를 비관하며 자포자기하는 사람을 높이 평가할 사람은 아무도 없다.

본성에 치우쳐 일하지 말라

· 내키는 대로 일하면 자기 자신만 손해다.

65

예전에 일하던 직장에서 무슨 일이든지 자기 마음대로 처리해버리는 동료가 있었다.

그는 마음씨는 착했지만 한다면 반드시 하는 강직한 성격을 가지고 있었고, 상대가 누구든 관계없이 "난 원래 이런 사람이야. 일일이 남들 눈치 봐가며 살 수는 없어. 너무 피곤한 일이야." 라고 입버릇처럼 말하곤 했다.

솔직히 나를 포함한 회사 동료들은 그를 그리 좋아하지 않았다. 상대방의 기분은 전혀 개의치 않고 자기 생각대로 말을 툭툭 내뱉었기 때문에 우리를 곤란하게 한 적이 한두 번이 아니었다. 불행 중 다행인 것은 그가 마음은 선량해 누군가를 해치거나 하지는 않는다는 점이었다.

그런 성격으로 인해 피해를 본 것은 정작 그 자신이었다.

하루는 무슨 일 때문인지는 몰라도 사장실에서 그와 사장님 사이에 큰소리가 오갔다. 한참 목에 핏대를 세우며 고함을 치던 그는 손에 들었던 서류를 사장님 얼굴에 냅다 던지며 이렇게 말했다.

"관두면 될 거 아닙니까!"

그 일이 있은 후 그는 퇴사하지 않았다. 더 좋은 직장을 구할 수 없었기 때문이다. 그는 더 이상 승진할 수 없었고 입사동기들이 모두 승진했을 때 유독 그만 만년 제자리에 머물러 있었다.

단 한 번밖에 살 수 없는 세상인데 하고 싶은 대로 해야 나중에 후회가 없겠지만, 문제는 이 세상이 혼자 사는 곳이 아니라는 점이다. 내키는 대로 하고 살 수도 있겠지만 다른 사람들이 당신 뜻대로 움직여주지는 않을 것이다. 사람은 일생동안 복잡한 인간관계를 맺고 종종 어려운 일을 겪으며 살아가는데, 이 어려움들은 성격이나 주관적인 기호가 아니라 지혜와 인내심으로 극복해야 한다. 사장의 업무방식이 마음에 들지 않는다고 해서 "관두면 될 거 아닙니까!"라고 말해버리면 결코 문제를 해결할 수 없다. 다른 직장으로 옮긴다 해도 그곳에서는 사장의 업무방식이 마음에 들 것이라는 보장이 없기 때문이다. 게다가 당신이 사직한다고 해서 누가 관심이나 가지겠는가? 당신의 사직을 크게 안타까워 해줄 사람도 없거니와 심지어는 남몰래 당신의 불행을 통쾌하게 생각하고 있는 사람도 있을 것이다. 업무가 힘겨워서 아예 회사를 그만두었다면 탁월한 선택일 수도 있지만, 누군가 자신을 만류해줄 것이라는 기대는 애당초 갖지 않는 것이 좋다. 어느 누구도 당신의 퇴사를 심각하게 생각하는 사람은 없다. 당신의 퇴사는 당신의 일이기 때문이다. 자신을 화나게 하는 사람을 죽였다면 당신은 평생을 감옥 안에서 보내게 될 것이다. 손해를 보는 것도 당신이고, 가장 속상한 사람도 당신 가족이다. 남들은 당신의 구속을 크게 개의치 않을 것이다. 왜냐하면 그것은 당신 집안의 일이기 때문이다.

  가장 중요한 것은 내키는 대로 일하다보면 제멋대로 일하며 될 대로 되라는 생각을 가지기 쉽다는 점이다. 어떤 문제에 직면했을 때 성질 대로 해버리면 때로는 문제를 해결할 수도 있지만, 내키는 대로 하는 것이 기본적으로 문제를 회피하는 행동이기 때문에, 시간이 지나다 보면 당신의 일과 인간관계에 득보다는 실이 많게 될 것이며, 심지어는 아주 치명적인 피해를 입을 수도 있다. 특히 남들에게 고삐 풀린 망아지로 낙인찍히면 만회하는 것이 결코 쉬운 일이 아니다. 자승자박으로 실패한 사람들이 대부분 이런 성격을 가지고 있다.

  일에 있어서나 인간관계에 있어서나 어려운 일에 부딪혔을 때, 나만 좋으면 그만이라는 생각은 절대로 금물이다.

> 참아라!
>
> 일의 중요성을 고려하라!
>
> 그런 후에 결정하라!

물론 당신 혼자만 좋으면 그만일 수도 있다. 당신 집안 일인데 누가 간섭하겠는가?

번거로운 일일수록 인내심을 갖고 행하라 66
· 세상에 쉬운 일은 없다.

몇 년 전, 한 정치인의 인터뷰 중 매우 인상 깊은 말 한 마디를 들었다. 기자가 물었다.

"정치계에서 탄탄대로를 걷고 계신데, 그 비결이 무엇입니까?"

그 정치인은 짧게 대답했다.

"인내심입니다."

그 말이 나의 가슴에 와서 각인되었고 지금까지도 지워지지 않고 있다.

그는 경력이나 조건은 언급도 하지 않고 왜 하필 인내심이라고 말했을까? 그 당시에는 그 이유를 알 수 없었지만, 세월이 흐르며 나 역시 인내심이 필요한 일들을 많이 겪고 나니 그때 그가 왜 그런 대답을 했는지 알 수 있을 것 같다. 인내심이 정치인의 필수요건은 아니라 할지라도 적어도 사람이 세상을 살아가는 데 필요한 중요한 요건 중 하나임에는 틀림없다.

많은 사람들이 세상을 살아가고 또 일하는 것이 어렵다고들 말한다. 단순히 한 가지 일만 두고 본다면 최선을 다해 일하면 어려울 것이 없다. 하지만 인위적인 요소들이 개입되면 간단했던 문제가 실타래처럼 복잡해진다. 사람의 지혜와 경험, 가치관, 그리고 이해관계에 따라 일은 더욱 복잡해지기도 하고 다소 단순해지기도 한다. 세상일은 수많은 매듭이 지어져 있는 밧줄과도 같은 것이며, 고부가가치를 지닌 일일수록 더욱 그렇다. 예를 들면, 정부의 인사과정에서도 각종 청탁과 관계가 수많은 매듭으로 얽히고 설켜 있고, 사업을 할 때에도 인맥쌓기, 정보수집, 직원교육 등 모든 과정에서 해결해야 할 문제가 있다. 수많은 매듭이 지어진 밧줄을 풀기 위해 필요한 것은 바로 인내심이다.

사실 일을 잘 하고 문제를 해결하는데 가장 중요한 것은 지혜와 경험이다. 그런데 내가 특히 인내심을 강조하는 이유는 무엇일까?

바로 다음과 같은 원인 때문이다.

> 풍부한 지혜와 경험을 가지고 있으면 일을 잘 처리할 수 있고 문제를 잘 해결할 수 있지만, 인내심이 없으면 힘든 일이나 복잡한 일은 해결할 수 없다. 그러므로 인내심이 없이 지혜와 경험만으로는 큰일을 이룰 수 없다.
>
> 인내심은 객관적인 환경에 대한 인내력이며, 경쟁상대에 대한 인내력이다. 인내할 수 있다면 패배하지 않을 것이며, 인내하지 못하고 도중에 포기하게 되면 패배하는 것이다. 인생의 경쟁에서 뒤떨어진 사람들은 대부분 지혜가 부족한 것이 아니라, 인내심이 부족하다.
>
> 한 번 참으면 두 번도 참을 수 있고, 이것이 습관이 되면 큰일을 성취할 수 있는 기초가 된다.

젊은이일수록 참는 법을 배워야 한다. 혈기 왕성한 나이이기 때문에 참기 힘들다는 것은 궁색한 변명에 불과하다. 일찍 배울수록 일찍 성공한다.

인내심을 어떻게 기를 것인가에 대해 생각해보자. 여기에는 지름길도 없고 누가 가르쳐주는 것도 아니다. 순전히 개인적인 의지에 달려있다. 아주 어렵고 귀찮은 일이 닥쳤을 때 자신에게 이렇게 주문을 외워라. "참자!" 그리고 난 후에 꼼꼼하게 서두르지 말고 그 문제를 분석하고 해결방법을 찾아라. 이렇게 하다보면 자연스레 인내심이 길러질 것이다.

중요한 일에 있어서만 인내심이 필요한 것은 아니다. 아무리 사소한 일이라도 인내심이 없다면 이룰 수 없다.

감정을 잘 조절하라   67
· 남들에게 애송이라는 인상을 주지 말라.

사람은 감정의 동물이기 때문에 정서의 기복이 있다. 이것이 바로 사람과 동물의 다른 점이다. 감정조절능력이 뛰어난 사람은 희로애락을 겉으로 나타내지 않지만, 어떤 사람들은 감정조절이 서툴러 울고 싶으면 울고 웃고 싶으면 웃고, 화가 나면 바로 화를 내버린다.

이렇게 감정을 있는 그대로 겉으로 드러내도 괜찮을까? 이것을 솔직함으로 표현하고 또 이런 사람들을 귀엽다고 생각하는 사람들도 있다. 이런 생각이 잘못된 것은 아니다. 희로애락을 얼굴에 그대로 드러내는 사람들은 겉과 속이 같다는 인상을 주어 사람들이 경계심 없이 쉽게 다가갈 수 있고, 어떤 감정이든 속에 담아두지 않기 때문에 스트레스도 적어 정신건강에는 좋을 수 있다. 하지만 이런 솔직함은 사회생활에는 그리 도움이 되지 않는다.

여기에는 두 가지 이유가 있다.

> 감정조절에 서툰 사람은 남들에게 아직 성숙하지 못했다는 인상을 주기 때문이다.

슬프면 울고, 기쁘면 웃고, 화가 나면 화를 내는 것은 어린 아이들이나 하는 행동이다. 어린 아이들이 이렇게 행동하면 어른들은 그것을 천진난만하다고 말한다. 하지만 이런 행동이 성인에게서 나타나면 사람들은 그의 인격을 의심하게 된다. 사람들은 그를 아직 덜 자란 미성숙아로 볼 것이다. 나이가 젊다면 큰 문제가 되지 않겠지만, 이미 나이가 꽤 든 사람이 그런 행동을 한다면 사람들의 그에 대한 신뢰가 떨어질 것이다. 자신의 감정을 제대로 조절하지 못하고 문제가 생기면 울고 마음에 들지 않으면 화를 내는 사람이 어떻게 큰일을 할 수 있겠느냐고 생각할 것이기 때문이다. 이것은 그의 개인적인 능력과는 별개의 일이다.

> 사소한 일에도 쉽게 우는 사람은 남들에게 무시당하고, 연약한 사람으로 인식되고, 화를 잘 내는 사람은 남에게 상처를 주기 쉽다고 여겨진다.

사람들은 울면서 카타르시스를 느끼기 때문에 스트레스를 풀 수 있다. 하지만 사람들은 울고 싶어도 꾹 참았다가 혼자 있을 때 울어 남들 앞에서는 약한 모습을 보여주지 않으려 하지만, 화가 났을 때는 참지 못하는 경향이 있다. 그러나 화를 내는 것 역시 자신에게 전혀 도움이 되지 않는다.

> 우선 기분이 좋지 않다고 화를 내면 자신도 모르는 사이에 아무 죄도 없는 사람에게 상처 입히는 말을 할 수 있고, 때로는 상처 입은 사람들의 반격이 있을 수도 있다.
>
> 둘째, 자주 화를 내면 사람들은 언제 또 성질을 부릴지 모르기 때문에 그와 일정한 거리를 유지하려고 할 것이다.
>
> 셋째, 어쩌다 한 번 화를 내면 사람들이 당신을 무서워할 수 있지만 늘 화를 내면 사람들도 더 이상 그가 화났다고 해서 무서워하지 않을 것이고 오히려 비웃음만 사게 될 것이다.
>
> 넷째, 화가 난 상태에서는 이성을 잃게 되어 잘못된 판단이나 결정을 내리기 쉽기 때문에 사람들은 그를 안심할 수 없는 사람이라고 생각할 것이다.
>
> 다섯째, 신체건강에도 좋지 않은 영향을 미친다.

따라서 사회생활을 할 때에는 감정조절이 매우 중요하다. 희로애락을 전혀 겉으로 나타내지 않아 사람들에게 도통 속을 알 수 없는 사람으로 여겨질 필요는 없지만, 감정을 있는 그대로 표현하는 것, 특히 쉽게 울고 화내는 것은 반드시 피해야 한다. 자신이 이런 성격이라면 자신의 감정이 북받쳐오를 때 서둘러 그 자리를 피했다가 안정을 되찾은 후에 다시 오는 것이 좋다. 잠시 피해 있을 피난처가 없다면 심호흡을 하고 말을 최대한 아끼는 것도 한 가지 방법이다. 이 방법은 특히 화가 났을 때 효과적이다. 일반적으로 나이가 들수록 감정조절 능력도 강해지고 외부의 자극에 감정이 쉽게 동요되지 않는다. 따라서 현재 감정조절 능력이 부족하다고 해도 크게 상심할 필요는 없다.

감정을 잘 조절한다면 사람들에게 진중하고 신뢰할 수 있는 사람이라는 이미지를 줄 수 있을 것이다. 이런 것들이 바로 승진이나 성공으로 연결되지는 않는다 해도 어쨌든 감정조절에 서투른 것보다는 훨씬 낫다.

또 아주 절묘한 상황에서 필요할 경우, 일부러 울거나 웃거나, 화를 낼 줄 아는 사람들도 있다. 이런 사람들은 감정조절 능력이 상당한 경지에 올라선 경우다. 이런 테크닉 정도는 배워두는 것도 나쁠 것 없다.

토끼보다는 거북이가 되어라   68

· 토끼같은 사람이 가장 오만해지기 쉽다.

    토끼와 거북이가 경주를 하기로 했다. 깡충깡충 뛰어가던 토끼는 거북이가 보이지 않을 만큼 앞서게 되자 갑자기 느긋해져 잠시 자리에 앉아 쉬었는데, 잠시 쉬다보니 자신도 모르게 잠이 들게 되었다. 시간이 얼마나 흘렀을까, 토끼가 잠에서 깨어보니 거북이는 이미 도착점에 거의 다가서고 있었고, 토끼는 그때서야 온 힘을 다해 달렸지만 거북이에게 지고 말았다.

    토끼와 거북이 이야기를 모르는 사람은 아마 없을 것이다. 이것은 꾸며낸 이야기에 불과하지만, 인간사회에서는 이런 일이 비일비재하다.

    대학친구 중에 외모도 별 볼일 없었고 그다지 공부도 잘 하지 못하는 친구가 있었다. 평소에 과락이나 낙제에 대한 걱정이 없는 친구들에게 이 친구는 별로 눈에 띄지도 않는 그저 그런 학생이었다. 그러나 이 친구의 학업에 대한 의지는 매우 놀라웠다. 특히 영어와 일어를 공부할 때에는 거의 고행승처럼 보이기도 했다.

    그는 대학을 졸업한 지 십수 년이 지난 후 박사학위를 취득했고, 지금은 한 기업체의 고위경영진이 되었으며 영어와 일어 실력도 매우 뛰어나다. 반면 학창시절 그를 별 볼일 없는 학생으로 생각했던 친구들은 오히려 별 볼일 없는 모습으로 살고 있다.

    이뿐만이 아니다. 사회에 발을 들여놓을 때부터 혜성처럼 나타나 큰 활약을 하는 사람들도 있지만, 처음에는 두각을 나타내지 못하다가 몇 년 후에 상황을 반전시키는 사람들도 있다.

    이것은 운명의 장난일까, 아니면 사람의 노력에 의해 이루어진 것일까?

이 두 가지 요인이 복합적으로 작용했을 것이다. 저항할 수 없는 환경 탓으로 발전이 더뎌진 사람도 있겠지만, 퇴보를 자초한 사람들도 있다. 토끼와 거북이에서 게으름을 피우다가 거북이에게 추월당한 토끼처럼 말이다. 현실에 안주하다가는 자신보다 재능이 부족했던 사람보다 훨씬 뒤떨어지게 되는 결과를 낳을 수 있다.

당신은 토끼형인가, 거북이형인가?

토끼형이라면 일단 남들보다 우수한 조건을 가지고 있다는 점을 축하한다. 당신은 남들보다 적은 노력으로도 성공할 수 있을 것이다. 하지만 도중에 낮잠을 자는 과오를 범하지 말라고 경고하고 싶다. 토끼형의 사람들은 오만과 자만에 빠지기 쉽기 때문이다. 이것이 바로 토끼형의 비애다.

토끼형이든 거북이형이든 거북이처럼 행동하는 것이 좋다. 그 이유는 다음과 같다.

> 거북이는 끈기에 있어서만은 그 누구에게도 뒤지지 않는다. 햇볕이 아무리 강하다 해도, 또 나무그늘 아래에서 낮잠을 즐기고 있는 토끼가 아무리 편안해 보인다고 해도, 거북이는 절대로 멈추지 않는다. 거북이와 같은 정신과 토끼와 같은 재능을 가졌다면 당신의 성공은 시간문제다. 재능이 거북이형이라고 해도 노력으로 충분히 성공할 수 있다. 토끼를 따라잡고 못 따라잡고는 전혀 문제될 것이 없다. 결승점에 도착하기만 하면 된다.
>
> 우수한 재능을 가진 사람은 자만심을 경계해야 하고, 재능이 다소 뒤쳐지는 사람은 자신의 재능을 객관적으로 평가하고 헛된 망상을 버리고 착실하게 노력해야 한다. 서두르지 말고 한 걸음씩 앞으로 나아가면 빠르지는 않겠지만 가장 현명한 길이다. 사람들은 한참 뒤에서 힘겹게 느릿느릿 걸어오고 있는 거북이에게 축하의 꽃다발을 선사하지는 않겠지만 격려의 박수를 쳐줄 것이다.

우리 모두 거북이가 되자!

작은 일부터 시작하고
적은 돈부터 벌어라

69

· 이것은 큰일을 하고 큰돈을 벌기 위한 조건이다.

"작은 일부터 시작하고 적은 돈부터 벌어라." 이 말이 썩 마음에 들지 않는 사람들도 있을 것이다. 젊은이들은 보통 웅대한 뜻을 품고 사회에 첫 발을 들여놓자마자 크게 성공하고 큰 돈을 벌고 싶어하지 않던가.

크게 성공하고 큰 돈을 벌겠다는 계획을 세우는 것이 나쁜 것은 아니다. 사람은 이런 목표가 있어야 항상 노력하고 앞으로 나아갈 수 있기 때문이다. 실제로 사회적으로 큰 성공을 거둔 사람은 많지 않다. 더구나 사회에 첫 발을 들여놓자마자 큰 성과를 거두려면 특별한 조건이 필요하다.

> 남들보다 월등히 뛰어난 재능, 다시 말해 천성적으로 큰 재목으로 타고나야 한다.

> 대단한 가정적 배경, 재벌 2세거나 권력가인 부모를 두었다면 첫술에 배부를 정도의 성공과 돈을 거머쥘 수 있을 것이다.

> 좋은 기회, 남보다 뛰어난 재능을 가졌거나 대단한 가정적 배경을 가진 사람이라도 기회를 잘 잡아야 진정한 성공을 이룰 수 있다.

이제 자신의 상황을 돌아보자.

> 재능이 얼마나 된다고 생각하는가? 상, 중, 하로 나눌 때 어디에 해당한다고 생각하는가? 그리고 남들은 자신을 어떻게 평가하는가?

> 가정 배경은 어떠한가? 자신의 성공에 도움이 될 수 있는가?

> 기회를 잡을 수 있다는 자신감이 있는가?

당신의 상황이 어떻든 간에 이 한 가지 사실은 명심해야 할 것이다. 현재 성공한 기업가들도 처음에는 조그만 가게의 점원에서부터 시작했으며, 장군들도 사병에서부터 시작했다는 점이다. 평범한 조건을 가지고 있고, 가정환경도 특별하지 않다면 작은 일부터 시작하고 적은 돈부터 벌어야 한다. 이것이 바로 진리다. 좋은 기회를 얻었다고 해서 그것으로 도박을 해서는 안 된다. 기회는 보이지도 않고 손으로 잡을 수도 없는 것이며 더욱이 예측할 수도 없는 것이다.

작은 일부터 시작하고 적은 돈부터 벌면 어떤 좋은 점이 있을까?

우선 안정적인 환경에서 업무경험을 쌓으면서 자신의 능력을 객관적으로 평가할 수 있게 된다. 작은 일을 하면서 경험이 쌓여 익숙해지면 좀더 큰일을 할 수 있게 되고, 적은 돈을 버는데 별 문제가 없다면 큰 돈도 벌 수 있게 된다. 게다가 적은 돈이라도 모으다보면 큰 돈이 되는 법이 아닌가.

이밖에도 작은 일부터 시작하고, 적은 돈부터 벌기 시작하면 업무처리 능력과 금전관념을 기를 수 있으며, 이는 앞으로 큰일을 하고 큰 돈을 벌 때는 물론 일생 동안 살아가는데 큰 도움이 될 것이다.

작은 일을 한다고 해서, 혹은 적은 돈을 번다고 해서 의기소침해지거나 하찮게 생각해서는 안 된다. 작은 일도 제대로 하지 못하고 적은 돈도 벌지 못하는 사람이 큰일하고 큰 돈을 벌 수 있다고 생각하는가? 사업을 하더라도 대박을 터뜨리겠다는 생각만 하는 사람은 실패할 가능성이 높다.

내가 알고 있는 커다란 프랜차이즈 레스토랑을 경영하고 있는 사장은 젊은 시절에는 식당 종업원이었고, 제화체인점을 운영하고 있는 한 사장도 구두닦이부터 시작해서 차츰차츰 성공했다. 당신은 이런 사람들을 보면서 어떤 생각이 드는가?

70 과거의 실패에 연연해 일에 소극적이어서는 안 된다

· 환경은 변하고 사람은 성장한다. 다시 출발하면 성공할 수 있다.

    한 경찰관이 과거에 실수로 범인을 죽여 자신의 생명을 위협하는 범죄자에게 총을 쏘지 못하고, 장군이 전투에서 패배했던 기억 때문에 군대를 이끌고 전선에 나가지 못하고 혹은 한 운동선수가 경기에서 진 이후로 다시는 경기에 나가지 못한다.

    모두 영화 속에서 자주 등장하는 소재들이다.

    현실에서도 이런 경우를 흔히 찾아볼 수 있다. 사업에 실패한 후 다시는 모험을 하지 못하거나, 상사가 맡긴 일을 제대로 처리하지 못한 기억 때문에 그 상사 앞에만 서면 불안해지는 경우들 말이다

    많은 사람들이 이와 비슷한 경험을 하지만 사람들마다 대처방법은 모두 다르다. 어떤 사람들은 모두 잊어버리고, 어떤 사람들은 그것을 실패가 아니라 잠시 보류해둔 것뿐이라고 생각한다. 또 정신적으로 큰 충격에 휩싸여 새롭게 출발하지 못하고 계속 현실을 도피하려는 사람들도 있다. 이런 심리를 이해할 수 없는 것은 아니며, 사람들마다 실패에 대한 인식과 감당능력이 모두 다르기 때문에 크게 나무랄 수도 없는 일이다.

    과거에 어떤 실패를 했고, 또 어떤 충격을 받았든 사회적으로 성공하고 싶다면 과거에 실패했던 경험 때문에 손발을 꽁꽁 묶고 아무 것도 하지 않아서는 안 된다. 과거의 실패가 현재의 부담이 되어서는 안 된다.

    말은 쉽지만 실천은 쉽지 않다. 한 친구는 10년 전에 출판사를 차렸다가 처음 출간한 3권의 책이 모두 실패하는 바람에 놀라서 그만둔 경험이 있다.

10년이 지난 지금 출판계에 호황이 찾아온 것을 보고 다시 출판사를 차리고 싶기는 하지만 예전의 실패했던 경험을 생각하면 두려워서 엄두가 나지 않는다고 한다. 그의 재능을 아깝게 생각한 친구들이 계속 권해도 그는 여전히 실천에 옮기지 못하고 있다.

실패한 경험은 다시 똑같은 일을 하는데 걸림돌로 작용할 수도 있지만 다른 일을 할 때에도 어느 정도 영향을 미친다. 좋게 말하면 신중하다고 할 것이고, 나쁘게 말하면 보수적이고 소심하다고 할 수 있다.

성공하고 싶다면 과거에 실패한 경험 때문에 손발을 묶고 아무 것도 하지 않기보다는 과거의 실패한 경험을 돌이켜 보고 교훈으로 삼는 것이 낫다.

| 당시 실패한 원인은 무엇인가? 지금 나의 조건과 환경은 어떠한가?

환경이 변하면 사람도 변하므로 다시 시작하면 성공할 수 있다. 실패에서 교훈을 얻지 못하고 성장하지 못했다면 이야기가 조금 다르지만 말이다.

그래도 실패의 어두운 그림자에서 벗어나지 못했다면 당신에게 해주고 싶은 말이 있다.

| 아무리 위대한 장군도 전투에서 패배한 경험이 있다.
| 아무리 큰 대기업이라도 적자를 본 경험이 있다.
| 아무리 기량이 뛰어난 운동선수도 경기에서 진 경험이 있다.
| 아무리 뛰어난 연기자라도 혹평을 받은 영화가 있다.
| 아무리 위대한 정치가라해도 슬럼프에 빠진 적이 있다.

따라서 원하기만 한다면 당신도 그들과 마찬가지로 다시 성공할 수 있다. 매일 실패의 그늘에 앉아 우울해하고 있다면 자기 자신도 실망할 정도의 인생낙오자가 될 것이다.

바퀴벌레처럼 살아라

· 바퀴벌레 같은 의지라면 불가능한 일이 없다.

71

바퀴벌레는 어디에든 있고 또 한 놈을 잡아도 조금 후에 한 놈이 또 나타난다. 구멍이 있는 곳이라면 어디든 비집고 들어가고 살충제도 별로 무서워하지 않는 것 같다. 그래서 난 바퀴벌레를 아주 싫어했었다.

곤충에 관한 책을 읽은 후 나의 바퀴벌레에 대한 인식은 조금 바뀌었다.

바퀴벌레는 공룡이 존재했던 쥬라기부터 지구상에서 살았다. 그런데 공룡은 모두 멸종했지만 바퀴벌레는 여전히 왕성한 번식력을 자랑하며 건재하다. 바퀴벌레는 열악한 환경에서도 생존할 수 있고, 작은 물방울 하나만 있어도 꿋꿋이 버틴다고 한다.

바퀴벌레의 생존능력이 자연적인 진화의 결과라고는 하지만, 바퀴벌레의 진면목을 알게 된 나는 마음속에서 존경심이 생겼다. 아직도 바퀴벌레를 보면 쫓아가서 잡아야 직성이 풀리기는 하지만 말이다.

나는 항상 사람에게 바퀴벌레와 같은 강인함과 끈기가 있다면 그 어떤 어려움도 극복하지 못할 것이 없다고 생각한다.

살면서 한두 번쯤 힘든 일에 부딪히지 않는 사람은 없다. 힘든 일에는 사업 실패, 실연, 승진누락, 수모, 가정문제, 실업 등 매우 여러 가지가 있다. 하지만 사람마다 감당할 수 있는 능력이 각기 다르기 때문에 어려운 일이 닥쳤을 때 느끼는 스트레스나 충격도 사람마다 모두 다르다. 어떤 사람들은 살면서 언제든지 겪을 수 있는 일시적인 어려움이라고 생각하고 크게 고민하지 않고, 또 어떤 사람들은 빨리 슬럼프에서 벗어나 다시 시작하지만, 어떤 사람들은 작은 충격에도 좌절하고 다시 일어나지 못한다.

어려움이 얼마나 심각한지와 관계없이 당신이 그 어려움 속에 빠져 헤어나지 못하고 좌절하고 의기소침해있다면 "바퀴벌레처럼 살라!"고 충고해 주고 싶다.

바퀴벌레는 벽에 난 작은 틈 속에서도 살고, 어두컴컴한 장롱 밑에서도 산다. 어려움에 직면했을 때의 상황이 벽에 난 틈 속, 혹은 어두컴컴한 장롱 밑과 같지 않은가? 어려움이 닥쳤다고 해서 어둡고 우울한 나날을 보내며 살아갈 용기를 잃는다면, 그것은 한낱 바퀴벌레보다도 못한 일이 아닌가. 공룡도 멸종한 마당에 바퀴벌레는 아직까지도 끈질긴 생명력을 이어오고 있다. 게다가 번식력도 왕성하다. 바퀴벌레도 살아남았는데, 당신이 살아남지 못할 이유가 없다. 바퀴벌레처럼 살아라!

어려움이 닥쳤을 때에는 체면이나 신분, 지위 따위는 생각하지 말고, 또 서둘러 성공하려고 조바심 내지도 말아야 한다. 매우 우울한 날들의 연속이겠지만 참아내기만 한다면, 그리고 살아남기만 한다면 희망이 있다. 다시 기회가 찾아올 것이다. 이것은 단순히 슬럼프에 빠진 당신을 위로하기 위한 말이 아니다. 엄연한 사실이다.

바퀴벌레처럼 살아남는다면 훗날 반드시 웃을 일이 있을 것이다.

> 언젠가 성공하는 그날, 당신은 사람들로부터 더 많이 존경받게 될 것이다. 사람들은 강자 앞에서 굴복하지만, 뜻을 굽히지 않는 용감한 사람에게 더 깊이 감동하는 법이다.
>
> 바퀴벌레처럼 살았던 경험이 있기 때문에 이제 어떠한 어려움이 닥치더라도 두려울 것이 없다는 생각을 가지게 되고, 실제로 또다시 어려움이 닥쳐도 태연하고 침착하게 극복하게 된다. 어두운 터널 속도 통과했고, 질퍽거리는 진창도 건넜는데 더 이상 두려운 길이 어디에 있겠는가?

그러므로 간곡히 충고한다. 공룡보다는 바퀴벌레가 되어라!

차근차근 공격과 방어를 병행하라   72
· 손안에 넣지 못한 성공은 자신의 것이 아니다.

    한 대학 동창은 똑똑하고 능력이 뛰어나며, 동아리 활동에도 적극적이고, 달변에 사교적이어서 누구나 인정하는 팔방미인이었다. 어느 누구도 그가 큰 인물이 될 것임을 의심하지 않았다.

    대학을 졸업한 후 군대에 다녀와서 우리는 대부분 직장에 들어가 평범한 샐러리맨 생활을 시작했고, 그 친구도 예외가 아니었다. 그런데 3, 4년 후 대학 때 두각을 나타내지 않던 친구들은 회사를 나와 독립해서 자신의 사업을 창업했지만, 자타가 공인하는 우수한 인재였던 그는 여전히 회사를 다니고 있었다. 그리고 한 해 한 해 갈 때마다 그가 집을 사고, 차를 사고, 결혼을 하고, 아이를 낳고, 승진을 했다는 소식이 차례로 들려왔다. 그리고 최근에는 드디어 그가 독립해서 창업을 할 계획이라는 소식이 들렸다.

    "그처럼 우수한 인재가 왜 지금까지 독립을 미루고 샐러리맨으로 살았을까?" 궁금증을 풀지 못한 나는 그 친구를 만난 자리에서 직접 물어보았다.

    그 친구의 대답은 이랬다. "차근차근 단계를 쌓아 올라온 거야. 공격과 방어를 함께 했지."

    그는 가정이 있어야 안정감을 가질 수 있기 때문에 일단 편안한 가정을 꾸리기 위해 노력했다고 말했다. 후방이 탄탄히 뒷받침되어야 자신감을 가지고 전진할 수 있으며, 실패한다 해도 탄탄한 가정이 기초가 되어 있기 때문에 기반이 흔들리지는 않는다는 것이 그의 지론이었다.

    이런 방식이 옳은지 그른지에 대해서는 평가하기가 매우 어렵다. 인생에는 예행연습이라는 것이 없고, 실패했다고 해서 없던 것으로 하고 처음부터 다시 시작할 수도 없기 때문이다. 그 친구가 더 젊었을 때 창업을 했다면 분명히 실패했을 것이라고 단언할 수는 없지만, 반드시 성공했을 것이라고 말할 수도 없다. 내가 확실히 말할 수 있는 것은 그의 이런 방식에 몇 가지 장점이 있다는 점이다.

> 위험부담이 적다. 심지어는 위험부담이 전혀 없을 수도 있다.
>
> 스트레스를 크게 받지 않고 여유로운 인생을 살 수 있다.
>
> 특별한 걱정 없이 이상을 추구하는데 전념하기만 하면 된다.

사람들마다 인생의 목표가 다르며 이상을 추구하는 방식도 모두 달라, 어떤 방식이 옳다고 말할 수는 없지만, 그 친구의 방식에 참고할 만한 점이 있는 것은 분명하다.

> 사람에게는 약간의 모험심도 필요한데, 이 모험이라는 것은 반드시 안정적인 기초 위에서 이루어져야 맹목적이고 무모한 모험은 해서는 안 된다. 실패했다가 다시 일어설 수도 있지만 재기가 불가능할 정도로 철저히 실패할 수도 있으므로 인생에서는 실패를 최대한 줄여야 한다.
>
> 내 손 안에 있는 한 마리 새가 숲에서 날아다니는 열 마리 새보다 나은 법이다. 아무리 크고 높은 뜻과 강한 모험심을 가지고 있다 하더라도 실제로 얻는 것이 없다면 아무런 의미가 없다. 차근차근 단계를 밟아 올라가면 너무 느리고 보수적인 것 같아도 탄탄한 기초를 쌓을 수 있고, 무엇이든 확실히 손에 넣을 수 있다. 허공을 날아다니는 새가 아무리 많아도 한 마리도 잡지 못한다면 무슨 소용이 있겠는가?

전체적인 인생계획에서만 이런 안정된 방식을 택해야 하는 것은 아니다. 일에서도 이런 방식으로 할 수 있다. 일을 하는 것은 어떤 효과를 내기 위함이다. 언제나 과정보다는 결과가 중시된다. 실패했다면 모두들 그를 업무능력이 부족한 사람이라고 생각할 것이고, 여러 번 실패한다면 타인은 물론이거니와 심지어는 자기 자신도 자신의 능력을 믿지 못하게 될 것이다. 착실히 기초를 쌓아가며 일하면 좀 더딜 수는 있지만 상대적으로 커다란 성과를 얻을 수 있고, 또 작은 성과가 모이면 커다란 성과가 될 수 있다.

일을 할 때에는 서둘러 성과를 내기 위해 조급하게 일할 필요가 없다.

주변에서 소심하고 담이 작다고 비웃을 수도 있지만 전혀 신경 쓸 필요가 없다. 대담한 사람들이 큰 성공을 이룰 수 있지만, 실패한 사람들 중에도 대담한 사람들이 많다. 손 안에 넣지 못한 성공은 자기 것이 아님을 기억하자!

무리 짓지 말고 실력에 의존하라　73

· 세력은 오래 갈 수 없다. 실력만이 평생 의지할 수 있는 자원이다.

　자신의 무리를 만들어 세력을 규합하면 자신의 이익을 보호할 수는 있지만, 실세를 잃게 되면 이익도 모두 빼앗기고 만다.
　여기에서는 자신의 세력을 만드는 것이 사회생활에서 어떻게 작용하는지에 대해 살펴보려고 한다.
　우선 직장에 취직하게 되면 그곳에 기존의 세력이 있는지(대부분의 직장에 여러 세력들이 있기 마련이다) 살피고, 각 세력은 어떻게 구성되어 있으며, 누구를 중심으로 뭉쳐졌는지, 각 세력 간에 어떤 다툼이 벌어지고 있는지, 그리고 어떤 세력이 득세하고 있는지 등에 대해 알아볼 필요가 있다. 누군가 이런 것들을 친절하게 알려줄 수도 있지만 그렇지 않은 경우도 많기 때문에 스스로 관찰을 통해 파악하는 것이 중요하다. 몇몇 세력들을 발견하고, 거기에 편입되고 싶지 않다면 처음부터 발을 들여놓지 않는 것이 좋다. 자칫 하다가 이미 특정한 세력으로 인식되고 나면 어쩔 수 없이 그 세력에 어울려야 하는 상황이 발생할 수 있다. 사회에 첫 발을 내딛었을 때에는 실력이나 경력이 아직 부족하기 때문에 세력간의 다툼에서 희생양이 되어 고래싸움에 새우등 터지는 격이 되기 쉽다. 그러므로 스스로 신중하게 행동하는 것이 바람직하다.
　둘째, 일단 어떤 무리나 세력이 형성되면 대부분 배타적인 성향을 갖게 되는데, 이런 성향은 당신이 다양한 경험을 쌓는데 걸림돌로 작용할 수 있다. 세력 밖에 있는 사람들과 보이지 않는 괴리감이 생기기 때문에 유능한 사람들과 고루 접촉할 기회가 줄어들고, 세력 밖에 있는 사람들과의 인간관계에도 부담으로 작용하게 된다. 세력에 의해 덕을 입기보다 먼저 세력에 의해 피해를 볼 수 있다.

셋째, 어떤 세력들은 같은 가치관과 동일한 이해관계에 의해 저절로 형성된 것이지만, 또 어떤 세력은 사장(혹은 상사)이 일부러 만든 것도 있다. 이런 세력들은 대부분 직원들 간에 서로 견제하게 만들어 관리의 편의성을 도모하고 개인적인 이익을 위한 것이다. 따라서 반드시 세력들을 자세하게 관찰하고 파악해, 사장에게 이용당하고 동료들에게는 따돌림 당하는 일이 없도록 조심해야 한다.

넷째, 사람들이 특정 세력에 발을 들여놓는 것은 대부분 승진을 위해서다. 특히 정치계에서 이런 경향이 심하다. 다른 사람의 힘을 빌려 발전하는 것이 나쁜 일은 아니지만 여기에는 간과해서는 안 될 치명적인 약점이 숨어 있다. 사람들은 자신보다 지위가 높은 사람이 자신을 신임하고 승진시켜주면 곧 자기계발에 게을러진다. 또한 자신이 의지하고 있던 세력이 힘을 잃으면 의지할 곳 없는 외톨이가 되고, 심지어는 세력다툼의 희생자가 될 수도 있다. 사람들은 오랫동안 강한 세력으로부터 비호를 받으면 독립적이고 자주적인 용기와 능력을 상실해버리는 경우가 많다. 세력도 세력이지만 믿을 수 있는 것은 오로지 자신의 능력뿐임을 명심하자.

뭐니 뭐니 해도 실력이 최우선이다. 이것이 바로 이 장에서 내가 강조하고 싶은 점이며, 또 여러 세력들 사이에서 자신의 자리를 지키는 데 가장 큰 힘이 되는 요건이다.

> 어떤 세력에 들어가고자 하거나, 이미 어떤 세력에 편입돼 있다면 세력에 의지해 성공할 생각은 애초에 버리고, 부단히 노력하고 실력을 쌓아야 한다. 이렇게 하면 세력 내에서 자신의 지위를 높일 수 있을 뿐 아니라, 세력이 붕괴되거나 실세를 잃었을 때에도 살아남을 수 있다.
>
> 어떤 세력에 편입되어 세력다툼과 인간관계에서 발생하는 문제로 골머리

를 앓기 보다는 폭풍권 밖에서 자아계발과 실력향상에 힘쓰는 편이 백번 낫다. 이렇게 되면 어떤 세력도 당신을 무시하지 못할 것이고, 또 당신도 불안감을 느끼지 않을 것이다. 게다가 가장 좋은 점은 세력의 부침에서 자유롭다는 점이다. 황새와 조개의 싸움에서 엉뚱하게도 어부가 득을 본다는 말이 있다. 때로는 세력다툼의 결과로 아무런 세력에도 편입되지 않는 사람들이 이런 어부지리의 소득을 얻게 될 수도 있다. 이런 이야기는 절대로 뜬구름 잡는 이야기가 아니며, 사실을 근거로 한 이야기다.

요컨대, 세력에 의지하지 말고 실력에 의지하라. 어떤 세력도 영원하지 않다. 평생 동안 믿을 수 있는 것은 오직 실력뿐이다.

남이 갈고 닦아주기를 바라지 말고 직접 빛을 내라

74

· 자기 살기 바쁜 세상에 누가 당신을 알아주겠는가?

    규모가 큰 회사에서 일하고 있는 사람이 있었다. 어느 날 그는 친구들을 만난 자리에서 자신의 재능을 알아주는 사람이 아무도 없어, 회사에 들어간 지 대여섯 해가 되도록 승진하지 못했다며 푸념을 늘어놓았다.

    "난 다이아몬드라네. 갈고 닦아주기만 하면 찬란한 빛을 낼 수 있는데, 사람들이 그걸 모르고 있어." 그 친구가 한숨 섞인 말투로 이야기했다.

    "자네가 정말 다이아몬드라면 누가 와서 갈고 닦아주기를 바라지 말고, 자네 스스로 빛을 내보게나. 먼지 속에 묻힌 다이아몬드보다는 반짝반짝 닦여진 유리에 더 눈길이 가는 법이야." 옆에 있는 친구가 이렇게 충고했다.

    당시 자리에 있던 나는 크게 고개를 끄덕였다.

    그가 일하는 회사는 직원수가 2, 3백 명이 넘었고 그가 일하는 부서에만 30여 명의 직원이 있었다. 대부분 상당한 학력수준과 실력을 갖추고 있는데다가, 서로 경쟁이 치열해 열심히 일했기 때문에 상사의 눈에 띄는 것이 결코 쉬운 일이 아니었다. 인재를 귀하게 여기는 상사를 만나는 행운을 누릴 수도 있지만, 세상에는 사람을 보는 안목이 없고, 편협한 성격을 가진 상사들이 더 많기 때문에 성공하기 위해서는 스스로 환하게 빛을 내 남들이 그냥 지나치지 않도록 만들어야 한다. 스스로 빛을 내지 않고 구석에서 원망만 늘어놓고 있다면, 진정한 다이아몬드라 할지라도 윤이 나게 닦여진 유리보다도 못한 결과를 낳게 된다. 어느 구석에 있는지도 모르게 눈에 띄지 않는다면 당신이 아무리 원망하고 있어도 알아줄 사람은 아무도 없다. 당신은 이 세상 유일한 인재가 아니며, 남들이 당신에게 특별히 주목한 이유도 없다. 이래도 누군가 와서 갈고 닦아주기를 바란다면 더 기다려도 할 말은 없다.

그렇다면 어떻게 해야 스스로 빛을 낼 수 있을까?

여기에는 외면적인 것과 내면적인 것, 두 가지가 있다.

우선 외면적인 것에 대해 이야기하도록 하겠다. 당신이 다이아몬드라면 무슨 수를 써서라도 햇볕, 혹은 광선을 몸에 받아야 한다. 다시 말해 직장에서 일할 때에도 자신의 재능을 드러낼 수 있는 기회를 놓치지 말고, 자신의 일에 최선을 다해 우수한 성과를 거두어야 함은 물론, 자신의 우월함을 드러내 보여야 한다. 이렇게 하면 강한 빛을 낼 수는 없다고 해도 언젠가는 누군가의 눈에 띄게 될 것이다. 가능하다면 아무도 하려고 하지 않는 일을 스스로 찾아서 하거나 새로운 아이디어를 제안하고 도전정신을 가져야 한다. 이렇게 해서 광선이 잘 쬐는 곳에 자리를 잡아야 한다. 당신이 정말로 다이아몬드라면 찬란한 빛을 내 사람들의 눈을 사로잡을 것이다. 이밖에도 새로운 직위로 옮겨 환경을 바꾸고 새로운 업무를 맡아 자신의 능력을 부각시킬 수도 있다. 이런 노력들이 신속하고 직접적으로 당신에게 성공을 가져다주지 않는다고 해도 낙심하지 말라. 중요한 것은 바로 끈기다. 사실 너무 갑작스럽게 반짝반짝 빛이 나도 보는 이들의 질투를 살 수 있다.

이제 내면적인 것에 대해 이야기하도록 하겠다. 여기서 내면이란 내면적인 충실도를 말한다. 다시 말해 자신을 알아주는 사람을 기다리면서 부단히 자신의 능력을 길러야 한다. 누군가 와서 당신을 발견했을 때, 당신이 한낱 유리에 불과하다면 기회를 잃게 되는 것 아닌가? 10년이 넘게 참고 견디며 일해 드디어 승진을 했는데, 6개월도 안 되어 실직한 사람이 있다면 그가 바로 이런 경우일 것이다. 당신의 재능이 어느 정도 경지에 다다랐다면 직업을 잃어도 다른 곳에 취직해 다시 빛을 발하면 그만이다.

　스스로 빛을 내려면 외면과 내면을 모두 윤이 나게 닦아야 한다. 그렇지 않고 재능이 부족하다면 희미한 빛을 낼 수 있을 것이며, 오래 갈 수도 없다. 여하튼 누군가 와서 자신을 갈고 닦아주기를 기다리는 것은 소극적이고 어리석은 일이다. 저마다 자기 자신을 위해 바쁘게 살아가고 있는 오늘날, 일부러 찾아와 먼지 속에 묻힌 당신을 찾아줄 사람이 있을까?

75 산을 만나면 길을 놓고, 물을 만나면 다리를 놓아라

· 다리를 건너고 산을 넘으면 새로운 세상이 열릴 것이다.

"산을 만나면 길을 놓고, 물을 만나면 다리를 놓아라." 이 말은 군대의 공병대들이 쓰는 말이다. 그 어떠한 어려움도 임무수행에 방해가 될 수 없다는 의미다.

이것은 공병대 출신의 한 대학 동창이 항상 하던 말이기도 하다.

그 친구와는 이미 연락이 끊어진 지 오래됐지만 그가 했던 이 말은 아직도 내 뇌리에 강하게 각인되어 있다.

우리는 항상 다양한 사람과 일에 부딪치면서 살아가기 때문에 이 말은 공병대뿐만이 아니라 모두에게 필요한 말이다.

전투를 수행할 때에는 전세가 수없이 변하고 작전을 위해 "몇 월 몇 일 몇 시에 어떤 산을 넘고, 어떤 강을 건너야 한다."는 명령이 떨어질 수 있다. 전쟁에서는 한 치 앞도 내다보기 힘들지만 공병은 반드시 어떠한 난관도 극복하고 임무를 수행해야 한다. 사실 우리 인생은 전쟁에도 비유할 수 있다. 어떤 일은 계획한대로 정시에 할 수 있고, 또 예상한대로 결과가 나오지만, 때로는 돌발 상황이 발생해 당황스럽게 만들기도 한다. 이런 상황이 닥치면 사람들은 대부분 다음과 같은 반응을 보인다.

> 위축되어 일을 더 이상 추진하지 못한다. 산이 너무 높고 강이 너무 깊어 자신의 능력으로는 길을 만들고 다리를 놓는 것이 불가능하다고 보고 아예 포기하고 후퇴한다.
>
> 그대로 주저앉아 고민만 한다. 되돌아가서는 안 된다는 것을 알고 있지만 길을 만들고 다리를 놓을 용기가 없어 어쩔 줄 모르고 그대로 주저앉아 버

리는 것이다. 어쩌면 누군가 와서 도와주기를 기다리고 있을 수도 있다.

길을 돌아서 간다. 산이 가로막고 있으면 길을 돌아가면 된다. 이것 역시 한 가지 방법이기는 하지만 때로는 다른 길로 돌아서 갈 수 없을 때도 있고, 또 그럴 만한 시간적인 여유가 없을 수도 있다.

　이런 세 가지 반응은 매우 정상적이고 평범한 것이다. 누구든 어려운 일은 피하려고 하기 때문이다. 문제는 산을 넘지 않고 강을 건너지 않고 되돌아가면 군법에 회부되어 큰 벌을 받을 것이고, 그대로 앉아 기다리자니 적들에게 패할 것이 뻔하다는 것이다. 인생에서 어려운 일에 직면하면 되돌아갈 수도 없고 그대로 주저앉아 버리는 것도 좋은 방법이 아니다. 다른 길을 찾지 못한다면 공병정신을 발휘해 직접 길을 만들고 다리를 놓을 수 있다. 그러지 않고 힘든 환경에 굴복해버리면 다시 재기할 수 있을지는 아무도 모르는 일이다.

　사실 많은 사람들이 한두 번쯤 이런 경험을 해보았을 것이다. 강이 깊어 보였는데 그리 어렵지 않게 다리를 놓을 수 있었거나, 산이 험해 보였는데 길을 만들어 보니 그리 어렵지 않았던 경험 말이다. 뿐만 아니다. 주의를 기울여 차근차근 살펴보면 길을 만들고 다리를 놓을 적당한 자리를 찾을 수 있다. 그리고 산을 넘고 강을 건너면 새로운 세계가 펼쳐져 있을 것이다. 다시 말해 어려움을 극복하고 나면 새로운 인생이 펼쳐지며, 빛나고 화려한 삶을 살게 될 수도 있다. 이런 예는 조금만 신경 써서 찾아본다면 현실 속에서 흔하게 볼 수 있다.

　일생 동안 평탄하고 굴곡 없는 삶을 사는 사람은 없으며, 평생 동안 당신을 따라다니며 옆에서 도와줄 사람도 없다. 언젠가는 혼자서 어려움에 맞서 싸워야 할 때가 올 것이다.

모든 면에서 부하직원보다 앞서라 76

· 권력이나 인정보다는 실력으로 리드하라.

　직장에 취직해 몇 년 일하다보면 대부분 승진을 해서 부하직원을 몇 명 정도 통솔하게 된다.

　어떤 사람들은 좋은 상사가 되는 것이 어려운 일이 아니라고 하지만, 또 어떤 사람들은 너무 힘든 일이라고 한다. 실제로 같은 직위라도 맡는 사람에 따라 일의 결과가 달라지고, 같은 부하직원을 거느려도 어떤 사람들은 힘들지 않다고 하고, 또 어떤 사람들은 너무 힘들다고 말한다.

　그렇다면 이런 차이가 생기는 이유는 무엇일까?

　이런 차이는 바로 권력의 소유와 분배에서 생긴다. 다시 말해 권력을 가지고 있다면 그 권력을 나누어 줄 수도 있어야 한다. 그렇게 되면 부하직원들은 당신의 권력을 나누어 갖기 위해 당신에게 복종할 것이다. 이것이 바로 인간의 본성이다. 어떤 사람들은 넘치는 권력을 이용해 부하직원을 충성하도록 만든다. 이익을 위해 몸을 바치는 것은 인지상정이 아니던가. 하지만 이렇게 권력으로 아랫사람을 통솔하면, 권력을 잃고 나면 부하직원들도 더 이상 당신에게 복종하지 않으며, 당신을 헌신짝처럼 취급하게 될 수도 있다. 이제 당신에게서 얻을 것이 없다고 생각하기 때문이다.

　그렇다면 어떻게 부하직원들을 통솔해야 할까? 절대권력을 가지지 않았다 하더라도 올바르게 처세할 줄 안다면 비교적 수월하게 부하직원들을 관리할 수 있다. 여기에서 올바르게 처세한다는 것은 부하직원들의 입장에서 모든 일을 고려하고, 일한만큼 이익을 얻을 수 있도록 하며, 그들의 생활에도 관심을 갖는 것을 말한다. 내가 아는 몇몇 상사들은 부하 직원에게 경조사가 있는데, 회사에서 따로 축의금이나 조의금을 지급하지 않을 경우, 기꺼이 자비를 내어놓는다. 이럴 경우 부하직원들은 상사에게 감동해 기꺼이 그 상사에게 충성하지만, 때로는 이런 인정에도 감동을 받지 못하고 더 이상 얻을 것이 없다는 이유로 성실하게 일하지 않는 사람도 있다.

　권력으로 부하직원을 거느려도 좋고, 인정으로 부하직원들을 감동시켜도 좋다. 중요한 것은 역시 자신의 능력이다. 능력이 뒷받침되지 않는 상사는 아무리 권력이 강해도 부하직원들은 자신들에게 이익이 공평하게 돌아오지 않는다고 불평하며, 호시탐탐 상사의 자리를 노릴 것이다. 그리고 능력이 없다면 자신의 자리와 권력을 보존하기도 어렵다. 인정으로 부하직원들을 감동시키면 어떨까? 역시 능력은 없으면서 부하직원 챙기는 것만 잘한다면 당신은 착하지만 멍청한 사람으로 인식되어 아무도 당신에게 의지하려 하지 않을 것이다. 게다가 언제든 부하직원들의 공격목표가 될 수 있다. 눈앞에 이익이 떨어지면 어제의 은인도 단칼에 베어버리는 무정한 사람들이 많다는 사실을 명심하자.

　권력에 의지하든, 인정에 의지하든, 능력으로 부하직원을 통솔하는 것보다 나을 수는 없다.

　유능한 상사는 부하직원들에게 일의 방향을 정확하게 제시해주고, 문제를 처리해주기 때문에 부하직원들은 그를 따를 수밖에 없으며, 능력이 있다면 실적을 거두어 권력을 가질 수 있고, 또 그것을 나누어 줄 수도 있다. 부하직원들은 당신의 인정이 아니라 능력에 끌릴 것이고, 그들의 야심이 능력면의 열세로 인해 억제되기 때문에, 당신에게 섣불리 반기를 들고 일어날 수 없을 것이다. 따라서 현재 상사이거나, 혹은 나중에 상사가 된다면 항상 부하직원보다 앞서서 모든 면에서 그들보다 한 수 위라는 것을 보여주어야 한다. 사람마다 장단점이 있기 때문에 상사라 해도 어떤 면에서는 부하직원보다 뒤떨어질 수도 있다. 하지만 뒤떨어지는 것은 용납할 수 있지만, 전혀 모르는 것은 용납할 수 없다. 상사가 어떤 분야에 대해 전혀 모른다는 것을 알면 부하직원들은 상사를 속이고 무시할 것이기 때문이다.

내가 아는 대기업의 한 대리는 매일 아침 출근 전에 학원에서 일어를 배우고, 퇴근한 후에는 또 영어학원에 다닌다. 그에게 왜 이렇게 힘든 생활을 하는지 물어보았더니, 그의 대답은 간단했다. "내 부하직원들이 모두 석사 학위를 가지고 있어요. 이렇게 하지 않으면 그들을 통솔할 수 없어요."

그의 이 말은 현실을 그대로 반영한다. 아무리 상사라도 능력이 없으면 카리스마를 잃게 되고, 부하직원들이 그의 머리꼭대기까지 올라갈 수밖에 없다.

부임 초기의 열정도 때로는 필요하다 　77

· 사람들에게 외치라. "내가 왔노라!"

대부분 새로운 직위를 맡게 되면 처음에는 의욕적이고 진지하게 개혁을 추진한다.

이런 의욕적인 개혁이 때로는 구태의연한 구습과 폐단을 퇴치해버리고 전체적으로 새로운 기풍을 수립하기도 하지만, 때로는 좋은 것까지 모두 소멸시켜 버리기도 한다. 또 때로는 말뿐인 개혁이 되어 예전과 달라진 것이 전혀 없기도 하다.

그렇다면 시간이 조금 지나면 어떻게 될까?

지속적인 개혁이 실시되기도 하지만 얼마 지나지 않아 개혁의 강도가 약해지고 흐지부지되기도 한다. 한 부서의 책임자로 부임한 사람이 초기에 대대적인 개혁을 외칠 때 한쪽에서 "어디 얼마나 가나 보자."라며 비웃음을 보내는 사람들도 있다.

새로운 직위를 맡고 나서 의욕적인 개혁을 추진할 필요가 있을까?

내 대답은 "그렇다!"이다. 이렇게 생각하는 데에는 몇 가지 이유가 있다.

위엄을 세우기 위해서다. 다시 말해 사람들에게 자신이 왔음을 알리기 위해서다. 소리 없이 와서 소리 없이 일하면 부하직원들은 당신이 힘도 없고 맥도 없는 종이호랑이라고 생각하고 당신을 무시하게 될 것이다. 한 번 무시당하기 시작하면 다시 위엄을 세우는 일은 그리 쉽지 않다.

능력을 보여주기 위해서다. 사람들에게 당신이 아부를 통해 그 자리에 올랐다거나 낙하산 인사가 아니라 정말로 능력 있는 사람이라는 것을 보여주어야 한다. 그래야 무시당하지 않을 수 있다.

날카롭고 세찬 기세를 보여주기 위해서다. 누구나 새로운 직위를 맡게 되면 의욕에 가득 차 이성적으로 판단하고 냉정하게 일한다. 하지만 시간이 지날수록 사람들과 정이 쌓이게 되면 공과 사를 확실하게 구분하기 어려워지고 무력감이 생기기도 한다. 이렇게 되면 어떤 문제는 잘못 되었다는 것을 알면서도 냉정하게 칼을 들어 도려내지 못할 수 있다. 임명 초기에 과감하고 냉정하게 구습을 타파하고 개혁하면 자신의 능력을 사람들에게 보여줄 수 있을 뿐 아니라, 앞으로 일을 하면서도 공과 사를 분명하게 구별할 수 있게 된다.

어떤 이유를 대더라도 부임 초기의 의욕적인 개혁은 반드시 필요하다. 하지만 개혁 역시 제대로 실시해야 한다. 자칫 잘못했다가는 어려움을 자초할 수도 있다.

일반적으로 개혁을 추진하는 데는 두 가지 방법이 있다. 하나는 낡은 관습을 없애고 오래된 문제를 해결하고, 인사를 조정하는 것 등이고, 다른 하나는 새로운 규칙을 정해 직원들에게 더 나은 복지와 근무조건을 마련해주는 것이다. 대부분 개혁을 실시한 후에 새로운 규칙을 수립한다. 개혁만을 추진하거나 새로운 규칙을 세우기만 해서는 큰 효과를 보기 어렵다. 개혁만을 추진한다면 부하직원들이 당신을 새로운 규칙도 세우지 못하는 무능한 사람으로 생각할 것이고, 새로운 규칙만을 수립한다면 부하직원들이 당신을 어려운 문제에는 감히 손도 못 대는 겁쟁이라고 생각할 것이다.

부임 초기의 개혁이 항상 순조롭게 추진되는 것은 아니다. 어떤 경우에는 부하직원들의 텃세에 부딪히기도 하기 때문이다. 어떤 문제는 서둘러 해결하고, 또 어떤 문제는 나중에 해결할 것인지는 판단하는 것은 당신의 경험과 능력에 달려있다.

어디서부터 손을 대야할지 제대로 판단하지 못하고 개혁의 방향을 잘못 잡으면 개혁을 하지 않은 것만 못한 결과를 낳을 수 있다. 개혁을 추진하기 전에 일단 자신의 일처리 방식과 업무처리에 대한 요구 등을 부하직원들에게 알려주고 문제점을 확실히 파악하고 난 후에 개혁을 추진하는 것이 좋다. 일단 방어벽을 쌓고 난 후에 공격하는 것이 나중에 닥칠 수 있는 위험을 방지하는데 도움이 될 것이다.

 새로운 직위에 앉으면 대대적으로든 부분적으로든 개혁을 실시해야 한다. 사람들에게 외치라. "내가 왔노라!"

매력을 절묘하게 이용하라   78

· 남자는 부드러움, 여자는 애교가 무기다.

한 공공기관에 근무하고 있는 친구가 있는데, 부하직원들이 대부분 여직원이다. 남자들은 대부분 여직원 다루는 것을 힘들게 생각하는데, 이 친구는 부하직원들과 아주 원만한 관계를 유지하고 있다.

한번은 그 친구에게 그 비결을 슬쩍 물어보았더니, 이렇게 대답했다.

"매력을 절묘하게 이용하는 거지!"

친구의 설명에 따르면, 남성은 남성으로서의 매력이 있고, 여성은 여성만의 매력을 가지고 있기 때문에 이것을 절묘하게 이용하면 이성의 부하직원을 관리하는 일이 그리 어렵지 않다는 것이다. 그냥 지나치면 단순한 매력에 불과하겠지만 절묘하게 이용하면 큰 덕을 볼 수 있다.

조물주가 사람을 창조할 때부터 남성과 여성은 서로에게 끌리도록 만들어져 있다. 이런 본성은 결혼유무와도 큰 관련이 없어서, 이미 가정이 있는 남성들도 매력적인 여성을 보면 심장박동이 빨라진다. 대부분 그것을 억제할 뿐이다.

그 친구는 여성 부하직원들을 대할 때, 젊은 시절 여자친구에게 구애하던 방식을 그대로 사용했다. 그것은 바로 부드러움과 자상함, 관심, 그리고 존중이었다.

그는 화이트데이가 오면 여직원들에게 장미꽃을 한 다발씩 선사하고, 생일을 맞은 여직원에게는 작은 선물을 주었으며 가끔씩 여직원들의 옷차림이나 헤어스타일을 칭찬해주었다. 그리고 부드러운 말투를 사용하며, 업무를 지시할 때에도 부탁하는 듯한 태도를 취했다. 또 아이가 있는 여직원에게는 때때로 아이의 안부를 묻고 완구를 선물하거나 어깨를 두드려 주기도 했다.

한 마디로 그는 여직원들에게 때로는 남편 같고, 때로는 연인 같고, 또 때로는 아이 같이 행동했다. 여직원들로 하여금 자신이 상사임을 느끼지 못하도록 만든 것이다. 그러자 여직원들도 그에게 매우 호의적이고 협조적으로 대했으며, 그의 의견에 잘 따라주었다.

그 친구가 출중한 외모의 소유자는 아니었지만, 여직원들에게 그는 더없이 매력적인 남자였다.

모든 상사들이 이런 방법을 쓸 필요는 없다. 하지만 여직원과 함께 일하고 있다면, 이런 방법으로 매력을 분출할 때 일처리가 훨씬 수월해지고 효율도 높아짐을 느낄 수 있을 것이다. 여성들도 물론 여성만의 매력을 절묘하게 이용할 수 있다.

슈퍼우먼 같은 인상을 주는 한 여성 변호사가 자신도 여성으로서의 매력을 자주 이용한다고 말하는 것을 들은 적이 있다. 여기에서 여성으로서의 매력을 이용한다는 것은 여색을 이용한다는 의미가 아니라, 적당한 때에 적절한 애교를 이용한다는 것인데, 그녀는 이렇게 해서 불가능했던 일이 가능해지기도 하고, 어려운 문제가 쉽게 해결되기도 했다고 귀띔해주었다.

남성들에게 애교는 실로 대단한 위력을 가진다. 남성들은 여자친구의 애교에 넘어가고, 남편은 아내의 애교에 맥을 못 추며, 아버지는 딸의 애교에 두 손을 들곤 한다. 일을 할 때에도 남성들은 여성의 애교 앞에서 무릎을 꿇는다. 그러므로 여성들은 일부러 강인한 인상을 주기 위해 노력할 필요가 없으며, 때로는 연약한 모습을 보여주는 것도 좋다.

애교를 부릴 때에는 시간과 장소를 고려해야 한다. 시도 때도 없이 특별한 일도 없는데 애교를 부리면 자신의 이미지를 깎아내릴 뿐이다. 애교만으로 원하는 것을 이루려는 생각도 자신의 발전에 도움이 되지 않는다. 애교 작전도 결정적인 순간에 사용해야 한다. 또한 억지를 애교로 오해해서도 안 된다. 무리하게 억지를 부리면 대책 없는 철부지라는 인상만 줄 것이다.

남자동료들에게도 애교를 잘 이용하면 예상외의 효과를 거둘 수 있다. 상사로서 남자직원들을 대할 때에도 적당한 때에 애교를 사용할 수 있다. 예를 들면 남자 부하직원에게 어떤 일을 해달라고 부탁할 때 애교 섞인 말투로 이야기한다면 이런 부탁을 감히 거절할 수 있는 남성은 얼마 되지 않을 것이다.

자신의 단점을 정확히 판단하고 남의 함정에 빠지지 말라 79

· 정정당당하고 착실하게 일하고 망상을 버리면 함정을 비켜갈 수 있다.

    수많은 사람들이 함께 살아가고 있는 이 세상에는 밝고 따뜻한 면도 있지만, 사기와 속임수 등 어두운 면도 있다. 살기 위해서라면 어떤 일은 못하겠는가? 이것이 인간의 어쩔 수 없는 본성이다.

    생존을 위한 수많은 수단들 중에 미리 조심해도 걸려들 수밖에 없는 것이 바로 함정이다. 사냥꾼이 짐승을 잡기 위해 놓은 덫이나 올가미를 보았다면 인간세상의 함정도 얼마나 무서울지 상상할 수 있을 것이다. 그러므로 사회생활을 할 때에는 반드시 함정을 분간하고 피하는 방법을 익혀야 한다.

    사실 함정이 있다는 것을 알아내는 것은 매우 어려운 일이다. 함정은 눈에 띄지 않게 만들어지고 또 위장까지 되어있기 때문이다. 사냥꾼들이 함정을 파놓고 그 위에 나뭇가지와 나뭇잎을 올려놓아 길을 지나가던 동물들이 알아채지 못하게 하는 것과 마찬가지다.

    함정을 분간해내기는 어렵지만, 함정의 본질을 파악하는 것은 그리 어려운 일이 아니다.

    함정은 워낙 여러 가지 형태로 만들어지기 때문에 특정한 유형으로 규정지을 수 없다. 하지만 함정을 놓을 때에는 한 가지 중요한 원칙이 있다.

> 사람의 약점을 이용하라.

    회사를 경영하고 있는 한 친구가 있는데, 여러 가지 조건이 거의 완벽하고 두뇌도 총명해 사기를 당할 것 같지 않지만, 그 친구에게도 한 가지 단점이 있다. 바로 여색을 밝힌다는 것이다. 결혼 전에는 하루가 멀다 하고 여자 친구가 바뀌었고, 결혼한 후에도 틈만 나면 바람을 피우고, 여자 동료와 불륜을 저지르다가 결국 이혼을 했다. 그 친구가 지금까지 수많은 여성들에게 쏟아 부은 돈만해도 집을 몇 채 사고도 남을 것이다. 한 번은 친구들과 호스티스가 있는 술집에 갔는데 미녀가 따라주는 술을 마시고 술기운이 동한 나머지, 호기롭게 지갑에서 수표를 꺼내 배서를 해서 건네주었다. 그리고 다음날 술이 깨자 그는 전날 밤 일을 생각하며 머리카락이 쭈뼛 서는 것을 느꼈다. 술과 미녀에 취해 1백만 원이라는 거금을 팁으로 준 것이었다.

이것은 여색을 밝히다가 함정에 빠진 예다. 여색을 좋아하는 것이 그의 약점이었고, 미녀를 보고는 불속으로 날아드는 부나방처럼 이성을 잃어버린 것이다. 어떻게 그럴 수 있을까 하는 의문이 생기기도 하지만 엄연한 사실인 걸 어떻게 하겠는가.

따라서 자신이 여색을 심하게 밝힌다면 미인계에 걸려들지 않도록 조심해야 한다. 정치인들이 스캔들에 휘말려 정치인생에 종지부를 찍는 것도 대부분 이 여색밝힘증 때문이라고 한다.

여색을 밝히는 것 외에도 저마다 다양한 약점들을 가지고 있다.

> 돈을 좋아한다. 돈을 벌 수 있다면 수단과 방법을 가리지 않고, 또 후유증도 생각하지 않고, 어떤 위험이 따르는지 깊이 고려해보지도 않고 무턱대고 덤벼드는 사람들이 있다. 정치인들 중에도 돈과 관련된 비리에 연루되어 몰락하는 사람들이 있는데, 그 중 일부는 정적이 놓은 함정에 걸려든 것이고, 큰돈을 벌 수 있다는 소리에 욕심을 부려 무턱대고 동업을 했다가 동업자가 도망가 버리는 경우도 있다. 이런 것들이 모두 돈을 좋아하는 사람의 심리를 이용해 놓은 함정이다.
>
> 도박을 좋아한다. 포커든 고스톱이든, 도박에 관한 이야기만 나오면 눈이 반짝반짝 빛나는 사람들이 있다. 이런 약점을 이용해 사기도박을 벌여 돈을 모두 따버리면 돈을 잃은 사람은 자신이 함정에 빠졌다는 사실도 모르고, 그저 자신이 운이 없어 돈을 잃었다고 생각한다.

위의 세 가지가 가장 이성을 잃기 쉬운 약점이며, 함정에 걸려들기 가장 쉽고, 피해도 가장 큰 유형이다. 이밖에도 마음이 너무 약하다거나 귀가 너무 얇다거나, 쉽게 화를 내고, 먹는 것을 좋아하고, 술을 좋아하는 것 등이 모두 자신을 해치려는 사람들에게 좋은 빌미가 된다. 이미 이런 약점을 가지고 있다면 어떻게 해야 할까? 설마 사람들을 만나서는 안 되는 것일까?

　우선 이 사회에는 곳곳에 함정이 도사리고 있지만, 항상 함정에 걸려드는 것도 아니다. 정정당당하고 성실하게, 분수에 넘치는 욕심을 부리지 않고 살아간다면 함정에 걸려들 확률을 줄일 수 있다. 그리고 가장 중요한 것은 역시 자신의 약점을 똑바로 보고 객관적으로 판단하는 것이다.

　즉, 자신의 약점이 무엇인지 알아야 한다. 그 부분이 자신의 방어능력이 가장 취약한 부분이기 때문에 이 약점을 완전히 뜯어 고치지는 못하더라도 최소한 남들이 알게 해서는 안 된다. 당신의 약점을 모르면 적들도 공격할 틈을 찾을 수 없을 것이다.

5원 한 번에 만족하기보다 1원이라도 여러 번이 낫다

· 5원을 가질 수 있는 기회는 단 한 번뿐이다.

어느 시골 마을에 모두다 바보라고 놀리는 한 아이가 있었다.

그 아이는 1원과 5원이 있으면 언제나 1원 짜리 동전을 가졌다. 외지에서 온 어떤 사람이 이야기를 듣더니 그 아이에게 직접 1원 짜리와 5원 짜리 동전을 하나씩 내밀고 하나를 가지라고 했다. 그랬더니 정말로 그 아이는 1원 짜리 동전을 갖는 것이었다. 그러자 주변에서 구경하던 사람들이 크게 웃으며 아이를 바보라고 놀려댔다. 하지만 이상하게 생각한 그 외지인이 아이에게 물었다.

"넌 정말 이 동전이 얼마인지 가치를 구별할 줄 모르니?"

그의 물음에 아이의 입에서 나온 대답은 아주 의외였다. 아이는 작은 목소리로 대답했다

"구별할 줄 알아요! 하지만 5원 짜리를 선택하면 더 이상 동전을 내밀 사람이 없잖아요!"

어렸을 때 동화책에서 읽었던 이야기인데 지금 와서 보니 생각할수록 재미있다. 이 아이가 바보라고 놀림은 받았지만 아주 똑똑하기 그지없다. 5원 짜리를 선택하면 이제 재미가 없어져 그 아이에게 동전을 고르라고 내미는 사람도 없겠지만, 1원 짜리를 선택하면 비록 바보라는 놀림은 당하겠지만 지속적으로 돈을 가질 수 있었다.

이 이야기에서처럼 사회생활을 할 때에도 바보라고 놀림을 받더라도 1원 짜리 동전을 선택하는 것이 낫다.

다음의 두 가지 이야기를 들어보자.

한 친구가 새로운 직장에 취직을 했는데, 직위는 매우 높았지만 자신이 거의 알지 못하는 매우 생소한 업종이었다. 연봉도 5천만 원이나 되었다. 그런데 뜻밖에도 그 친구는 자발적으로 연봉을 4천만 원으로 내렸다. 사람들이 그에게 어리석다며 나무라자 그는 이렇게 대답했다.

"연봉을 5천만 원이나 받으면 난 월등히 우수한 성과를 내야하네. 그러지 못하면 직장을 잃게 될 뿐이지. 하지만 자발적으로 연봉을 깎으면 상사들도 나의 겸손함을 알게 될 테니, 일의 성과가 기대에 못 미쳐도 크게 문제를 삼지 않을 것이고, 만약 좋은 성과를 낸다면 연봉이 다시 5천만 원으로 오를 것 아닌가? 장기적으로 볼 때, 역시 연봉을 스스로 깎는 편이 낫다고 생각하네."

또 다른 친구는 특별상여금을 받게 되었고, 다른 동료가 한 턱 내라고 했다. 그 친구는 물론 거절할 수 없어 동료에게 괜찮은 식당을 고르라고 했더니, 최고급 레스토랑을 선택한 것이었다. 그 친구는 거절할 수 없어서 저녁을 사기는 했지만 그 다음부터는 그 동료에게 식사 대접을 하지 않으리라고 다짐했다.

이 두 가지 이야기와 앞서 말한 바보 아이의 이야기에서 가장 중요한 핵심은 바로 욕심이다. 자신에게 주어진 이익의 배후에 사람이 있다는 것을 생각하지 못하고 욕심을 부리면 상대방의 반감을 불러일으킬 수 있다. 큰 욕심을 부리지 않고 항상 1원에 만족하면 당신에 대한 상대의 평가가 올라가고 상대와의 관계를 유지시킬 수 있지만, 욕심을 부려 5원을 선택하면 지속적인 이익은 없다. 바로 그 한 번뿐이며, 당신에 대한 상대의 생각에도 좋은 영향을 미치지 못한다.

안타까운 것은 요즘 세상에는 이렇게 한 번으로 끝나는 인간관계도 많고,

한 번으로 끝나는 장사도 많다는 사실이다. 많이 얻을 수 있다고 자신이 똑똑하다고 생각하면 오산이다. 욕심은 지속적으로 이어질 수 있는 관계를 단절시킬 뿐이다.

  열 번의 1원을 택하겠는가? 아니면 한 번의 5원을 택하겠는가?

  선택은 당신에게 달려있다.

몸을 낮추면 일이 쉬워진다   81

· 거드름은 당신을 옭아맬 뿐이다.

나의 한 대학친구는 학교 다닐 때 성적이 매우 좋아 주변에서 모두들 그가 큰일을 해낼 것이라고 기대했었다.

졸업 후 그는 과연 성공을 거두었다. 하지만 모두가 기대했던 정치계나 기업계의 유명인사가 된 것이 아니라, 국수가게를 차려서 크게 성공했다.

그는 대학을 졸업하고 군대를 제대한 후 살던 집 주변에 있는 한 야시장에 자리가 났다는 것을 듣게 되었고 아직 취업을 못했던 그는 부모님께 돈을 빌려 그 자리를 임대해 포장마차를 차려놓고 국수를 팔기 시작했다. 본래 요리에 관심이 있었던 그는 국수를 만드는 일이 재미있었고, 대졸학력을 가진 사람이 포장마차를 한다는 것이 알려지면서 신기하게 생각한 많은 사람들이 그의 포장마차를 찾아오면서 장사도 꽤 잘 됐다. 포장마차를 하면서도 그 친구는 자신이 대학에서 배운 지식이 아깝다거나 자신이 학벌에 비해 보잘것없는 일을 한다고 생각한 적이 없었다.

그 친구는 지금도 국수를 팔고 있고 번 돈을 모두 다른 곳에 투자해 꽤 많은 돈을 벌었다.

"몸을 낮추라! 몸을 낮추면 길이 갈수록 넓어진다." 이것은 바로 그 친구의 좌우명이자, 항상 입버릇처럼 하는 말이다.

그 친구는 굳이 포장마차를 하지 않았더라도 다른 분야에서 충분히 성공했겠지만, 어쨌든 학벌을 생각하지 않고 몸을 낮춘 그 친구의 행동에 탄복하지 않을 수 없다. 모두 그 친구처럼 하라는 것은 아니지만 필요할 때에는 자신의 몸을 낮출 줄 아는 그의 용기만은 모두 배워야 한다고 생각한다.

자신을 존중하는 것도 필요하지만 때로는 자아 존중이 자기한계로 나타나기도 한다. "나는 이런 사람이기 때문에, 그런 일은 절대 할 수 없다."는 생각을 가지게 되면 그것이 바로 자신의 행동을 제약하게 된다. 귀족가문의 딸이므로 하녀와 같은 식탁에서 식사를 할 수 없다거나, 박사학위를 가지고 판촉직원은 할 수 없다거나, 고위경영진이니 말단사원에게 직접 찾아갈 수 없다거나, 고학력자라서 단순 육체노동은 할 수 없다는 등의 인식은 자신을 더욱 구속할 뿐이다. 이런 일을 하면 자신의 가치가 떨어진다는 잘못된 인식을 버려야 한다.

이런 강박관념에 사로잡혀 있으면 갈 수 있는 길이 점점 좁아진다. 박사학위를 가졌다고 일반 영업사원이 되느니 차라리 실업자로 남겠다는 생각으로는 자신만 힘들어질 뿐이다. 눈높이를 낮추면 앞길이 넓어진다.

사회에서 자신만의 길을 찾고 싶다면 몸을 낮춰라. 즉 학벌과 집안 배경, 신분 등에 연연하지 말고 보통사람으로 돌아가라. 그리고 남들의 시선이나 평가를 두려워하지 말고 가치 있는 일을 하고 있다고 생각하라.

몸을 낮추면 여러 가지 방면에서 남들보다 높은 경쟁력을 가질 수 있다.

몸을 낮추면 융통성 있는 사고를 가지게 되고. 다방면의 정보를 습득할 수 있기 때문에 자신만의 데이터베이스를 구축할 수 있다.

몸을 낮추면 남들보다 빨리 좋은 기회를 잡을 수 있다. 자신의 신분에 대해 이것저것 생각하지 않아도 되기 때문이다.

다음과 같은 상황을 생각해보자. 한 귀족가문의 아가씨가 어려움이 닥쳐 시녀와 함께 멀리 피난을 떠났다. 가지고 있는 식량이 모두 떨어지자 시녀는 아가씨에게 함께 거리로 나가 구걸을 하자고 했다. 하지만 아가씨는 자신은 귀족 신분이라며 절대 구걸할 수 없다고 고집을 부린다.

과연 이 이야기의 결말은 어떨까? 여러분의 상상에 맡기겠다.

모든 여지를 배제하고 말하지 말라 82

· 의외를 용납하면 실패를 막을 수 있다.

    예전에 한 잡지사에서 일할 때의 일이다. 한 남자동료에게 인터뷰를 맡겼는데, 그리 쉽지 않은 인터뷰였기에 걱정스런 마음에 그에게 물었다. "할 수 있겠어?" 그는 자신의 가슴팍을 탁 치며 자신 있게 말했다. "문제없어. 나만 믿어!" 하지만 3일이 지나도록 그는 아무런 소식도 들리지 않았다. 나는 그에게 어떻게 진행되고 있는지 물었다. 그는 그때서야 "생각만큼 간단하지 않군."하고 털어놓았다. 그에게 계속 일을 추진하라고 말은 했지만 며칠 전 그가 보였던 자신만만했던 행동이 마음에 거슬렸다.

    또 한 친구는 불만이 있는 동료에게 단호한 어조로 이렇게 말했다.

    "오늘부터 자네와 모든 관계를 끊겠어. 서로 아는 척 하지 말자고!"

    그 후 두 달도 안 되어 그 동료가 승진을 해서 상사가 되었고, 내 친구는 자신이 한 말 때문에 울며 겨자 먹기 식으로 회사를 그만두었다.

    이 두 가지 이야기는 모든 여지를 배제한 채 이야기했다가 낭패를 본 예다. 물 잔에 물이 가득 차 물이 한 방울만 더 들어가면 넘쳐버릴 것처럼 말하지 말라. 혹은 풍선에 바람이 잔뜩 들어 조금만 바람이 더 들어가면 터져버릴 것처럼 말하지 말라. 물론 자신이 한 말은 무슨 일이 있어도 그대로 지키는 사람들도 있다. 하지만 모든 일에는 의외가 발생할 수 있다. 앞일이 어떻게 변할지 전혀 예측할 수 없다. 전혀 다른 여지를 주지 않고 이야기하지 말고, 일부 예외를 용납해야 한다. 다른 액체가 들어가도 넘치지 않도록 물 잔에 물을 너무 가득 채우지 말고, 풍선도 공기다 조금 더 들어가도 터지지 않도록 공간을 남겨두자. 말할 때 여지를 조금씩 남겨두면 의외의 상황으로 인해 실패하는 경우는 없을 것이다. 여지를 남겨두었기 때문에 자세를 조금 바꿔 앉으면 그만이다. 정부 관리들이 기자간담회에서 기자들에게 질문을 받거나, 국회에서 국회의원들의 질의를 받았을 때 "그럴 가능성도 있습니다.", "되도록……", "고려해보겠습니다.", "각 분야의 의견을 구하겠습니다." 등의 말을 많이 사용하는 것도 바로 이런 여지를 남겨두기 위함이다. 단호하게 말했다가 의외의 상황이 발생하면 곤란해질 수 있지 않은가. 물론 확실하게 일을 처리해야 할 정부 관료들이 이렇게 하는 것은 바람직한 일이 아니지만, 보통 사람들이 세상을 살아갈 때에는 이런 방법이 필요하다.

다음은 말할 때 주의를 기울여야 할 부분이다.

〈직장에서〉

타인의 청탁을 받아들일 때에도 "확실히 약속드리겠습니다."라고 말하기보다는 "최대한 노력해보겠습니다."라고 말하는 편이 좋다.

상사가 업무를 맡기면 "아무 문제없습니다."라고 말하기보다는 "문제없을 것입니다. 최선을 다하겠습니다."라고 말하는 것이 낫다.

혹시라도 일이 성사되지 않을 경우 도망갈 수 있도록 뒷길을 마련해두는 것이다. 그리고 이렇게 해도 당신의 신뢰도에는 전혀 영향을 미치지 않으며, 오히려 신중한 사람이라는 평가를 받고, 혹시 일이 성사되지 않더라도 원망을 사지 않을 것이다.

〈사회에서〉

누군가와 얼굴 붉힐 일이 생겨도 악담을 해서는 안 되며, 부모의 원수가 아니라면 당신과는 같은 하늘을 이고 살 수 없다는 식의 말은 더욱 해서는 안 된다. 누가 옳고 그른지를 떠나서 아무 말도 하지 않는 것이 훗날 필요할 수도 있을 협력을 상황에서 곤란한 일을 겪지 않을 수 있다.

너무 성급하게 상대를 판단하고 단정짓지 말라. "그 사람은 이제 끝났어.", "저 사람은 평생 성공할 수 없을 거야." 등의 말은 하지 않는 것이 좋다. 사람의 일생은 길고 변화도 많은 것이다. 한 순간에 누구는 전망이 없고, 누구는 유능하다고 단정지을 수 없다.

물론 내가 말한 것 외에도 여러 가지 상황이 있을 수 있다. 또 때로는 전혀 다른 여지를 남겨두지 않고 말해야 하는 경우도 있다. 하지만 반드시 필요할 때를 제외하고는 어느 정도 여지를 남겨두는 것이 현명한 일이다. 그래야 남에게 원망을 사지 않고, 자신도 곤란해지는 일을 막을 수 있다. 이런 점에서는 중성적이고 불확실한 말을 많이 사용하는 정부 관료들을 본받을 필요가 있다.

동양인들의 처세성향을 이해하라　83

· 인정을 중시하고, 겉과 속이 다르며, 형식을 중시한다.

　나는 외국인 친구, 특히 서양인 친구가 없지만 주변의 말을 들어보면 서양인들은 일을 처리할 때 사적인 인정에 이끌리는 경향이 강하지 않으며, 자신의 생각을 빙빙 돌리지 않고 솔직하게 이야기한다고 한다. 나라와 민족마다 다양한 성향을 가지고 있으므로 어떤 방식이 옳다고 말할 수는 없지만, 동양인이고 또 앞으로 많은 세월을 동양인들과 부대끼며 살아야 할 당신이라면 동양인들의 처세방식을 잘 파악하지 않으면 안 된다.
　우선 동양인들은 인정을 중시한다. 많은 일들이 인정에 의해 좌지우지되곤 한다. 능력이 별 볼일 없는 사람이 특별히 승진발령을 받는다면 누군가의 청탁에 의한 경우가 많다. 인정이라는 것이 따뜻하고 아름다운 인간미이기도 하지만, 때로는 일종의 무기이자 부담으로 작용하기도 한다. 인정에 이끌려 일의 방향이 틀어진다 해도 너무 심각하게 생각하지 않고, 그냥 넘어가는 것이 좋다.
　다음으로 동양인들은 속으로 생각하는 것을 솔직하게 겉으로 표현하지 않는 경향이 있다. 속으로는 어떻게 생각할지언정 겉으로는 직접적으로 이야기하지 못한다. 당신 앞에서 칭찬을 늘어놓던 사람이 보이지 않는 곳에 가서는 험담을 할 수도 있고, 속으로는 괴로워도 겉으로는 체면을 차린다. 눈으로 보고, 귀로 들은 것을 순진하게 그대로 믿어서는 안 된다.
　동양인들은 또 아무리 싫어하는 사람이라도 그 사람 앞에서는 드러내놓고 싫어하는 내색을 하지 않는다. 표면적으로 누군가와 적대관계가 되는 것을 꺼리기 때문이다. 오히려 겉으로 보기에는 막역한 친구 사이인 것처럼 보여도 속마음을 들여다보면 원수지간인 경우도 있고, 예의를 깍듯이 차리지만 서로의 마음을 도통 알 수 없는 경우도 있다. 겉으로 호의적인 사람이라도 암암리에 자신을 공격할 수 있으므로 각별한 주의를 기울여야 한다.

　이밖에도 동양인들은 말을 직설적으로 하지 않는다. 이것 역시 적대관계를 만들지 않기 위한 것인데, 많은 사람들과 함께 있을 때 누군가 다른 사람들과는 잘 이야기하면서 자신에게는 말을 한 마디도 걸지 않는다면 그가 당신을 증오하고 있을 가능성이 많다. 말을 하더라도 말 속에 가시가 한두 개쯤 감추어져 있는 경우가 대부분이다. 이런 암시를 잘 해독해내려면 상대방의 말을 자세히 들어야 한다.

　형식을 중시하는 것도 역시 동양인들의 큰 특징이다. 무엇이든 했다는 것이 중요할 뿐, 그것이 실제 어떤 효과를 거두었는지는 중요하게 생각하지 않는다. 오히려 일의 결과와 효과를 진지하게 조사하려고 하면 사람들에게 핀잔을 들을 수 있다. 이런 경향은 공공기관인 경우에 더욱 심하다.

　동양인들의 처세방식을 잘 이해한다면 동양 사회에서 살아가는 것이 그리 어렵지 않다. 남들이 어떻게 생각하는지를 추측하려고 애쓰기보다는 자기계발을 위해 애쓰고 실력을 기르는 것이 더욱 중요하다.

직접 대면하면 냉정하게 대하지 못하는 심리를 이용하라

84

· 상대를 존중하면 자신도 존중받는다.

    사람들은 상대가 어떤 사람인지, 그리고 상대와 어떤 관계에 있는지와 관계없이 일단 얼굴을 마주하고 이야기하면 냉정하게 대하기 어려운 법이다.

    얼마 전 한 보험판매원이 나에게 자주 전화를 걸어 보험 가입을 권유한 적이 있었다. 나는 그의 전화가 매우 귀찮았고, 자연히 전화를 받을 때마다 퉁명스럽게 내하곤 했다. 그 직원의 얼굴도 본 적이 없고 그 직원은 단지 내 이름밖에 모르는 데 예의를 차릴 필요도 없다고 생각했기 때문이다. 그런데 어느 날 그 직원이 나를 직접 찾아왔다. 미리 연락도 하지 않고 불쑥 찾아와 내 업무에 방해가 되기는 했지만 난 차마 그를 문전박대하지 못하고 한동안 이야기를 하다가 돌려보냈다. 그로부터 3주 후, 그는 또다시 찾아왔다. 나는 그의 깍듯하고 겸손한 태도에 못 이겨 20분 정도 그가 늘어놓는 상품설명을 들어주다가 직접 보험을 가입하지 않고 내가 아는 사람을 한 명 소개시켜주며 돌려보냈다.

    몇 년 전에는 이런 일도 있었다. 내가 업무상의 실수를 저질러 상사가 크게 화가 난 것이었다. 그의 비서에게 들으니 화가 난 그가 테이블을 내려치는 바람에 테이블 위에 있던 찻잔이 바닥으로 떨어졌다는 것이었다. 그 말을 들은 나는 긴장된 마음으로 상사를 찾아갔다. 그때까지도 그 상사의 얼굴은 붉게 달아올라 있었다. 하지만 그는 어쩐지 날 보더니 점차 화를 가라앉히며 나에게 우선 앉으라고 말하고 내가 잘못한 것이 무엇인지 차근차근 설명해주는 것이 아닌가. 상사의 말을 모두 듣고 방에서 나오니 밖에 있던 비서가 다가와 나에게 귓속말로 이렇게 말했다.

"내일부터 회사 못 나오게 되실 줄 알았어요."

나의 이 두 가지 경험에서 사람의 본성 한 가지를 알 수 있다. 직접 얼굴을 마주하면 상대에게 냉정하게 대하지 못하는 것이다. 보험판매원을 매우 귀찮게 생각했지만 찾아온 사람을 그냥 돌려보낼 수 없었고, 역시 마찬가지로 그 상사도 나의 실수에 화가 나기는 했지만 대놓고 호통을 치지는 못한 것이다. 이것이 인간의 보편적인 특성인지, 아니면 동양인들만의 특성인지는 모르겠지만 이런 경향이 있는 것만은 확실하다.

이런 경우에도 전제조건은 있다. 적어도 당신과 상대의 지위가 동등해야 한다는 것이다. 당신이 먼저 상대를 존중해야 상대도 당신을 존중하는 법이다. 앞서 말한 보험판매원의 태도가 건방졌거나 무례했다면 내가 그와 20분 동안이나 이야기를 했을까? 그리고 내가 뻔뻔한 얼굴로 상사를 찾아갔거나 상사의 말에 반박하고 나섰다면 그 상사가 나를 우선 앉으라고 했을까? 이밖에도 누군가에게 부탁할 것이 있다면 상대를 존중하는 것만으로는 부족하다. 진실하고 겸손한 태도로 상대를 대해야 한다. 그리고 당신이 무언가를 잘못해서 용서를 구하러 갔다면 여기에 덧붙여서 어떤 벌이든 달게 받겠다는 마음가짐과 태도를 보여주어야 한다.

이런 심리를 잘 이용해 전화나 전자우편보다는 직접 찾아가 얼굴을 마주 보고 이야기한다면 자신의 의견을 충분히 전할 수 있고, 또 일이 성사될 확률도 높일 수 있을 것이다.

특히 상품 판매나 청탁, 혹은 상대의 오해를 풀어주거나 양해를 구할 일이 있을 때에는 더욱 그러하다.

젊은이들은 사회경험이 적어 낯선 사람을 두려워하는 경향이 있다. 그래서 새로운 친구를 사귀거나 낯선 사람을 만나는 것을 꺼리고, 문제가 생기면 일단 회피하려고 한다. 하지만 사람의 이런 심리를 잘 이용한다면 일을 처리하는데 큰 도움이 될 것이다. 직접 얼굴을 마주해도 성사되지 않는 일도 있기는 하지만, 그렇다 해도 새로운 친구를 사귀고 인맥을 넓히는 기회로 생각하자.

타인을 자주 칭찬하라

· 돈을 쓰지 않고도 상대의 기분을 좋게 할 수 있다.

85

칭찬에 대해 이야기할 때면 항상 한 친구가 생각난다.

한번은 내가 회의에 참석해 논문을 발표했는데, 그는 나와 다른 분야에 있었음에도 그 회의에 참석한 사람이었다.

당시 나는 논문에 별로 특별한 내용이 없었던지라 발표를 끝내고도 큰 박수를 받지 못했었다. 회의가 끝나고 화장실에 갔다가 그와 마주쳤는데, 그는 나에게 대뜸 이렇게 말했다.

"방금 논문발표 잘 들었습니다. 간단명료해서 아주 마음에 들었습니다."

나 자신도 내 논문에 관심을 갖는 사람이 없을 것이라고 생각했는데, 그의 말을 듣고 나니 기분이 좋아졌다.

그리고 그와 처음 만난 사이인데도 금새 친해질 수 있었다. 나중에 발견한 것이지는 그는 만나는 사람들에게 모두 한두 마디씩 칭찬을 건네고 있었다. 누가 새 옷을 입고 오면 그냥 지나치지 않고 "오, 괜찮은걸!"하고 한 마디 했고, 헤어스타일을 바꾼 여성을 보면 일부러 눈을 크게 뜨며 "너무 예뻐져서 몰라볼 뻔 했네!"라고 말했다.

그의 이런 칭찬이 진심에서 우러나온 것인지는 잘 모르겠지만 그에게서 칭찬을 듣는 사람들마다 모두 기분이 좋아지는 것은 사실이었다.

나는 그때서야 한 선배가 나에게 했던 말이 생각났다. "남들을 많이 칭찬하면 절대로 실패는 없다."

난 사실 누구를 잘 칭찬하는 편이 아니다. 습관이 안 되어있기 때문이다. 하지만 그를 보며 칭찬의 위력을 실감할 수 있었다. 한 마디 칭찬으로 상대를 기쁘게 하고, 자신은 상대로부터 호의와 협조를 얻을 수 있었다.

사실 누군가에게 칭찬을 들으면 기분이 좋아지는 것은 매우 자연스러운 현상이다. 어른뿐만 아니라, 아이들도 어른의 칭찬이 절대적으로 필요하다. 못 믿겠다면 여자아이에게 "참 예쁘게 생겼구나!" 혹은 "네 인형이 아주 예쁘구나!"라고 칭찬을 하고 아이의 반응을 살펴보면 곧 알 수 있을 것이다. 남자아이라면 "잘 생겼구나!", 혹은 "네 장난감 총이 정말 멋지구나!" 등의 칭찬을 하고 아이가 기뻐하는지 살펴보자.

어른들도 역시 칭찬을 들으면 기분이 좋아진다. 여성들이 새 옷을 입고 와서 동료들에게 "어때?"하고 묻는 것도 바로 이런 이유 때문이다. 남성이라고 해서 예외는 아니다. 젊은 남성에게 잘 생겼다고 해주거나, 중년남성에게 기품이 있다고 칭찬해보자. 분명 매우 좋아할 것이다.

사회생활을 하면서 이 칭찬의 마력을 잘 이용하면 당신의 인간관계에 윤활유를 뿌린 것과 같은 효과를 얻을 수 있을 것이며, 당신은 어디에서든 환영받게 될 것이다.

칭찬에도 기술이 있다.

칭찬은 자연스러워야 한다. 너무 꾸며낸 듯한 인상을 주면 다른 의도가 깔려있는 것은 오해받기 십상이다. 말투도 자연스러워야 한다. 무언가 비꼬는 듯한 뉘앙스를 풍겨서는 안 된다. 상대에게 슬쩍 당신의 생각을 표현하는 것만으로도 둘 사이의 공감대를 형성할 수 있을 것이다.

칭찬도 상대를 가려서 해야 한다. 예뻐 보이고 싶어하는 여성에게는 외모를 칭찬하고, 어린 아이를 둔 어머니에게는 아이를 칭찬하는 것이 가장 효과적이다. 아이가 똑똑하고 귀엽다는 한 마디로도 큰 효과를 볼 수 있다. 일하는 여성에게는 외모 외에도 업무능력을 칭찬하는 것이 좋다. 상대가 남성이라면 능력과 끈기를 칭찬해주고, 가정이 있는 남성이라면 아내나 아이를 칭찬해주어도 좋다.

너무 닭살 돋는 표현은 역효과를 가져올 수 있다. 적절하고 가벼운 표현이면 충분하다. 너무 심한 과장은 비웃음으로 들릴 수도 있다. 일반적으로 "괜찮다", "좋다", "마음에 든다" 따위의 말이면 충분하다.

그릇이 작은 사람을 많이 칭찬하라. 상대가 그릇이 작은 사람이라면 별 것 아닌 행동에도 몇 마디 칭찬을 해주면 그들의 마음을 완전히 사로잡을 수 있다. 그들은 평소에 칭찬을 받아본 경험이 별로 없기 때문이다.

사실 사람들에게 필요한 것은 누군가로부터 인정받는 것이다. 특히 가족이나 친한 사람이 아닌 외부인의 인정을 받으면 존재감을 느낄 수 있다. 칭찬에는 돈이 들지 않고 상대의 기분을 좋게 할 수 있다. 인간관계를 넓히고 싶다면 칭찬을 적극 활용하자.

타인의 영역을 존중하라

· 작은 것에 소홀히 해 불필요한 문제를 야기시키지 말라.

86

모든 동물들은 자신의 영역을 지키고자 하는 본능을 가지고 있다. 강아지만 해도 자신의 영역에 소변을 보아 다른 개들은 접근하지 못하도록 경고한다. 나비들도 이런 비슷한 행동을 한다.

기본적으로 자기 영역을 지키려는 행동은 자기방어 의식 때문이다. 사람도 마찬가지다. 개나 곤충들과 그 방법이 다를 뿐이다.

사람의 가장 기본적인 영역은 바로 가정이다. 집주인의 동의를 얻지 않고 남의 집에 무턱대고 쳐들어가면 심하게 욕만 먹으면 다행이요, 심하면 주거침입죄로 경찰서에 끌려갈 수도 있다. 그래서인지 남의 집에 쳐들어가는 사람은 별로 없지만, 이것이 사무실인 경우에는 상황이 조금 다르다.

사무실에서 남의 영역을 침범하는 방식은 여러 가지가 있다. 동의도 구하지 않고 다른 동료의 책상이나 의자에 앉거나 다른 부서에 가서 잡담을 나누는 것 등이 바로 그것이다.

이런 행동이 별 것 아니라고 생각하거나 달리 나쁜 뜻이 없었다고 항변할 수도 있지만, 사실 이런 행동은 남의 영역을 침범하는 것이며 상대의 기분을 상하게 할 수 있다. 상대는 기분이 나쁘더라도 곧바로 드러내거나, 혹은 개나 나비처럼 당신을 쫓아내지는 않더라도 불쾌한 마음을 가지고 당신에게 안 좋은 인상을 가질 것이고, 심지어는 당신에게 다른 나쁜 의도가 있는 것이 아닌지 의심할 수도 있다. 이런 생각은 매우 자연스러운 것이기 때문에, 그렇게 생각하는 상대를 나무랄 수는 없다. 당신이라도 아마 비슷했을 것이다.

다른 사람이 일하는 공간에는 필요한 경우가 아니라면 함부로 다가가거나, 주인이 없을 때 그 자리에 앉아서는 안 된다.

당신이 관리자라면 그런 행동을 하는 부하직원에게 주의를 주어야 한다.

> 특별한 일이 없이 다른 부서에 가서 잡담을 하는 것도 좋은 행동은 아니다. 그 부서의 관리자에게 영역을 침범 당할지도 모른다는 불안감을 줄 수 있기 때문이다. 순수한 생각으로 갔다고 해도 그 부서의 상사는 자신의 권력이 침해받는 느낌을 가질 것이다. 공적인 업무 이외의 일은 모두 그 부서의 상사를 통해서 이야기해야 하며 함부로 다른 부서에 찾아가 부하직원들과 이야기를 나누어서는 안 된다.
>
> 당신이 몇 개 부서를 거느린 관리자라면 하위 부서의 부서장을 존중해주어야 한다. 당신이 고위직 상사라고 특별한 볼일도 없이 아무 부서나 와서 이야기를 하고, 또 그 자리에 해당 부서장이 있다고 가정해 보자. 잠깐이면 괜찮겠지만 오랫동안 그렇게 한다면 그 부서장은 틀림없이 불편해 할 것이다.

자신의 영역을 지키려는 경계심과 방어심이 무의미한 것처럼 보이지만 확실히 존재하는 것이기 때문에 아무 생각 없이 행동했다가는 큰 코 다칠 수 있다.

자신의 실패를 함부로 털어놓지 말라 87

· 남들에게 무능하다는 인상을 줄 수 있다.

세상에 한번쯤 실의에 빠지지 않는 사람은 드물다. 일에서, 감정적으로, 혹은 가정에서 모두 실의를 느낄 수 있다.

실의란 그 자체로도 고통스럽지만, 이런 기분을 아무한테도 말하지 않고 가슴 속에 담아두는 것은 더욱 고통스러운 일이다. 이런 우울함을 가슴에 담아 둔다면 정신건강에 좋지 않기 때문에 누군가에게 털어놓는 것도 좋은 방법이다. 하지만 자신의 실패나 실의를 타인에게 함부로 말하지 않는 편이 좋다. 이런 일을 남에게 털어놓고 나면 좋지 않은 결과만 초래될 뿐이다.

자신의 실패에 대해 털어놓으면 자신도 모르는 사이에 무능하고 연약하다는 이미지를 주게 된다. 누구나 한 번쯤 실수하는 것은 불가피한 일이지만 실의와 좌절에 대해 말하면 사람들은 당신을 능력이 부족한 사람으로 인식할 것이다. 게다가 실패에 대해 말하다가 감정이 북받쳐 수습 불가능한 상황이 초래될 수도 있다. 실의에 빠진 모습에 사람들은 위로를 보내겠지만, 그들 마음에는 동정심만이 가득 담겨있을 뿐이다.

자신에 대한 남들의 인상에 안 좋은 영향을 미칠 것이다. 많은 사람들이 인상으로 상대방을 평가한다. 자신감과 굳은 의지를 가지고 있는 사람들은 남에게 좋은 인상을 주고, 전문분야에서 성공한 사람이라면 더욱 존경을 받는다. 이것이 바로 사람의 본성이다. 실의에 빠졌다는 사실이 알려지면 그에 대한 사람들의 평가는 크게 절하되고, 심한 경우 존경과 호의에서 무시와 냉대로 바뀔 수도 있다.

사회적인 인상이 결정된다. 자신이 실의에 빠졌다는 사실을 너무 자주 말한다거나 혹은 소문이 퍼져 많은 사람들이 그 사실을 알게 되면 당신에게는 실패자라는 보이지 않는 꼬리표가 따라다니게 된다. 현실에서 실패자는 스스로 기회를 개척해야 한다. 사람들은 실패자에게 기회를 주지 않으려고 하기 때문이다. 특히 소문이라는 것이 매우 무서운 것이어서, 작은 실패도 여러 사람의 입을 건너다보면 눈덩이처럼 불어나 커다란 실패처럼 전해지기 때문에 당신의 앞날에 크던 작던 걸림돌이 될 것이다. 사람들은 당신이 실의에 빠졌다는 것에만 주목할 뿐, 얼마나 실의에 빠졌고, 왜 실의에 빠지게 되었는지에 대해서는 큰 관심이 없다.

하지만 자신을 실의에 빠지게 한 일을 가슴 속으로 삭여야 한다는 의미는 아니다. 누군가에게 털어놓되, 상황과 상대를 잘 선택해야 한다.

친하고 믿을 수 있는 친구에게만 말하라. 이런 친구라면 이미 당신의 장점과 단점, 강점과 약점을 모두 알고 있을 것이기 때문에 이런 친구에게 말하는 것이 가장 안전하다. 이런 친구에게라면 그의 어깨에 얼굴을 묻고 크게 소리 내어 울어도 괜찮다. 처음 만난 사람이나 평범한 친구에게는 전혀 낌새도 보여서는 안 된다.

성공한 후에는 말해도 된다. 슬럼프에 빠져 있을 때 자신의 어려운 상황을 털어놓는다면 연약한 사람으로 밖에는 비춰지지 않을 것이다. 실의를 극복하고 성공한 후에 실의에 빠졌던 경험에 대해 말한다면 사람들은 당신을 의지의 화신이라고 생각하고 존경할 것이다. 당신이 실의를 극복하고 성공하기까지의 스토리가 그들에게는 감동적인 성공신화로 들릴 수 있다. 역경을 극복하고 우뚝 선 사람의 이야기가 평탄한 길을 걸어 온 사람의 그것보다 감동적이고 흥미진진한 것은 사실이니까 말이다.

또 한 가지 당부해둘 것이 있다. 세상에는 물에 빠진 사람을 보면 도와주지는 못할망정 돌을 던지는 사람들이 많다. 실의에 빠져 상처받기 쉬운 때에 설상가상으로 이런 사람을 만날 수도 있다. 약자를 짓밟고 싶은 것도 사람의 본성이라는 점을 명심하자.

실의에 빠졌다면 남들에게 알리지 말고 이를 악물고 버티자!

인간관계에서는 먼저 베풀어야 득이 된다   88

· 먼저 나서서 상대를 만족시켜라.

　인간관계의 좋고 나쁨은 한 사람의 사회적 성공에 지대한 영향을 미치며, 누구나 원만하고 넓은 인간관계를 맺게 되기를 바란다.

　사업으로 크게 성공한 한 기업인은 광범위하고 원만한 인간관계를 수립하기 위해서는 베품의 미덕이 필요하다고 했다. 다시 말해 베풀어야 얻는 것도 있으며, 베풀지 않고 얻으려고 한다면 인간관계를 넓힐 수 없다는 것이었다.

　나도 그의 의견에 적극 찬동한다. 나도 누군가에게 베품을 받으면 그와 친구가 되었고, 나도 가끔 베풀어 보면 역시 친구들을 많이 얻을 수 있었기 때문이다.

　왜 먼저 베풀어야 할까?

　사람은 자아를 중심으로 살아간다. 어떠한 일에서든 일단은 나를 먼저 생각하기 때문에 때때로 "저 사람은 왜 먼저 나에게 인사를 하지 않을까?", "저 사람은 왜 내가 아니라 다른 사람을 식사에 초대할까?", "그가 왜 나에게 생일축하카드를 보내지 않았을까?", 혹은 "그는 왜 나와 거리를 두려고 할까?", 이런 생각들을 한다.

　모든 사람들이 얻기를 바라는 것이다. 이런 상황에서 어느 누구도 먼저 베풀지 않는다면 관계가 더 이상 발전할 수 없다.

　당신이 먼저 적극적으로 나서서 상대의 자아를 만족시켜 준다면 두 사람의 관계가 발전할 수 있을 것이다.

　적극성이 바로 베품의 첫 번째 단계다. 먼저 나서서 무장을 풀고 몸을 낮추고 상대에게 평화의 악수를 건네자.

그 다음은 이제 실질적인 단계로 들어간다.

일상적인 겉치레와 인사로는 별 효과가 없지만, 일상적인 대화 속에서 상대방에 대한 배려와 관심을 보여준다면 둘 사이의 관계가 점점 숙성될 것이다. 물론 상대방에 대한 당신의 관심이 상대를 떠보거나 염탐하려는 것이어서는 안 된다. 그럴 경우 상대의 경계심만 부추기는 결과를 낳을 것이다. 이럴 때에는 관련된 화제를 먼저 꺼내는 것이 좋다. 예를 들면, 일에 대한 이야기를 하다가 자연스레 가정생활이나 여가활용법에 대해 물어보는 것이다. 이렇게 하면 상대는 굳게 닫았던 마음의 문을 열 것이다.

이것만으로는 부족한 감이 있다. 이것만으로는 특별한 인간관계를 맺을 수 없다. 좀더 적극적으로 행동해야 인간관계를 탄탄하게 굳힐 수 있다.

어떻게 해야 할까?

방법은 아주 간단하다. 상대를 위해 무언가를 하는 것이다.

상대를 잘 관찰해 상대에게 필요한 것이 무엇인지 알아내고 상대가 말을 꺼내기 전에 먼저 알아서 하는 것이다. 상대는 당신에게 감사할 것은 물론이거니와 깊이 감동할 것이다. 외국여행에서 돌아오면서 탈모로 고민하는 친구에게 발모제를 사다준다면, 친구는 약효를 떠나서 당신의 배려에 감격할 것이다.

당신의 것을 함께 나누어라. 물질적인 것도 좋고, 정신적인 것도 좋으며, 혹은 인간관계라도 좋다. 친구에게 다른 친구를 소개해주거나, 좋은 음악이 실린 CD를 빌려주거나, 당신이 기르던 화분이나 가지고 있던 책을 선물할 수도 있다. 어떤 것이든 상대는 없지만 당신에게는 있는 것을 상대에게도 나누어 주라.

상대에게 도움이 필요할 때 도움의 손길을 뻗어라. 정신적인 도움이 될 수도 있고 물질적인 도움이 될 수도 있다. 단지 상대에게 당신이 자기편이라는 것을 알게 하면 된다.

이렇게 베풀어서 과연 얻어지는 것이 있는지 의구심을 갖는 사람도 있을 것이다.

세상에는 인정으로 통하지 않는 사람들도 있지만, 그런 사람들에도 역시 먼저 베풀지 않으면 얻을 수 없다.

한 가지 명심할 것은 먼저 베풀고 희생했다고 해서, 상대방이 반드시 호의적으로 받아들이고 그에 상응하는 무언가로 보답할 것이라고 기대해서는 안 된다는 사실이다. 하지만 이 베품이 씨앗이 되어 결실을 맺을 것임은 틀림없는 사실이다. 싹을 틔우고 자라서 수확하게 되기까지의 시간차만 있을 뿐이다. 반드시 언젠가는 수확이 있을 것이다.

다시 한 번 강조하건대, 인간관계를 넓히고 싶다면, 절대로 누군가 다가와 주기를 기다리며 넋 놓고 앉아 있어서는 안 된다.

체면을 무시하지 말라

89

· 상대의 체면을 깎아 내리면 시비를 불러일으키기 쉽다.

동양인들은 체면을 매우 중시하는 경향이 있다. 폼생폼사라는 말도 있지 않던가. 다른 것은 모두 포기하더라도 체면만큼은 포기할 수 없다고들 한다.

체면이란 무엇일까? 바로 자신이 속한 집단에서의 존엄성이자, 자리를 잡고 설 수 있는 근본이다. 다시 말해 자신의 지위를 대표한다고도 할 수 있다. 당신이 누군가에게 모욕을 주면, 모욕을 당한 사람은 동료들 사이에서 자신의 체면이 깎였다고 생각하고 당신에게 강한 반격을 가할 것이다.

따라서 사회생활을 하는 데 있어서 이 체면이라는 것을 매우 중요하게 생각해야 한다. 자칫 소홀히 했다가는 당신의 인간관계와 일에 큰 어려움을 초래할 수 있다.

하지만 이 체면문제라는 것이 매우 미묘한 것이어서 체면에 관계된 것은 자신이 직접 체험하지 않고는 말로 확실하게 설명하기 어려운 경우가 많다. 그렇다면 이 미묘한 체면문제를 어떻게 해결할 것인가? 다음의 두 가지 원칙만 잘 지킨다면 그리 어려울 것이 없다.

첫째 원칙은 남의 체면을 상하게 할 수 있는 일을 하지 않아야 한다는 것이다. 구체적으로는 상대에게 직접적으로 모욕을 주어서는 안 된다. 특히 인신공격은 절대 금물이다. 누군가에게 충고하고 싶은 것이 있다면 다른 사람들이 모두 있는 공개적인 장소에서 이야기하지 말고 개인적으로 은밀하게 이야기해야 한다. 또한 자신의 영역 밖의 일에 대해서는 왈가왈부해서는 안 된다. 옛말에 개를 때릴 때에도 주인을 보고 때린다고 했다. 상대방의 부하직원에게 모욕을 주어서도 안 된다. 무언가를 겨루어야 할 상황에 마주칠 경우 부하직원에게 한 수 져주는 미덕도 필요하다. 윗사람이나 상사, 선배 등을 존중해야 한다. 하극상은 금물이다. 남의 공로나 기회를 가로채서는 안 된다.

요컨대 상대를 존중하는 마음을 가지고 상대의 입장에서 생각한다면 상대의 체면을 깎아내리는 일은 없을 것이다. 상대의 체면을 상하게 하면 거의 대부분의 경우 싸움이 생기거나 상대와의 사이가 틀어지게 되므로 조심해야 한다.

두 번째는 일부러라도 상대의 체면을 살려주어야 한다는 것이다.

예를 들면 동료, 친구, 혹은 상사와 함께 이야기하는 자리에서 상대를 띄워주는 것도 좋다. 이때 너무 노골적이고 억지로 꾸며낸 것처럼 보이지 않도록 해야한다.

상대방에게 좋은 일이 생겼을 때는 적당한 방법으로 축하해주고, 반대로 상대에게 말 못할 어려움이 있을 때 남들에게 알리지 않고 조용히 도와주는 것이 좋다.

적절한 때에 적당한 방법으로 주변 사람들 사이에서 상대가 우쭐한 마음이 들도록 해주면 된다.

조금만 생각해보면 이와 비슷한 방법들은 수없이 많다. 상대의 체면을 세워주어야겠다는 생각으로 행동한다면 크게 잘못될 일은 없을 것이다.

위에서 말한 두 가지 원칙 중 첫 번째는 인간관계에서 문제가 발생하지 않도록 하기 위한 것이고, 두 번째는 적극적으로 원만한 인간관계를 수립하기 위한 것이다. 노력한다면 반드시 효과가 있을 것이다.

체면 그 자체가 거짓이며 진실 되지 못한 것이라고 반문하는 사람도 있겠지만 체면이 세워졌을 때 기분이 좋은 것이 인지상정이고 우리 사회의 현실인 것을 감안하면 체면을 무시하지 않는 것이 자신에게도 좋을 것이다.

세상에는 조심해야 할 몇 가지 유형의 사람이 있다

90

· 세상사람 모두가 좋은 사람이라는 생각은 버려라.

    조심해서 대해야 할 사람이 있다는 것은 가슴 아픈 일이 아닐 수 없다. 누군가를 경계하지 않고 생활할 수 있다면 좋겠지만 세상에는 워낙 다양한 사람들이 있기 때문에 조심하지 않으면 피해를 볼 수 있다.

    다음과 같은 유형의 사람들과 접촉할 때에는 각별히 주의해야 한다.

    달콤한 말을 자주 하는 유형. 입만 열면 "형님", "누님" 해가며 상대와 어떤 관계인가에 관계없이 친숙함을 과시하려는 사람들이 있다. 이밖에도 상대의 비위를 잘 맞추고 아부를 하며, 소위 비행기를 태워 상대의 기분을 우쭐하게 만드는 사람들을 조심해야 한다. 이런 사람들이 반드시 나쁜 사람인 것은 아니지만, 말로써 당신을 안심시킨 후, 잘못된 길로 유혹하거나 속일 수 있다. 그리고 이런 사람들의 부추김에 도취되어 상대의 단점을 냉정하게 파악하기 어렵기 때문에 나쁜 사람을 좋은 사람으로 오해할 수도 있다. 이런 사람들은 아무에게나 살갑게 굴기 때문에 당신에게 친근하게 다가온다고 해서 당신이 그에게 특별한 사람이라고 생각해서는 안 된다. 입에 발린 말과 달콤한 말을 잘 늘어놓는 사람을 보면 경계심을 늦추지 말고 거리를 두고 관찰해야 한다. 냉정한 태도로 부추김에 호응하지 않으면 그들은 제 풀에 진짜 모습을 드러낼 것이다. 너무 미리부터 접근을 거부하거나 상처 주는 말을 했다가는 괜한 원한을 살 수 있으니 주의가 필요하다. 역대 왕조 가운데 이런 달콤한 말에 능숙한 간신들로 인해 멸망한 왕조가 많다.

    포커페이스형. 이런 사람들은 자존심도 없는 것처럼 누가 욕하고 때리고 모욕을 줘도 여전히 얼굴에 웃음을 잃지 않는다. 아무리 기분 나쁜 일이 있어도 겉으로는 여전히 웃는 얼굴을 유지한다. 이런 사람들은 나쁜 사람인 경우는 드물다. 항상 웃는 얼굴을 보여주어 누군가의 원한을 살 일이 드물기 때문이다. 이런 사람들은 속으로 무슨 생각을 하고 있는지 알아내기가 매우 어렵고, 감정의 변화를 읽어내기도 어렵다. 그렇기 때문에 이런 사람들이 당신을 해치려는 생각을 가지고 접근할 경우 미리 알아차리기가 쉽지 않다. 이런 사람들에게는 자신의 비밀을 털어놓거나 사적인 일에 대해 이야기하지 않는 것이 좋다. 그것을 빌미로 당신을 해칠 수도 있기 때문이다. 기본적인 예의만 갖추고 웃음으로 속마음을 감추는 것이 가장 좋다. 또한 이런 사람들의 기분을 상하게 해서는 안 된다. 그들은 화가 나더라도 화를 내지 않기 때문에 오히려 더 무섭다.

검은 망토형. 검은 망토로 온몸을 감싼 것처럼 자신을 완벽하게 감추는 유형이다. 그들은 상대에게 자신의 과거와 가정환경, 경력 등을 절대로 알리지 않으며, 어떤 특정한 일에 대한 자신의 생각도 밝히지 않는다. 음험하고 속을 알 수 없는 사람들이다. 환경 탓으로 이렇게 되었을 수도 있고, 나쁜 사람이 아닐 수도 있지만 이런 사람과 왕래하는 것이 공포스러운 일임은 틀림없다. 이런 사람과는 너무 가까이 하지 말고 거리를 두고 사귀는 것이 상책이다. 특히 이런 유형의 사람이 당신의 모든 것을 알아내려고 애쓴다면 최대한 멀리하라. 자칫하다가는 큰 피해를 입을 수 있다.

갈대형. 이런 사람들은 이익이 있는 곳이라면 어디든 갈 수 있고, 하루에도 몇 번씩 입장을 바꿀 수 있다. 그들의 처세의 가장 중요한 기준은 바로 이익이며, 이익을 위해서라면 양심을 저버리고, 어제의 적이 오늘은 친구가 될 수 있고, 오늘의 친구가 내일은 다시 적이 될 수도 있다. 이런 사람들과는 속을 터놓고 지내지 않는 것이 좋다. 이런 사람들과는 이해관계를 맺지 않아야 하고, 정을 쌓을 필요도 없다. 상대가 갈대형의 사람인지를 분간하려면 평소에 자세히 관찰하는 것 외에는 뾰족한 수가 없다.

이밖에도 조심해야 할 유형은 많이 있으므로, 평소에 사람들을 잘 관찰하고 경계심을 늦추지 않는 것이 중요하다.

세상에는 멀리해야 할 몇 가지 유형의 사람이 있다

· 완전히 믿어버리면 상처를 입을 수 있다.

　세상에는 나쁜 사람들도 있다. 그들은 성격 때문인지 환경 때문인지는 몰라도 처세 방식이 편협되어 있다. 이런 사람들을 너무 믿었다가는 피해를 입을 수 있으므로 주의해야 한다.

　완전히 믿어서는 안 되는 사람들은 어떤 사람들일까?

　허풍형. 이런 사람들은 항상 자신의 능력을 자랑하지만 실제로 속을 들여다보면 능력에 한계가 있는 경우가 대부분이다. 수레가 비어있어 요란한 것이다. 정말로 능력 있는 사람은 허풍을 떨지 않는다. 자신감에 넘치고, 남들이 자신의 유능함을 알지 못해도 두려울 것 없다고 생각하기 때문에 사람들에게 자신의 능력에 대해 일부러 설명하려 하지도 않는다. 허풍형의 사람들이 하는 말을 모두 믿었다가는 큰 낭패를 볼 수 있다.

　백지수표형. 무엇이든 다 해주겠다고 큰소리치는 사람들이다. 하지만 단지 그 뿐이다. 자발적으로 나서서 상대에게 무엇을 해주겠노라고 약속하지만 역시 백지수표에 불과하다. 대부분 악한 동기가 있어서가 아니라 그저 습관적으로 백지수표를 남발하고 다닌다. 이런 사람들과도 일정한 거리를 유지해야 한다.

　입이 가벼운 사람. 이런 사람들은 여기저기 다니며 사람들에게 어느 누구에게도 발설하지 말고 당신만 알고 있어야 할 비밀을 소문내고 다닌다. 이런 사람이 당신에게 어떤 비밀을 알려준다면 물론 그것을 다른 사람에게 전해서는 안 된다. 그리고 그 사람과 너무 친하게 지내서는 안 된다. 그가 나쁜 사람은 아니라 하더라도 그 가벼운 입 때문에 일을 그르칠 수 있다. 그에게 당신의 비밀을 알려주었다면 그것은 더 이상 비밀이 아닐 것이다.

자신의 잘못을 인정하지 않는 형. 자신의 잘못을 절대 인정하지 않고 사실을 명확하게 밝히지 않는 사람들이 있다. 이런 사람들은 들춰보면 더 큰 잘못을 숨기고 있을 수 있기 때문에 역시 너무 가까이 지내서는 안 된다.

호색한. 아름다운 여자만 보면 정신을 못 차리는 사람들이 있다. 젊은 나이라면 그래도 좀 이해할 수 있겠지만 이미 결혼해서 가정을 꾸리고 있고, 나이도 지긋한 사람이 여전히 여색을 밝힌다면 문제가 있다. 그런 사람들은 자신의 일에 전념할 수 없으며, 또 여색을 밝히다가 일을 그르치기도 한다. 이런 사람들과도 다소 거리를 두고 왕래해야 한다. 자칫 하다가는 골치 아픈 일에 연루될 수 있다.

도박중독형. 도박을 좋아해, 한번 도박을 시작하면 밤 새워 도박을 하는 사람들이 있다. 이런 사람들과 가까이 하다보면 언젠가는 도박자금을 빌려달라는 부탁을 받게 될 것이고, 곤란한 일을 당할 수 있다.

알콜중독형. 하루도 빠짐없이 술을 마셔야 하고, 한번 술을 마시면 곤드레만드레 될 때까지 마시는 사람들이 있다. 이런 사람들은 성격적으로 문제가 있을 뿐 아니라, 자신의 감정을 조절하지 못하기 때문에 스스로 타락을 자초하게 된다. 이런 사람들은 아무리 능력이 출중하다 해도 언젠가는 크게 실패할 것이기 때문에 가까이 해서는 안 된다.

불효자형. 자기 부모도 공경하지 않고, 심지어 내다 버리거나 학대하는 사람들은 어떤 누구에게라도 똑같이 할 수 있다. 이런 사람들은 비정함으로 사업을 성공시킬 수는 있겠지만, 주변 사람들을 해칠 수 있으므로 항상 경계해야 한다.

위와 같은 유형의 사람은 너무 믿거나 가까이 지내서는 안 된다. 시간을 두고 상대를 관찰하고 거리를 두고 사귄다면 피해를 막을 수 있다.

소인배와의 관계를 잘 처리하라   92

· 소인배에게 의지하지 말고, 소인배를 화나게 하지 말라.

    사람 사는 곳이라면 어느 곳에나 소인배가 있기 마련이다. 심지어 도덕성이 가장 요구되는 교육계에도 소인배는 존재한다.

    소인배와의 관계를 잘 처리하지 못하면 피해를 보기 십상이다.

    소인배라고 해서 얼굴에 쓰고 다니는 것도 아니고 외모로는 소인배인지 분간하기가 매우 어렵다. 어떤 이들은 외모도 그럴 듯하게 잘 생기고 말재주도 뛰어나 겉으로 보기에는 장군감이지만 속을 들여다보면 한낱 소인배에 불과한 경우도 있다.

    외모로는 판단하기 힘들더라도 하는 행동을 유심히 살펴보면 역시 소인배인지 아닌지 분간해낼 수 있다.

    소인배는 무슨 일을 하든 수단과 방법을 가리지 않고 자신의 목적을 달성하려고 하기 때문에 행동에서 다음과 같은 특징이 나타난다.

> 근거 없는 일을 꾸며낸다. 그들이 이렇게 하는 데에는 다른 불순한 의도가 깔려있는 경우가 많다.
>
> 남들을 이간질시키기를 좋아한다. 어떤 목적을 위해 그들은 동료들을 서로 이간질시켜 분쟁을 일으키고 그 와중에 자신이 원하는 바를 얻는다.
>
> 아부를 잘 한다. 아부를 한다고 해서 반드시 소인배라고 말할 수는 없지만 이런 사람들은 쉽게 상사의 총애를 받고, 상사에게 다른 동료들을 험담하곤 한다.
>
> 겉과 속이 다르다. 상대의 앞에서는 부추겨 세우면서 뒤에서는 험담을 늘어놓는 사람들이 있다. 이런 사람들은 당신이 없는 자리에서는 당신 험담을 하고 있을 가능성이 높다.

변덕스럽다. 박쥐처럼 오늘은 이 사람에게 영합했다가 내일은 저 사람에게로 옮겨 가는 사람들이 있다. 이런 사람들은 권력을 가진 사람만 쫓아다니기 때문에, 간이라도 내어 줄 것 마냥 순종하다가도 상대가 권력을 잃으면 곧 내팽개친다.

다른 사람을 희생시켜 자신의 발전을 꾀한다. 이런 사람과 가까이 했다가는 자칫 그의 성공의 희생양이 될 수 있으니 조심해야 한다.

물에 빠진 사람에게 돌을 던진다. 어려움을 당한 사람을 도와주지는 못할망정 더욱 곤란하게 만드는 행동이다.

자신의 잘못을 절대로 인정하지 않는다. 자신의 잘못이라는 것이 명백한데도 그것을 절대로 인정하지 않고 꼭 누군가를 끌어다가 억울한 누명을 씌워 버린다.

사실 소인배의 특징은 이 뿐만이 아니다. 무슨 일을 하든 법을 지키지 않고, 경우가 없으며 인정도, 의리도, 도덕도 없는 사람들이 바로 소인배다.

어떻게 해야 소인배와의 관계를 잘 처리할 수 있을까?

다음의 몇 가지 원칙만 지킨다면 그리 어렵지 않을 것이다.

그들에게 원한을 사지 않는다. 일반적으로 소인배는 군자보다 예민하고, 열등감이 심하기 때문에 그들을 자극할만한 언행을 하지 않고 물질적인 이익에 관해서도 그들의 기분을 상하게 하는 일이 없도록 조심해야 한다. 특히 정의수호의 명목으로 그들을 처단하겠다고 나선다면 결국 손해를 보게 되는 것은 당신이다. 예로부터 군자는 소인배와 다투지 않는다고 했다. 소인배들을 따끔하게 혼내주는 일은 힘 있는 사람들에게 맡기자.

거리를 유지한다. 소인배와 너무 가까이 지내지 말고 평범한 동료의 관계만 유지하면 된다. 너무 소홀히 해 상대를 무시하는 것 같은 인상을 주어서도 안 된다. 잘못하면 그런 사람들은 네가 그렇게 대단해?라고 생각하며 당신을 공격목표로 삼을 수도 있다.

말조심 한다. "오늘 날씨가 참 좋군." 정도의 일상적인 대화를 나누는 것은 무방하지만, 다른 사람의 사생활이나 잘못에 대해 이야기하거나, 불평불만을 늘어놓는다면 그들에게 당신의 약점을 잡히는 결과를 초래한다.

이해관계를 발생시키지 않는다. 소인배들은 이익을 따라 수시로 이합집산을 하기 때문에 그들에게 어떤 도움을 얻어서 이익을 얻으려는 생각은 하지 말아야 한다. 그들은 당신이 이익을 얻었다는 것을 알고 상당한 대가를 요구할 것이며, 심하면 거머리처럼 달라붙어 절대로 놓아주지 않을 수도 있다.

조금은 손해를 봐도 괜찮다. 소인배들이 무심코 한 말이나 행동으로 인해 상처를 입었다거나 피해를 입었다고 해도, 심각한 정도가 아니라면 개의치 않는 편이 좋다. 사소한 것 때문에 그들을 찾아가 따져봐야 더 큰 원한만 살 뿐이다. 차라리 용서하는 편이 낫다.

소인배들은 그냥 그렇게 살도록 내버려두자.

이렇게 하면 적어도 피해를 최소화할 수는 있을 것이라고 믿는다.

타인이 돈 버는 길을 막지 말라   93

· 타인이 돈 버는 길을 막기보다는 스스로 다른 길을 찾아라.

거의 모든 사람들이 돈 때문에 일하며, 이것은 당연한 것이다. 돈이 없으면 살 수 없으니 말이다. 생계에 대한 걱정이 없다고 해도 사람들은 돈을 좋아한다. 이것은 사람의 가장 기본적인 욕망이며, 그렇기 때문에 다른 사람이 돈을 버는 것이나 돈을 버는 기회를 방해하는 것은 매우 심각한 일이다.

다음과 같은 것들이 바로 타인이 돈 버는 것을 방해하는 행동이다.

경쟁. 자원은 무한한 것이 아니기 때문에 누군가 많이 가지면 자연히 내 것이 줄어들게 되고, 누군가 모두 다 가져버리면 내 것은 하나도 없게 된다. 자신의 이익을 보호하기 위해 여러 가지 방법으로 상대를 방해하는 것이다.

질투. 이것은 단순한 시샘이다. 자신도 많은 것을 가졌지만 누군가 자신보다 더 많이 가진 것을 보면 질투심이 생겨 그가 더 이상 아무 것도 가질 수 없도록 방해하는 것이다.

탐욕. 여기에는 특별한 이유가 없다. 그저 자신이 많이 가지지 못했기 때문에 많이 가진 사람들을 싫어하고 방해하는 것이다.

복수. 자신과 원한 관계에 있는 사람이 돈 버는 것을 방해하는 것이다. 비록 그렇게 해서 자신에게 돌아오는 것은 없지만 어쨌든 통쾌함만은 느낄 수 있다.

정의. 누군가 정당하지 않은 방법으로 이익을 취하는 것을 보고 용감히 나서서 그것을 막는 것이다.

남이 돈 버는 것을 방해하는 데에는 원인도 여러 가지이고 그 수단도 여러 가지가 있다. 하지만 결과는 오직 하나, 바로 상대방의 원한을 사는 것뿐이다. 어떤 사람들은 자신의 이익이 침해를 받으면 곧바로 반격에 들어가지만, 또 어떤 사람들은 복수의 칼날을 갈며 호시탐탐 복수의 기회를 노린다. 물론 상대방이 당신으로 인해 자신의 이익이 침해받았다는 사실을 모른다면 상황은 달라진다.

그러므로 사회생활을 할 때에는 누군가 돈 버는 것을 방해하지 않는 것이 가장 좋다. 주변의 누군가 승진하면서 연봉도 올랐다면 마음속으로는 어떻게 생각하든 간에 일단 겉으로는 불편한 속내를 드러내지 않는 것이 좋다. 복수를 위해서든, 아니면 질투 때문이든 누군가 돈 버는 것을 방해했다면 언제든 알려질 것이다. 자신의 이익에 직접적인 영향이 없다면 누가 얼마를 얻든 신경 쓰지 않는 편이 좋다. 동료 중에 누군가가 불공평하게 상여금을 많이 받았는데, 그것이 당신의 이익과 관련이 없다면 괜히 나서서 항의할 필요는 없다. 항의가 받아들여진다 해도 당신에게 고마워할 사람은 없으며, 오히려 당사자에게 원한을 살 뿐이다.

자신의 이익과 관련이 있다면 다른 사람이 돈 버는 것을 방해해도 된다는 말인가? 그런 경우 그가 돈 버는 것을 방해하기 보다는 다른 분야에서 돈벌기를 모색하는 편이 낫다. 다툼을 일으켜서 얻을 수 있는 것이 아무 것도 없기 때문이다. 돈을 벌 수 있는 다른 곳을 찾지 못했다면 대화와 협상으로 상대방의 이익을 나누어 가질 수도 있다.

정의를 위해서라면 다른 사람이 돈 버는 것을 방해해도 될까?

정의를 위한 일이라면 반대하지 않지만 이럴 때에도 역시 다음의 몇 가지는 고려해야 한다.

상대방의 돈벌이를 방해하고 나서 상대가 반격할 경우 충분히 막아낼 자신이 있는가?

상대방을 누를 수 있는가?

아무도 모르게 행동할 자신이 있는가?

이들 질문에 대한 답이 모두 아니오로 나왔다면 역시 몸을 사리는 편이 좋다. 자칫 잘못하다가는 불타는 정의감이 남들의 웃음거리가 되고 더 이상 설 자리를 잃게 되거나, 혹은 치명적인 상처를 입을 수도 있다.

불법적인 수단으로 돈을 버는 사람은 그럴만한 힘을 가진 사람이 처리하도록 내버려두고, 그저 가까이 하지 않으면 그만이다.

저자세로 타인의 질투에서 벗어날 수 있다   94

· 질투가 강하게 타오르면 사람을 삼켜 버릴 수도 있다.

질투는 인간의 본성이다. 단지 어떤 사람들은 질투를 그대로 겉으로 표현하고, 어떤 사람들은 마음속에 묻어두는 점이 다를 뿐이다.

질투는 어디에나 존재한다. 친구 사이든, 동료 간이든, 형제간이든, 부부간이든, 심지어는 부모와 자식 간에도 질투는 존재한다. 이런 질투는 제대로 처리되지 않으면 불처럼 타올라 한 사람을 완전히 삼켜버릴 수 있다. 여기에서는 친구 사이와 동료 사이의 질투에 대해서만 이야기하겠다.

친구와 동료 사이의 질투는 대부분 다음과 같은 상황에서 발생한다. 상대의 능력이 자신보다 뛰어나지 않은데 자신보다 높은 위치에 있다거나, 학창시절에 자신보다 성적이 나쁘던 친구가 사회에 나와서는 자신보다 성공하고 돈도 많이 벌었을 경우 등이다. 다시 말해 당신이 승진을 하거나 상사로부터 신임을 얻거나, 혹은 한 일에 대해 격려나 물질적인 대가를 받을 때, 동료들 가운데 누군가가 당신을 시기하고 있을 수도 있다는 것이다. 여자들은 "흥, 뭐가 그리 대단하다고!", 혹은 "상사에게 아부해서 승진한 것이 분명해."라며 질투심을 겉으로 드러내지만, 남자들은 질투를 겉으로 드러내지 않는다. 어떤 사람들은 그저 마음속에 묻어두고 말지만, 어떤 사람들은 상대에게 협조하지 않는 것으로 질투심을 표현하곤 한다.

자랑하고 싶은 일이 생겼을 때, 다음과 같은 점을 염두에 두자.

> 회사 내에서 나보다 능력이 뛰어난 사람이 나보다 인정받지 못하고 있지 않은가? 그런 사람들이 질투할 가능성이 가장 많기 때문이다.

나에게 좋은 일이 생겼을 때 나를 대하는 동료들의 태도에 어떤 변화가 생겼는가? 이런 변화를 잘 관찰하면 누가 나에게 질투심을 가지고 있는 지 알 수 있다. 누군가를 질투하고 있는 사람들은 자신도 모르게 언행에서 질투심이 드러나기 때문에 조금만 신경 쓰면 곧 알아차릴 수 있다.

이외에도 또 조심해야 할 것이 있다.

남들을 자극할 수 있으므로 너무 득의양양한 모습을 보이지 말라. 이런 모습은 이미 질투하고 있던 사람의 질투심을 더욱 부추길 뿐더러, 질투심을 가지지 않고 있던 사람까지도 질투하도록 만들 수 있다. 자신의 행운을 너무 자랑하다보면 기쁨이 아픔으로 변할 수 있다.

자세를 낮추고 남들을 대할 때 예의를 갖추자. 이런 모습은 자신에 대한 사람들의 질투심을 가라앉히는 효과가 있다. 당신의 겸손한 모습은 상대의 자존심을 거스르지 않기 때문이다.

적당한 시기에 자신의 단점을 적당히 드러내라. 노래를 못 부른다거나 외국어 실력이 부족하다는 등의 단점을 드러내면 질투하기를 좋아하는 사람들도 당신이 완벽한 사람이 아님을 알고 미묘한 만족감을 느낄 것이다.

자신을 질투하고 있는 사람과 이야기하면서 상대의 협조를 구하라. 이럴 때에는 상대에게 자신이 가지지 못한 장점이 있다며 은근히 추켜 세워줄 필요가 있다. 이런 행동으로 상대의 질투심을 누그러뜨릴 수 있다.

누군가에게 질투를 받는다는 것은 결코 좋은 일이 아니기 때문에 반드시 겸손한 자세로 질투심을 누그러뜨려야 한다. 또한 누군가를 질투하는 것도 좋은 일이 아니다. 지금 누군가를 질투하고 있고 질투심을 버릴 수 없다면 그것을 파괴적인 성향으로 확대시켜서는 안 된다. 그렇지 않으면 상대는 물론 자신까지도 상처를 입을 수 있고, 질투를 한다는 자체만으로도 자신의 발전이 방해를 받을 것이다. 질투를 하기보다는 상대방을 따라잡을 수 있도록 노력하라.

모든 일에서 완벽할 필요는 없다　　95

· 언제나 한두 사람쯤은 당신을 불만스럽게 생각할 수 있다.

대부분 이 우화는 한 번쯤 들어 보았을 것이다.

한 아버지와 아들이 당나귀를 팔러 장에 가는데, 아들이 앞에 서고 아버지가 뒤에 서서 걸어갔다. 그런데 장으로 가는 도중 길에서 만난 한 사람이 그들을 비웃으며 말했다.

"정말 어리석군. 당나귀를 타고 가면 편할 텐데."

이 말을 들은 아버지는 아들을 당나귀에 타게 했다. 그렇게 조금 가다보니 한 행인이 혀를 끌끌 차며 말했다.

"불효막심하구먼! 젊은 놈이 아버지는 걷게 하고 자기는 당나귀에 타고 가다니!"

이 말을 들은 아버지는 아들을 내려오게 하고 자신이 당나귀 등에 올라탔다. 얼마쯤 갔을까, 길에서 마주친 한 행인이 말했다.

"비정한 아버지로군! 아들은 걷게 하고 자기는 당나귀를 타고 가네. 아들이 얼마나 힘들까?"

아버지는 아들에게도 당나귀 등으로 올라오라고 했다. 이제 뭐라고 하는 사람이 없을 것이라고 생각하며 흐뭇해하는 아버지의 귀에 또 다른 사람의 말이 들려왔다.

"두 명이나 태웠으니 당나귀가 힘들어서 어쩌나!"

아버지와 아들은 결국 당나귀 등에서 내려와 당나귀의 네 다리를 묶고는 장대로 연결해 앞뒤에서 당나귀를 짊어졌다. 얼마 안 가 강이 나왔는데, 다리를 건너는 도중 다리가 묶여 불편한 당나귀가 갑자기 발버둥을 치는 바람에 아버지와 아들, 당나귀가 모두 강물에 빠져 죽었다.

우리 주변에서 흔히 볼 수 있는 이런 사람들은 옆 사람이 하라는 대로 하고, 또 누가 항의하면 그대로 따라 한다. 결국 그 누구도 만족시키지 못하는 유형의 사람들이다.

이런 사람들은 다음의 몇 가지 심리를 가지고 있다.

> 누구에게도 불만을 사고 싶지 않고, 심지어는 모든 사람에게 잘 보이고 싶다. 그것이 옳든 그르든 상관없이 말이다.

> 주관이 뚜렷하지 않아서 무엇이 옳고 무엇이 그른지 잘 판단이 서지 않는다. 그렇기 때문에 옆 사람이 옳다고 하는 대로 따라 하는 것이다.

누구에게도 불만을 사지 않고 잘 보인다는 것은 절대로 불가능하다. 살아가면서 모든 사람의 체면과 이익을 배려해줄 수는 없다. 이 사람의 의견에 맞추면 저 사람이 불만이 생기는 법이다.

이런 사람들은 결국 어떤 결과를 얻게 될까?

> 모든 사람의 입장을 다 맞추다 보면 자신이 너무 피곤해진다. 상대방이 마음에 들지 않으면 어쩌나 눈치를 살펴야 하기 때문에 곧 지쳐버린다.

> 사람들이 그 성격을 알아차린다면 그것을 이용해 더 많은 것을 바랄 것이고, 결국 화낼 줄도 모르고 남들이 시키는 대로 따라하는 바보가 된다.

그렇다면 어떻게 해야 할까?

> 반드시 해야 하는 것만 하라. 스스로 옳다고 생각되는 것만 하고, 남들의 의견에 동요되어서는 안 된다. 남들의 의견을 참고할 수는 있지만 눈치를 보아서는 안 된다. 동요되지 않는 모습이 남들의 존경심을 불러일으킬 수 있다. 당신의 고집이 사심이 아니라 공익 때문이라면 말이다.

이렇게 하면 당신을 칭찬하는 사람도 있고 비난하는 사람도 있겠지만 모든 사람에게 잘 보이려고 한다면 결국 모두의 비웃음을 사게 될 것이다.

이기심을 잘 이해하고 이용하라   96

· 남들이 이기적인 것에 개의치 말고 이기심을 잘 처리하라.

사람의 본성 가운데 이기심이라는 것이 있다.

이기적인 마음이 조금도 없는 사람이 있을까? 없다고 단언할 수는 없지만 적어도 지금까지 내가 만나본 사람들 중에서는 이기적이지 않은 사람이 없었다. 단지 이기적인 정도가 달랐을 뿐이다. 나 역시 이기적이다. 당신 역시 이기적이지 않다고 말하기 어려울 것이다.

사실 이기심은 인류의 생존본능이며, 이상할 것도 없다. 그렇다면 내가 이기심에 대한 이야기를 끄집어낸 이유는 무엇일까?

바로 이기심을 이용해 사람들의 행동을 해석할 수 있기 때문이다. 이기심을 잘 이해하면 사람의 모든 행동에 대한 의문이 자연히 풀린다.

이기심은 사람의 본능이며, 많은 행동들이 이기심을 중심으로 이루어진다. 성격이나 교육, 경험의 차이에 따라 이기심이 각기 다른 형식으로 표출될 뿐이다.

이기심이 표출되는 형식 가운데 바로 선량함이라는 것이 있다.

선량함은 남에게도 이롭고 자기 자신에게도 이로운 것이다. 예를 들면 사람들이 직장에 다니는 것도 한편으로는 사장을 위해 일하고 간접적으로는 소비자를 위해 일하는 것이지만, 역시 자기 자신을 위한 일이기도 하다. 돈을 벌어 자신과 가족의 생계를 이어가기 때문이다. 하지만 남을 위해서만 일하고 자신은 돌보지 않는 사람들도 있다. 일부 선교사나 자선사업가들은 남을 돕기 위해 일하고 자신의 생활은 아주 기본적인 욕구만 해결할 뿐이다. 모두들 자신의 이익만을 쫓는 요즘, 이런 사람들은 정말 쉽지 않은 일을 하고 있는 것이다.

이기심의 또 다른 표출형식은 악함이다.

이것은 오로지 자신만을 위하고 남은 전혀 생각한지 않는 것이다. 자신에게만 이로운 일이나 그렇다고 남에게 해를 입히지는 않는다면 악하다고 표현할 수 없다. 남에게 피해를 주고 자신에게만 이로운 행동이 바로 악함이다. 강도, 절도, 사기, 살인 등 모든 범죄행위가 여기에 속한다. 생명을 위협할 수 있는 일까지는 겪지 않았더라도, 사람들의 이기적인 행동은 많이 겪어 보았을 것이다. 이제는 이기적인 행동에 어떻게 대처해야 상대와의 관계를 원만하게 처리할 수 있고, 또 상대의 협조를 얻을 수 있을지에 대해 고민해보아야 한다.

해답은 의외로 간단하다. 상대방의 이기심을 만족시켜주면 된다.

만족시켜 준다고 해서 무한한 이기심을 영원히 만족시켜준다는 뜻은 아니다. 사람의 욕망은 끝이 없는 것이기 때문에 그렇게 했다가는 당신 자신이 피해를 입게 될 것이다. 그렇다면 어떻게 해야 할까?

> 소극적인 방법으로는 상대방의 이익에 피해를 주지 않는 것이다. 상대에게 그 이익이 진정으로 필요한 것인지에 관계없이 당신으로 인해 상대의 이익에 피해가 생기면 상대방도 가만히 보고 있지 않을 것이다.
>
> 적극적인 방법으로는 상대방에게 이익을 가져다주는 것이다. 상대방이 받아들이기만 한다면 상대방은 이제 당신의 말에 고분고분 따를 것이다. 황제가 신하에게 금은보화를 내리고, 사장이 직원들에게 상여금을 주는 것은 바로 이런 이유 때문이다. 금전적인 이익 외에 직위도 일종의 이익이 될 수 있다. 승진을 빌미로 누군가의 마음을 얻을 수도 있다.

하지만 다음의 두 가지는 반드시 주의해야 한다.

> 상대의 이기심을 한 번에 충족시켜 주어서는 안 된다. 적게 만족시켜주다가 크게 만족시켜 주어야지, 그 반대로 큰 만족을 주다가 적은 만족을 주었다가는 도리어 상대의 원망을 사게 된다.

상대의 이기심을 다양하게 만족시켜 상대로 하여금 앞으로도 얻을 것이 무궁무진하다고 생각하게 하라. 그렇게 하면 상대는 그 다양한 이익들을 얻기 위해 당신과 지속적인 관계를 유지할 것이다. 더 이상 얻을 것이 없다고 판단되면 사람들은 당신의 곁을 떠날 것이다. 하지만 그렇다 해도 사람의 본성이 본래 그런 것이니 크게 서운하게 생각할 필요는 없다. 몰락한 귀족, 실세한 정치인, 초라해진 부자를 거들떠보는 사람이 있는가?

이밖에도 사람의 정신적인 이기심을 간과해서는 안 된다. 누구나 존중받고 싶어한다. 상대를 존중해주면 모든 것이 쉬워질 것이다.

결을 따라 쓰다듬으면 순종할 것이다 97

· 성격이 아무리 불같고 독선적인 사람도 이 방법이면 순순해질 것이다.

강아지나 고양이 같은 애완동물 주인들이 애완동물을 어떻게 쓰다듬는지 가만히 살펴보자.

애완동물을 쓰다듬는 가장 기본적인 방법은 바로 털이 난 방향, 즉 결을 따라 쓰다듬는 것이다. 주인이 이렇게 쓰다듬어 줄 때마다 고양이는 눈을 가늘게 뜨며 만족한 듯 "야옹"하고 소리를 내고, 강아지는 기분이 좋아 꼬리를 설레설레 흔들거나 주인의 손을 혀로 핥는다. 그런데 만약 결의 반대 방향으로 쓰다듬으면 어떻게 될까? 고양이나 강아지는 곧 불편한 기색을 보이며 주인을 물거나 할퀴고, 또 멀찌감치 도망가 버릴 것이다.

사람도 역시 결을 따라 쓰다듬어 주는 것을 좋아한다. 이렇게 할 수 있다면 원만한 인간관계를 수립하고 또 남들에게 자연스럽게 영향력을 행사할 수 있을 것이다.

사람에게는 애완동물처럼 길고 복슬복슬한 털은 없다. 여기서 말하는 사람의 털이란 성격과 관념, 즉 자아를 의미한다. 서로 왕래하고 접촉하면서 상대방의 성격을 맞춰주면 좋은 친구가 될 수 있다.

하지만 무슨 일이든 상대의 기분에 맞추어 자아가 없는 사람이 되라는 의미는 아니다. 그렇게 한다면 다른 사람의 그림자에 불과한 존재가 되어버릴 것이다. 여기에서 결을 따라 쓰다듬어 주는 것은 단지 방법이지 목적이 될 수 없다. 이 방법을 잘 운용할 수 있다면 상대로 하여금 자연스럽게 당신에게 영향을 받도록 할 수 있다.

그렇다면 결을 따라 쓰다듬는 것은 어떤 것일까? 다음의 몇 가지 원칙이 참고가 될 수 있을 것이다.

상대의 말을 경청한다. 사람에게는 자신의 의견을 말하고 드러내고 싶은 욕망이 있다. 특히 상대가 사회적으로 어느 정도 성공한 사람이라면 더욱 그렇다. 상대가 자신의 이야기를 술술 풀어놓기 시작하면 당신은 충실한 경청자가 되어 주어야 한다. 당신의 이런 행동은 상대방의 이런 욕구를 충족시켜 줄 것이고, 상대는 당신에 대해 호의를 가질 것이다. 또한 상대의 말에서 그의 성격과 생각을 이해할 수 있고, 상대의 말을 들으며 "네", "그렇죠." 등 짧은 대답으로 상대의 의견에 동의한다는 표시를 해주고, 적당한 때에 상대에게 짧은 질문을 던져주면 상대는 더욱 신이 나서 이야기할 것이다. 그리고 상대는 당신이 자신의 털을 결을 따라 쓰다듬어 주고 있다는 사실을 눈치 채지 못할 것이고, 당신은 별다른 노력 없이 상대에 대해 이해할 수 있을 것이다. 이 방법은 친한 친구에게든, 처음 만난 사람에게든 모두 효과적으로 사용할 수 있다.

논쟁하지 말라. 상대의 말에 동의할 수 없더라도 상대와 친한 친구 사이가 아니라면 반박하지 않는 것이 좋다. 특히 다른 목적이 있어서 상대와 대화를 나누는 것이라면 절대로 상대의 의견에 동의하지 않는 모습을 보이지 말자. 확실하게 설명할 수 없는 일들도 있기 때문에, 반박할수록 서로 감정만 격해져. 결국 결론도 내리지 못하고 서로 얼굴을 붉히며 헤어질 수도 있다. 당신이 상대를 이겼다고 해도 상대와의 관계가 단절되는 결과를 불러올 것이다. 논쟁이 당신의 목적이 아니란 것을 명심하자.

칭찬하라. 칭찬을 듣고 기분 나쁜 사람은 없다. 칭찬도 결을 따라 쓰다듬는 방식의 하나다. 그렇다면 무엇을 칭찬해야 할까? 상대의 생각과 견해, 재능, 가정 등 상대방이 자랑스러워할 만한 것이라면 무엇이든 상관없다. 칭찬에는 돈도 들지 않고 특별한 노력이 필요한 것도 아니지만 놀라운 효과를 거둘 수 있다.

유도하라. 이것은 아주 중요한 부분이다. 당신이 다른 목적이 있어서 상대를 결을 따라 쓰다듬어 준 것이라면 이 유도는 없어서는 안 되는 필수적인 과정이다. 즉, 상대방을 만족시킨 후에야 비로소 자신의 의견을 드러내는 것이다. 이럴 때에도 역시 상대의 기분을 거스르지 말고 결을 따라 쓰다듬는 방식을 사용해야 한다. 구체적으로 "당신의 생각에 동의합니다. 그런데……", 혹은 "당신의 입장은 이해할 수 있지만……" 등의 말들을 덧붙이는 것이 좋다. 우선 상대방의 입장에 섰다가 자신의 입장을 설명하면 상대의 의견을 자신이 원하는 방향으로 이끌어 갈 수 있다.

결을 따라 쓰다듬는 방식은 평소에 인간관계에서도 사용할 수 있다. 누군가를 설득하려고 하거나 부하직원들을 통솔하려고 할 때 이런 방법을 사용하면 그리 어렵지 않게 목적을 달성할 수 있다. 주관이 아무리 강한 사람도 이 방법에는 무릎을 꿇고 말 것이다.

동이 트기 전 새벽이 가장 어둡다　　98

· 인내심을 발휘하고 실력을 길러라.

"동 트기 전 새벽이 가장 어둡다"는 말이 있다. 달도 차면 기울 듯이 무엇이든 극에 달하면 곧 수그러들게 되어있다. 마찬가지 이치로 사람의 악운도 극에 달해 더 이상 나빠질 것이 없으면 곧 운이 회복된다.

이 말은 맞기도 하고, 또 틀리기도 하다.

우선 맞는 점에 대해 이야기하겠다. 직장을 잃고 갈 곳이 없어 방황하는 사람이 있었다. 그는 이미 빈털터리였다. 하지만 어렵사리 새로운 직장을 찾게 되었다. 보수가 그리 많지는 않았지만 돈을 전혀 벌지 못했을 때보다는 어쨌든 백 번 나은 것이었다. 그가 바로 더 이상 어려워질 것도 없는 어려운 상황에 처해 있다가 재기한 경우다. 이런 경우에는 "동 트기 전 새벽이 가장 어둡다"는 말이 맞아 떨어졌다.

하지만 만약 그가 새로운 직장을 찾지 못하고 떠돌다가 병이 나거나 교통사고를 당해 일어날 수 없게 되었다거나, 혹은 세상을 떠났다면 그에게는 아침이 오지 않은 것이므로 이 말은 맞지 않았다.

어떤 사람들은 밤이 지나면 아침이 반드시 올 것임을 믿지만, 또 어떤 사람들은 아무리 기다려도 아침은 오지 않는다고 말한다. 그렇다면 이 장에서 말하는 것들은 모두 거짓일까?

나는 운명이란 것이 때로는 사람의 힘으로는 바꿔 놓을 수 없는 것이지만, 사람의 힘은 실로 대단한 것이어서 어려운 상황에서 어떤 집단이나 힘에 편입된다면 상황반전의 기회가 더 많아질 것이라고 생각한다. 다시 말해 어려운 상황을 타개하기 위해 적극적으로 행동하다보면 언젠가는 상황을 반전시킬 수 있다는 말이다. 이것은 지금까지 내가 살아오면서 겪은 생생한 경험이기도 하다.

여기에서 적극적인 행동이란 무엇을 의미할까?

우선 존재를 유지해야 한다. 존재는 생명의 존재와 의지의 존재로 나눌 수 있다. 어떤 이들은 어려움에 처해 아무리 발버둥쳐도 빠져나갈 수 없게 되면, 곧 의지가 박약해지고 전의를 상실한다. 심지어는 삶의 의미를 잃어버렸다며 스스로 목숨을 끊기도 한다. 의지력을 잃어버린 사람에게는 상황 반전의 기회가 찾아오지 않는다. 이미 원동력을 상실했기 때문이다. 스스로 목숨을 끊은 사람은 모든 것을 잃었으며 상황반전의 기대감도 없다. 따라서 어려운 상황을 타개하고 상황을 호전시키고 싶다면 반드시 생명을 보전하고, 의지를 잃지 말아야 한다. 생명과 의지만 잃지 않고 가지고 있다면 언젠가는 기회가 찾아온다.

다음은 한없는 인내심을 발휘해야 한다. 물질적인 손해와 주변의 무시를 꾹 참아내야 한다. 가장 힘든 것이 이 어둠이 언제 물러갈 것인지 모른다는 것이다. 성공하지 못한 사람들은 아침이 올 때까지 기다리지 못하고, 불법 행위를 하거나 위급할 때 모든 역량을 동원하여 마지막 승부를 걸기도 한다. 그 결과 원기를 다 소진해버려 기회가 와도 잡지 못한다. 따라서 인내심이 있어야 기회도 잡을 수 있는 것이다.

세 번째는 실력을 기르는 것이다. 현재는 악운을 겪고 있더라도 언젠가는 기회가 올 것이므로 그 때를 대비해 열심히 공부하고 내면을 충실하게 해야 한다.

"동 트기 전 새벽이 가장 어둡다."는 말을 명심하고 아침이 왔을 때 능력을 충분히 발휘할 수 있도록 준비해두자.

최고기에 있을 때 쇠퇴할 때를 준비하라 99

· 실패한 원인들은 대부분 최고기에 생겨난 것이다.

꽃이 가장 만개했을 때가 바로 꽃이 시들기 시작하는 때이고, 사람의 체력도 가장 최고조에 이르렀다는 것은 곧 쇠퇴할 것을 의미한다. 뿐만 아니다. 한 나라도 가장 강성했을 때 부패가 시작되고, 기업도 최고 실적을 달성하고 나면 쇠락기로 접어든다.

세상 모든 일이 흥하면 곧 쇠한다는 진리에서 벗어날 수 없다.

당신도 역시 이 법칙 앞에서 예외일 수 없다.

모든 일이 정해져있다면 더 이상 이야기할 필요가 있을까?

물론 있다.

사람의 일은 자연현상과는 다르다. 자연계의 동식물들은 일정한 생명의 주기가 있어 때가 되면 자연히 쇠퇴한다. 하지만 사람의 경우 흥성했다가 쇠락할 때에는 다음의 세 가지 유형이 대부분이다.

> 하나는 능력 부족이다. 일에서 최고기를 만나, 자기가 가진 능력을 모두 발휘해야 할 때, 스스로 원해서가 아니라 능력이 부족해 새로운 국면에 적응하지 못하고 내리막길을 걷게 될 수 있다.

> 다른 하나는 때를 잘못 만났을 경우다. 일에서 최고기를 맞이했지만 개인적인 조건이 사회에서 요구하는 것에 부합하지 않을 경우에도 쇠퇴기로 접어들게 된다.

> 마지막은 스스로 몰락을 자초한 경우다. 최고기에서 자만하거나 방심해 주변 상황의 변화를 제대로 관찰하지 못했을 경우, 조그마한 문제에도 곧 몰락할 수 있다.

이상의 세 가지는 우리가 앞으로 겪게 될 수도 있는 상황이지만 다음의 방법으로 극복할 수 있다.

> 사람은 지혜의 한계를 돌파하기가 매우 어렵기 때문에 부족한 능력을 보완하는 것은 매우 힘들다. 하지만 평소에 새로운 지식을 배우고 융통성 있는 사고를 유지하려고 노력한다면 실력을 향상시킬 수 있다. 특히 사회적으로 가장 성공한 시기에 있다면 더욱 긴장의 끈을 풀지 말고, 자신에게 어떤 능력이 부족한지 정확하게 판단해야 한다. 가능하다면 다른 사람의 지혜를 이용하고 자신의 능력을 향상시키도록 노력해야 한다. 한 번 내리막길을 걷게 되면 다시 돌이키는 것은 거의 불가능하다는 점을 기억하자.
>
> 때를 잘못 만났을 때에도 평소에 사회적 변화에 민감하게 반응하고 융통성 있게 자신을 변화시킨다면 비극이 발생하는 것을 막을 수 있다. 특히 사회적으로 가장 최고기에 있을 때에 이 점에 더욱 주의해야 한다.
>
> 스스로 몰락을 자초한 것은 개인적인 자만심 때문이므로, 이러한 상황을 막기 위해서는 최고기에 있을 때 적은 돈이라도 신중하게 사용하고, 작은 일을 결정할 때에도 야기될 수 있는 모든 부작용에 대비해야 한다. 지금 잘 나간다고 해서 제 멋대로 행동해서는 안 된다.

실패한 원인들은 대부분 최고기에 생겨난 것이다. 이것은 사람의 본성이기 때문에 각별히 조심해야 한다.

사실 이렇게 노력해도 흥성기가 다하면 쇠퇴하는 것은 피할 수 없다. 하지만 이런 노력들로 흥성기를 연장하고 쇠퇴기가 오는 것을 뒤로 미룰 수 있다(심지어는 자신이 수명을 다할 때까지도 연장할 수 있다). 이것은 당신이 원하기만 한다면 충분히 가능한 일이다.

이밖에 사람의 몸도 흥성기와 쇠퇴기가 있다. 이것도 역시 자연의 섭리이기 때문에 피할 수는 없지만 마찬가지로 쇠퇴기가 오는 것을 뒤로 미룰 수 있다. 구체적인 비결은 바로 욕망을 절제하고 건강을 관리하는 것이다.

몸이 건강해야 사회적으로 성공할 수 있고, 또 쇠락하는 것을 막을 수 있다.

때가 되면 꽃은 핀다   100

· 당신은 열심히 노력하기만 하면 된다. 꽃을 피우는 것은 하늘이 할 일이다.

때가 되면 꽃은 자연히 피게 되어있다. 이것은 대자연의 섭리다.

가끔씩 꽃이 너무 일찍 피거나 너무 늦게 피기도 하고, 어떤 꽃은 2년에 한 번씩 꽃잎을 열고 또 어떤 꽃들은 해마다 핀다. 또 화려한 꽃도 있고 소박한 꽃도 있다. 이 모든 것이 대자연의 뜻이다.

꽃은 언제든 피는 것이다. 피지 않은 꽃은 아직 꽃을 피울 시기가 되지 않았을 뿐이다.

언제 그 때가 오는 지 알 수 없을까? 이것은 아마도 모든 사람이 알고 싶어하는 점일 것이다.

모든 사람들이 기다리는 것이 바로 이 때다.

여기에서 반드시 짚고 넘어가야 할 것이 있다.

나무는 심기만 하면 저절로 꽃을 피우는 것이 아니다. 심어놓고 몇 년은 기다려야 꽃을 피운다. 이것은 아직 꽃을 피울 수 있는 조건이 갖추어지지 않았기 때문이다.

나무는 꽃을 피울 조건이 모두 갖추어지고 꽃을 피울 계절이 오면 자연히 꽃을 피운다. 날씨가 좋다면 더욱 화려하게 꽃을 피울 것이다.

꽃을 피울 계절이 왔더라도 나무에 영양분이 제대로 공급되지 못한다면 꽃을 피우더라도 그 수가 매우 적을 것이고 어쩌면 아예 꽃을 피우지 못할 수도 있다.

사람도 나무처럼 사회에 첫 발을 내딛자마자 큰 성과를 거둘 수는 없다. 주관적인 조건과 객관적인 조건이 모두 갖추어지고 나면 탐스러운 꽃이 만발하게 될 것이다. 하지만 평소에 노력이 부족했다면 때가 와도 기대한 만큼의 큰 성과를 거두기는 어렵다. 심하면 아예 성공하지 못할 수도 있다.

식물이 꽃을 피우는 시기는 정해져 있지만 사람이 꽃을 피우는 시기는 예측할 수 없다. 그렇기 때문에 사람들은 항상 미래에 대한 두려움 가지고 있고, 또 미래를 예측하려고 한다. 하지만 미래를 두려워할 필요도 없고 미리 예측하려고 애쓸 필요도 없다. 미래는 영원히 예측 불가능한 것이기 때문이다.

우리는 그저 다음과 같이 열심히 노력하기만 하면 된다.

> 씨앗을 심어라. 어떤 꽃을 피우고 싶은지, 그리고 어떤 열매를 수확하고 싶은지에 따라 그에 맞는 씨앗을 심자. 물론 씨앗은 단 하나만 심을 수도 있고, 여러 개를 심을 수도 있다. 하지만 너무 욕심을 부리다가는 집중력이 떨어져 효과가 반감될 수 있다.

> 가꾸고 돌보자. 잡초를 뽑아주고, 비료를 주고, 해충을 잡아주어 나무가 잘 자랄 수 있도록 가꾸어야 한다.

우선 뿌리를 튼튼히 내리고 노력한다면 때가 오면 자연히 성과가 나타날 것이다. 노력이 없이는 풍성한 결실을 거둘 수 없다. 너무 조급하게 때가 오기를 기다리지 말라. 그것은 하늘이 할 일이다.

하지만 걱정할 필요는 없다. 나무는 일년에 한 번만 꽃을 피우지만 사람은 노력 여하에 따라 언제든지 성공할 수 있다. 크게 성공하지는 못하더라도 작은 성공은 언제든 가능하다.

다음의 두 가지는 반드시 유념해두어야 한다.

> 남의 꽃이 크고 예쁘다고 부러워하지 말라. 사람들마다 각기 다른 조건을 가지고 있으므로 어떤 꽃을 피웠는지 서로 비교할 수는 없다.

> 꽃 한 송이, 한 송이에서 맺은 열매를 소중하게 생각하라. 내일은 날씨가 안 좋아 꽃을 피울 수 없을 지도 모른다.